浙江省社科规划课题成果

浙江理工大学出版资助（2022年度）

低保救助制度绩效评估研究

——基于底线公平的视角

李 芹 著

上海交通大学出版社
SHANGHAI JIAO TONG UNIVERSITY PRESS

内容提要

作为社会经济发展的"最后一道安全网"，低保救助政策的持续推进对保障民生、扶危济困具有重大成效。社会经济发展迎来深度转型期，低保政策面临改革。改革的前提是对当下有正确的判断和认知，开展政策绩效评估就是一条重要的探析途径。需要关切的问题是：评估视角是什么？评估指标该如何设计和选取？采用哪些评估方法？对以上问题的思考，促成了本书研究主题的提出，即低保救助政策的绩效评估。本书从底线公平理论视角出发，从底线需求满足、底线人群瞄准、底线公平检验三方面对低保救助政策的制度设计、制度实施与制度成效进行评估检验。研究主要内容包括：第一，立足已有研究，构建综合评估指标体系；第二，使用问卷调查数据，构建多元线性回归模型、半参数回归模型、门槛效应回归模型等方法，开展实证评估和检验。第三，将所有评估指标体系进行整合，开展综合绩效评估，提出政策完善建议。相信本书的出版，为低保政策的研究者、政府决策者及基层工作人员带来裨益。

图书在版编目(CIP)数据

低保救助制度绩效评估研究：基于底线公平的视角 / 李芹著. -- 上海：上海交通大学出版社，2025. 5.
ISBN 978-7-313-32691-1

Ⅰ. D632.1

中国国家版本馆 CIP 数据核字第 2025G505H1 号

低保救助制度绩效评估研究
——基于底线公平的视角
DIBAO JIUZHU ZHIDU JIXIAO PINGGU YANJIU——JIYU DIXIAN GONGPING DE SHIJIAO

著　者：李　芹				
出版发行：上海交通大学出版社		地　址：上海市番禺路 951 号		
邮政编码：200030		电　话：021 - 64071208		
印　制：常熟市文化印刷有限公司		经　销：全国新华书店		
开　本：710 mm×1000 mm　1/16		印　张：13.25		
字　数：220 千字				
版　次：2025 年 5 月第 1 版		印　次：2025 年 5 月第 1 次印刷		
书　号：ISBN 978 - 7 - 313 - 32691 - 1				
定　价：78.00 元				

自序
PREFACE >

博士就读期间,参与博导慈勤英老师(武汉大学社会学院教授)主持的教育部哲学社会科学研究重大课题攻关项目"完善社会救助制度研究"(13JZD020)。项目实施期间,跟随课题组成员从讨论研究议题到实地调研,整理和分析数据,整个博士期间专注于社会救助理论和政策研究,毕业工作后,依然聚焦于社会政策领域,申报并获得浙江省社科规划青年课题,本书就是立足该研究基础所形成的成果。

作为现代国家治理体系的重要组成部分,社会救助制度直接关系到社会公平、经济发展和国家稳定。低保救助制度作为社会救助体系的核心内容,其目标在于保障社会最困难群体的基本生活,防止社会贫困的代际传递,促进社会公平与和谐。然而,低保政策是否能够精准识别和有效覆盖最需要帮助的群体?低保政策的实施是否存在"错保""漏保"现象?低保政策是否真正提高了受助群体的生活质量,实现贫困阻断?低保政策如何完善和改进?这些问题不仅是学术界长期关注的重要议题,也是政府政策制定和优化改革所面临的现实需求。本书通过实证研究和数据分析,力求对这些问题做出回答。

本书的一大亮点是其研究视角和研究方法,本书的核心研究视角——"底线公平",是社会公平理论的重要组成部分,强调国家应当确保每位社会成员的基本生存权利,维护社会的基本公平底线,其核心理念与低保救助政策的核心目标高度契合。在该理论框架下,本书系统分析了低保制度的政策目标、实施效果和现实困境,并提出了改进和优化的建议。此外,不同于综述类的研究,本书基于实证调查数据,采用多种数据分析模型,对低保救助制度的准入识别、救助发放、救助成效等全流程工作绩效进行系统评估。

本书的撰写过程经历了较长时间的研究和实践积累。作者长期关注社会救助政策,并在多个地方开展了实地调研,收集了大量第一手数据。结合社会学、经济学、公共政策学等多学科视角,构建了低保制度的绩效评估框架,并采用定量研究方法,对低保制度的绩效进行全面分析。本书的研究成果不仅适用于社会政策、社会学等领域的研究者们,也为社会工作机构、公益组织等关注社会救助领域的机构提供有价值的参考,特别是从事社会保障、基层社会治理、民政系统的工作人员,本书能够提供系统化的理论框架、数据分析及政策建议。

近年来,随着社会经济环境的变化,低保制度面临新的挑战。例如:在收入核查体系尚有不足的情况下,如何利用大数据管理技术,识别多维贫困,提高低保资格认定的精准性,防止低保政策被滥用、福利依赖、漏保等问题的出现?如何在人工智能技术的专业赋能下,优化救助审核和流程,整合各部分救助资源,提高救助工作绩效,开展智能化动态调整和效用最大化下的个性化救助方案的制定和落实?如何突破现有以物质为主的救助方式,转变为更有深远效应的、可执行性强的综合救助模式?在共同富裕的政策理念下,如何打破城乡二元结构,解决城市和农村低保政策之间的协调和衔接问题?这些议题的探讨在本书中或有所涉及但都不够深入和细致。需要作者在现实的政策执行和制度改革过程中不断探索和调研,与时俱进,跨学科融合,进一步在低保救助研究的不同方向和领域继续深耕。

作为自己的第一本著作,写作过程得益于恩师慈勤英教授的悉心指导,也感谢爱人吕龙给予的帮助和陪伴。同时要感谢长期从事社会救助研究的前辈学者,他们的研究成果为本书提供了重要的理论和经验参考。还要感谢各地政府和社会救助机构的大力支持,特别是那些在调研过程中提供数据和案例的政府官员、基层救助工作人员和受助群体，他们的真实经历为本书的研究提供了丰富的实证材料。

希望本书的研究成果能够为低保救助政策的优化有所裨益，并为推动社会公平和可持续发展贡献一份微小的力量。每一项研究都有其局限，本书亦是如此，如有错漏和不足，敬请包容和雅正。

2025 年 3 月

目录
CONTENTS

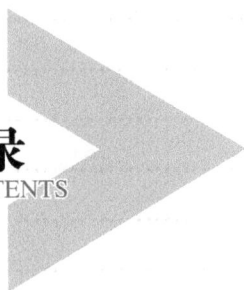

第一章
导　论

第一节　研究缘起

一、研究背景

低保救助制度保障社会成员的基本生存、促进社会和谐稳定,被称为经济发展的"减震器"和解决贫困问题的"最后一道安全网"[①](洪大用,2007)。社会救助在我国由来已久,最早可以追溯到先秦时期,但大多属于个体自发性救助,如有善心的大户为贫穷百姓施粥或者官府在特殊时期开展救助,如对自然灾害造成的饥荒难民进行赈灾活动,这些均为局部性和短期性社会救助。20 世纪 90 年代,伴随着改革开放,我国的救助制度进入快速发展时期。以低保救助制度为例,新时期低保救助制度从城市低保制度开始,经历了从 1993 年的初创试点,到 1999 年的正式制度性确立,再到 2002 年全面实施推进,城市低保走向了制度化道路,这也是城市扶贫"从道义性向制度性"转变的重要标志。随着形势的不断变化,低保政策的重心和导向随着经济社会发展而调整,形成体系化、常规化的城市低保救助体系。在此之前,农村低保一直处于空白,直到 2004 年 1 月,福建省成为第一个全面实施农村居民最低生活保障制度的省份。2004 年底,中国有 8 个省份 1 206 个县(市)建立了农村居民最低生活保障制度,有 488 万村民、235.9 万户家庭得到了农村居民最低生活保障救助。后来经过多次调整,在 2006 年颁布新的《农村五保供养工作条例》,将农村五保发展为国家低保救助项目。2007 年召开的全国"两会"中,国务院提出在全国范围内建立和推进农村低

---

① 洪大用.社会救助的目标与我国现阶段社会救助的评估[J].甘肃社会科学,2007(04):158-162.

保制度,并于 2007 年以制度性的法规确立①。自此,标志着城市低保向全民低保的转变,我国城乡范围内的最低生活保障制度建立,这构成了我国社会救助的主体。

近年来,随着我国社会经济的发展,形成了以低保制度为主,其他救助为补充的社会救助体系②(洪大用,2007)。低保救助的实施取得显著成就,截至 2013 年,城乡低保救助了困难群众 7 443 万人,约占总人口的 5.5%。然而相比发达国家,我国的低保救助制度起步晚、起点低,在执行过程中,仍然存在救助对象难以界定、审核工作难以执行及资金分配不合理等问题③(章晓懿,2013)。这些问题造成的主要影响是:一方面,面对庞大的贫困救助人群,政府存在较大的人力、物力压力,城乡低保中存在资金筹集主体缺位、基层政府财政亏损严重、救助群体庞大、救助人手不足、管理难度大等问题④;另一方面,在低保救助政策执行过程中,错保、漏保、应保未保、关系保、人情保等现象不在少数,让有困难的群众没有得到帮助,而让不应享受救助的人钻了空子,造成低保救助资源浪费、救助成效偏差等问题。同时城乡低保工作中存在退出机制缺乏、动态管理难以实现的问题⑤(杨方方,2011)。

中共十七大再次强调了建设城乡统筹社会保障体系的重要性,随着"共同富裕"理念的提出和试点,成为低保救助从"城乡分治"走向"城乡统筹"、由"碎片化"转为"体系化"的最好突破口(童星,2011)。目前,中国城乡出现许多新的经济和社会问题,低保救助资源不足、救助实施难度大,救助成效不足等问题表明,改革完善低保救助制度势在必行。但是改革不是盲目的,在改革之前,对政府部门和社会公众来说,需要急切了解的问题是:低保救助制度是否有效?是否满足广大贫困人群的需求?救助金的投入是否产生了积极的经济社会效应,即是否发挥低保救助的"兜底"功能及"造血"的激励效应?低保救助制度是否合理实施、能否发挥实效?在这样的情况下,依据一套行之有效的绩效评估指标体系和

---

① 2007 年国务院颁布《关于在全国范围内建立农村最低生活保障制度的通知》,标志着农村低保正式确立。

② 洪大用.社会救助的目标与我国现阶段社会救助的评估[J].甘肃社会科学,2007(04):158-162.

③ 章晓懿,沈崴奕.政府补贴对非营利养老机构发展影响研究——基于上海 H 区社会办和政府办养老机构运营状况比较[J].中国第三部门研究,2013,5(01):27-49.

④ 杨敬宇.公共财政视角下的城乡最低生活保障制度[J].经济与管理,2008(03):69-74.

⑤ 杨方方.残疾人社会保障中政府与民间组织的合作模式:一个初步的探讨[J].山东社会科学,2011(01):163-167.

评估方法,可以为低保制度设计及其应用效果提供科学、合理的评估依据。本书立足已有研究,构建低保救助制度绩效评估指标体系,并使用实证数据进行检验。致力于探索一条评价低保救助政策绩效评估的有效路径,力求为完善低保救助制度带来裨益。

二、研究意义

(一)理论意义

首次将底线公平理论视角与低保救助绩效评估进行融合,以政策蕴含的内在价值导向作为评估标准,将救助政策实施内容作为评估对象,探索低保救助绩效评估的新视角,具有以下理论意义:

第一,评估发展型救助制度,不仅需要论据翔实的定性分析,更需要一套科学且行之有效的指标评价体系对其进行定量研究。本书从底线公平理论的起点公平、过程公平和结果公平三个维度,构建低保救助的制度设计、制度实施及制度成效的评估指标体系。拓展公平理论在低保救助政策评估领域的应用,对丰富和完善社会救助理论体系有所裨益。

第二,本书紧扣民生政府和保障人民生活的现实命题,通过文献梳理、背景现状分析、核心概念界定、相关理论阐释、多种研究方法运用、中外综合比较借鉴、重点领域突破等,基于绩效评估结果,深入探索如何完善我国发展型救助制度,理论探索与实践完善相结合,从理论创新和战略管理层面深化改革意识,建立起适应经济社会发展、满足人民美好生活需求的发展型救助制度体系,为民生建设、构建民生政府等提供有力的理论支撑。

(二)现实意义

本书立足已有研究,设计出可操作的量化指标体系,对目前我国的低保救助工作进行绩效评估。运用计量模型进行数据分析,立足科学定量研究,全面综合地对救助制度设计、实施与成效进行评价,为制度改革的科学性、合理性、效用性奠定基础,具有以下现实意义:

第一,低保救助制度绩效评估研究,可以为当前低保救助工作运行状况、运行效果等构建准确而客观的评价与反馈机制,对现阶段低保救助制度的现实问题进行诊断和评价。为相关政府部门监督管理救助工作、调整和改革救助制度提供量化的数据支撑与参考依据。

第二,基于低保救助绩效评估结论,发挥优势和总结不足,瞄准低保救助制度发展优化的现实困境,准确把握低保救助制度改革趋势,整合多地低保救助制度经验和优势,确保低保救助制度改革具备前瞻性、可持续性。从顶层设计与决策咨询的视角探索中国特色的低保救助制度改革完善路径,为政府部门的政策转型和优化改革提供参考借鉴。

第二节　文　献　综　述

一、国内研究现状

在国际上,评估技术已经被广为使用,它是公共组织提升绩效和服务质量的动力,也能促进经办机构提供优质服务的积极性[①](巩侃宁、邓国胜,2007)。国外对政府承担的公共服务项目的绩效评估体系构建已经较为完整,政府通过寻求第三方作为评估主体,由第三方设计并实施具体评估工作,评估过程和结果都相对客观。当前,我国的政府绩效评估还处于探索阶段,评估体系、评估标准和具体方法都尚待完善。特别是相比发达国家的社会救助评估,我国起步较晚。近几年来,学者们陆续开展低保救助政策绩效评估研究,如:对低保救助制度绩效评估的重要性进行探讨,认为应对低保救助制度的运行进行考核评估,从行政角度确保基层工作的有效合理外,科学的评估体系可以推进低保经办机构的专业化建设[②](杨方方,2011)。此外,对低保救助的经办机构和人员进行技术性评估,有利于改进救助人员工作绩效,提升内部管理和建设。

基于低保救助评估的重要性,学者进一步提出低保救助工作不能单靠制度和工作热情,评估也不能仅限工作过程[③](洪大用,2007),需要设计出多维评估指标体系来进行综合评价[④](魏珊珊,2010)。其中,最好方式是确立各种具体考

---

① 巩侃宁,邓国胜.国外私立教育评估及其借鉴[J].学会,2007(01):10-13.
② 杨方方.残疾人社会保障中政府与民间组织的合作模式:一个初步的探讨[J].山东社会科学,2011(01):163-167.
③ 洪大用.社会救助的目标与我国现阶段社会救助的评估[J].甘肃社会科学,2007(04):158-162.
④ 魏珊珊.社会救助绩效评估指标初探[J].内蒙古农业大学学报(社会科学版),2010,12(01):243-244+250.

核指标并运用有针对性的科学方法进行分类评估①(牟永福、胡浩,2009)。哪些评估指标切实有效,学者们进行了积极的探索。学者们根据社会保障、社会救助的政策体系,分别从最低生活保障、特困人员供养、受灾人员救助、困难居民医疗救助、教育救助、住房救助、就业救助和临时救助等8项制度内容,开展分类探讨。本部分按照不同的制度范畴将相关研究进行分类梳理,具体如下文所示:

(一)在社会保障大框架下的绩效评估研究

学者们立足当下实际,对社会保障制度进行评估研究。评估指标的选取和评估路径主要有两种取向:一种是将社会保障看作一个制度整体,认为公平、质量、责任性、回应性是评估绩效的重要标准②;立足"3E"理论框架,分别从投入、产出、效率等方面提出社会保障综合评估指标体系,包括:评价社会投入(反映投入力度)、评价社会效益(反映社会产出)、评价保障组织(反映运行效率)、评价保障水平与国民经济的协调关系(反映社会保障与本地经济的协调性)③。另一种是基于社会保障的制度框架,将社会保障制度看作一个制度体系,对包含在内的具体制度进行分别评估。如学者为社会保障整体设计了社会保险评估指标、社会救助评估指标、社会优抚评估指标和社会福利评估指标④。通过评估低保金、养老金、医疗保险、教育帮扶、住房福利等制度,评价社会保障制度绩效⑤⑥。

(二)在社会救助框架下的绩效评估研究

学者们在社会救助制度框架下的绩效评估研究更为丰富,立足"系统模型"框架,将社会救助制度看作一个整体,对社会救助制度设计、制度实施、制度效果进行评估研究。按照学者研究的不同侧重点,相关研究分为两类:第一类评估研究的重点是社会救助制度的设计和实施:如有学者提出从制度设计、专业化

① 牟永福,胡浩.一项社会救助绩效评估的方法:基于弱势群体中核心家庭与单身家庭的分类比较[J].文史博览(理论),2009(12):10-12.
② 汪玉凯,黎映桃.公共部门绩效评估——从标准、指标和制度视角的分析[J].中国行政管理,2006(12):16-18.
③ 舒晓慧,刘建平.社会保障综合指标体系及评价方法[J].理论新探,2006(6):26-27.
④ 蓝志勇,胡税根.中国政府绩效评估:理论与实践[J].政治学研究,2008(3):106-115.
⑤ K Zhang. Performance evaluation of China's social security system construction: empirical research based on more than 1600 questionnaires in four provinces[J]. Business Management Journal, 2015(08): 171-180.
⑥ TLC Kim. Social Insurance System Performance Evaluation in China Based on Factor Analysis — A Case Study with Data of 2013[R]. Asian Development Bank, 2010.

水准、资金投入、社会环境等几方面评估现有的社会救助制度运行情况[①];还有学者认为社会救助评估指标应包括社会救助对象定位和社会救助实施过程评估,前者衡量一定比例的最贫困人口所获得的社会救助资源比例指标,后者即领取率指标[②]。第二类评估研究的重点是社会救助制度的实施结果:如学者提出用城镇社会救助率、农村社会救助率、救助水平达标率([③]林毓铭,2007;[④]舒晓惠、刘建平,2006)等指标评估社会救助绩效;还有学者提出采用贫困率、脱贫率、恩格尔系数、公众满意度几个指标评估社会救助效果[⑤]。在如何提升社会救助绩效的研究上,学者尝试从津贴替代率、津贴支付方式和救助激励机制三个方面入手,探讨实现社会救助绩效最大化的有效途径[⑥]。

除了以上客观性指标外,学者还设计出社会救助制度评估的主观指标,包括信息的公开性、公平性、服务态度、申请程序、时效性等方面。此外,社会救助制度的评估维度还包括内容评价维度,即通过评估最低生活保障、廉租房救助、教育救助、医疗救助、临时救助和就业扶持等内容来综合反映社会救助制度的整体成效[⑦]。

在更为具体的运用性研究中,曹艳春(2010)参考我国学者朱庆芳的《社会指标体系》和范柏乃的《政府绩效评估理论与实务》,结合我国社会救助制度的实际内容,以及所调研的杭州市、上海市和兰州市的实际工作情况,创立了一系列评估指标及权重。认为构成我国社会救助事业发展评估指标体系分为三级,指标主要涉及:指导思想、发展规模、事业管理、发展环境、政策支持与法律保障、实施效果。在确定各个指标的权重时,采用专家打分法,即专家则根据评估对象的实际情况,根据我国社会救助建设的目标,以及各地社会救助的实际情况,结合

---

① 洪大用.社会救助的目标与我国现阶段社会救助的评估[J].甘肃社会科学,2007(04):158-162.

② 魏珊珊.社会救助绩效评估指标初探[J].内蒙古农业大学学报(社会科学版),2010(01):17-19.

③ 林毓铭.社会保障政府绩效与评估指标体系[J].中南民族大学学报(人文社会科学版),2007,27(1):115-119.

④ 舒晓惠,刘建平.社会保障综合评价指标体系及评价方法[J].统计与决策,2006(11):26-27.

⑤ 周海文,周海川.中国城乡社会救助绩效评价[J].山西财经大学学报,2017(12):15-28.

⑥ 牟永福,胡浩.一项社会救助绩效评估的方法:基于弱势群体中核心家庭与单身家庭的分类比较[J].文史博览(理论),2009(12):10-12.

⑦ 范西庆,顾昕,高梦滔.中国城乡社会救助项目绩效评价研究——基于筹资水平的横向公平性分析[J].财经研究,2007,33(10):16-27.

经验判断,给出权重和各个指标的得分①。在运用定量模型开展评估方面,从社会救助资金配置和财政救助资金支出效率提升两个方面构建了社会救助体系财政转移支付绩效评价指标②(Z Wang and A Hetzler,2014),采用 DEA 两种相对效率模型对社会救助支付转移绩效进行评价以及基于四阶段 DEA 和 Malmquist 指数模型,分析我国农村社会救助支出的效率③。以上探索与以往的经验研究不同,在社会救助绩效评估的定量研究领域进行了有益的探索。

(三)低保救助制度绩效评估研究

随着制度范围的缩小,学者对低保救助制度的评估研究逐渐具象化。学者们根据低保救助制度实施的各个阶段,分别从低保救助水平、救助实施与工作绩效、救助实施效果三方面开展研究:

(1)低保救助水平的评估研究。学者除了对救助水平、救助标准的科学制定的探讨外,还对救助水平的科学评估方法进行论证。如:有学者从宏观视角出发开展探讨,研究城市低保水平与经济发展的适应性,认为城市低保的水平依然偏低④。在实证研究方面,王增文、(2009)使用财政救助力度、生活救助程度、济贫效果三大指标对农村低保救助水平进行评估。利用 σ - γ 平面法(农村低保救助力度系数与生活救助系数)对当前农村救助力度进行评价⑤,认为农村低保水平与其经济发展水平不相称,政府还需适当提高农村低保标准。还有学者基于 ELES 模型,分析湖北省城镇居民最低生活保障水平⑥。

(2)低保救助工作绩效及实施状况的评估研究。学者认为,低保救助工作绩效就是对政府及其相关的行政人员"政绩"的评估,它是用一定的目标尺度,考核、判断该政府及行政人员所取得的成绩⑦。将城市低保工作绩效评估指标体

① 曹艳春.转型时期中国社会保障研究[M].上海:上海社会科学院出版社,2010:109 - 112.
② Wang Z, Hetzler A. The Evaluation to Resources Efficiency of Rural Social Assistance and Supporting System at Soft Achievement[J]. Contemporary Economic Management, 2014(12):65 - 71.
③ Sheng-Feng L U. The Efficiency of the Rural Social Assistance Expenditure in China — Based on the analysis of Four-stage DEA and Malmquist Index Model[J]. Journal of Hubei University of Economics, 2010(03):81 - 89.
④ 潘敏,王磊.我国城市居民最低生活保障水平的经济适应性研究[J].社会科学辑刊,2015(3):45 - 49.
⑤ 王增文.农村最低生活保障制度的济贫效果实证分析——基于中国 31 个省市自治区的农村低保状况比较的研究[J].贵州社会科学,2009(12):107 - 111.
⑥ 邓大松.当代中国社会救助制度:比较与借鉴[M].北京:人民出版社,2014:191.
⑦ 张明.政府绩效评估的多元主体分析及指标体系构建[J].重庆工商大学学报(社会科学版),2011,28(1):54 - 59.

系分为财政筹资、机构人员、保障力度、规范化管理、社会满意、社会激励共六项指标①。如果说低保救助工作绩效评估是评判相关工作人员的工作表现,那么对低保救助实施情况评估,则是从结果视角对低保工作的实施成果开展评价。在具体的评估指标及其运用方面,学者从:制度覆盖面,即受益者的覆盖范围;服务递送,包括目标群体定位与组织管理;财政经费,包括预算安排与负担比例;发展水平及标准测定,即地区低保救助所占财政支出的比例;以及低保的收入标准四个方面评估了城乡最低生活保障制度的实施情况②。还利用层次分析方法,对中国 2007—2008 年的分省区农村低保制度的运行绩效进行评价③,结论显示农村低保制度的运行绩效存在较为明显的差异和层次性,还未实现"应保尽保"。

(3) 低保救助实施成效的评估研究。按照城乡分类,现有研究大多集中于城市低保制度。对城市低保的政策成效评估研究中,学者认为可通过低保家庭基本生活现状来反映这项制度的目标达成情况,即制度的效果评估。政策效果分为直接效果、附带效果、意外效果三类:直接效果即低保对象基本生存需要的满足,彰显政府责任和促进社会稳定;附带效果即低保政策的附加延伸和附加福利带来的效果;意外效果即政策执行后出乎政策制定者预期之外的效果,如骗保、赖保、不就业、道德风险等问题④⑤。因此,提出救助效果监测的主要指标包括:申请并获得生活救助的比率;生活救助前后的经济状况;对政策的了解程度;对政府救助工作的评价;对公益劳动的参与;对生活救助制度的评价;生活救助前后就业状况对比;生活救助前后医疗状况对比;生活救助前后住房状况对比;生活救助前后教育状况对比⑥。在对农村低保救助效果评估中,学者通过农村低保救助的反贫困绩效视角,探析农村生活救助政策功能目标的实现⑦。学者还引入"社会保护"的框架,通过农村最低生活保障制度的分配效果和瞄准效

① 漆娜,陈红霞.论城市最低生活保障工作绩效评估指标体系的建构[J].学理论,2013(3):46-48.

② 王晓东,高则一.内蒙古城乡最低生活保障制度的现状评估与对策探讨[J].前沿,2010(15):196-200.

③ 何晖,邓大松.中国农村最低生活保障制度运行绩效评价——基于中国 31 个省区的 AHP 法研究[J].江西社会科学,2010(11):212-218.

④ 祝建华.城市居民最低生活保障制度的评估与重构[M].北京:中国社会科学出版社,2011:180-181.

⑤ 祝建华.我国城市居民最低生活保障制度的政策效果评估[J].经济论坛,2009(24):16-21.

⑥ 曹艳春著.我国城乡社会救助系统建设研究[M].上海:上海人民出版社,2009:309.

⑦ 林闽钢.当代中国社会救助制度:完善与创新[M].北京:人民出版社,2011):378.

率的实证分析来分析农村低保救助的成效,并提出系列制度改进建议[1]。

(4) 低保救助制度全流程阶段的综合绩效评估研究。学者们认为,在对城市低保救助制度绩效评估指标体系研究中,应该依据绩效评估的投入、过程、结果三阶段的"综合模型",按照系统原理要求,选择体现系统层次结构特征的指标。围绕这一共识,学者们开展了低保救助制度全流程评估指标体系的探索,并用宏观数据进行实证分析。如:林闽钢、高传胜(2012)通过文献法和专家法确定了低保救助制度实施绩效综合评估指标体系,认为绩效评估的主要包括两个方面:第一,运行评估。包括:标准设置评估、能力建设评估。第二,执行评估。包括:救助水平评估、救助管理评估。立足低保救助制度的实施绩效评估框架,学者设计了 2 个一级指标、4 个二级指标、11 个三级指标、17 个四级指标[2]。此外,章晓懿(2013)将低保制度绩效评估分为三阶段,即制度设计、制度实施、制度效果;然后分别从 4E 原则出发,考虑三个不同阶段绩效评估的重点差别,经过三轮德尔菲专家咨询结果,最终确定了城市低保救助绩效评估体系的 3 个一级指标、9 个二级指标和 40 个三级指标[3]。以上学者的研究,为本书开展低保救助绩效评估的指标选取奠定坚实的基础。

4. 政府部门开展的低保救助政策绩效评估

除了学术界,政府部门也相继出台了低保救助工作绩效评估指标。2008 年我国民政部办公厅发布了关于印发《全国基层低保规范化建设暂行评估标准》的通知,要求各地方政府参照执行,各地基层低保规范化建设也陆续开展。《全国基层低保规范化建设暂行评估标准》按照行政的三个层级分为三类评估标准:第一个层级是针对县、市、区的标准;第二个层级是针对街道、乡镇的标准;第三层级是针对社区和村委会的标准。三个层级设置三个不同的评估表格,每个表格的评估标准包括五大指标,包括:工作保障、业务素质、低保受理、日常管理、监督检查。到2013 年,各省份陆续出台对社会救助工作进行绩效考核的相关办法,评估内容和指标与民政部相似,有些地方的绩效办法还未出台,处于空白。2014 年,民政部、财政部联合印发(民发〔2014〕21 号)《最低生活保障工作绩效评价办法》[4]的通

---

[1]　谢东梅.农村最低生活保障制度分配效果与瞄准效率研究[M].北京:中国农业出版社,2010:226.

[2]　林闽钢.当代中国社会救助制度:完善与创新[M].北京:人民出版社,2012.

[3]　邓大松.当代中国社会救助制度:比较与借鉴[M].北京:人民出版社,2014.

[4]　资料来源:http://www.mof.gov.cn/zhengwuxinxi/zhengcefabu/201402/t20140214_1043214.htm.

知,标志着低保救助工作绩效评估正式在全国范围内确立。2016 年,民政部、财政部关于印发民发(〔2016〕242 号)《困难群众基本生活救助工作绩效评价办法》①的通知②,对基本生活救助工作绩效的评价做了更完善的规定。通知指出,绩效评价指标包括工作保障、工作管理和工作效果和工作创新(新增)等 4 个评价指标,涵盖能力建设、资金保障、操作管理、监督检查、社会效果等内容,特别将社会公众和低保对象对当地低保工作的满意程度列入评价内容。绩效评价由民政部和财政部共同组织实施,充分依托社会力量开展工作,力求绩效评估落到实处。绩效评价的主要流程是:各省份对照当年绩效评价指标体系进行自评;民政部、财政部根据自评情况和相关数据,组织人员对各省份低保工作绩效进行实地核查;再根据实地核查和自评数据作出综合评价,并将评价结果通报各省份民政部门和财政部门。评价采用综合评分法,满分为 100 分,评价结果分为优秀、良好、合格、不合格四个等级。绩效评价结果将作为指导地方改进低保工作的重要举措,除了通过"以奖代补"作为分配中央财政基本生活救助补助资金的重要依据外,还增加了评估约束机制,如对评价结果为不合格的省(自治区、直辖市)有关部门负责人进行约谈,对在基本生活救助工作绩效评价中弄虚作假、瞒报谎报情况的,予以通报批评。情节严重的,绩效直接评价为不合格等级。

除了民政部的相关评估外,地方省民政厅或市民政局也积极开展自评,呈现地方区域特色。根据是否单独进行低保政策绩效评估,分为两类:一是对低保救助工作绩效进行专项考核,如:青海省参考民政部文件,制定了《青海省最低生活保障工作绩效考核办法》,绩效考核的指标有:政策落实如审核审批、动态管理、配套资金、工作经费等物质保障情况、资金管理与监督情况、上级部门安排布置工作完成情况、低保对象档案建立健全情况、最低生活保障信息系统运行管理情况、群众上访处理情况及群众满意度。二是将低保救助工作绩效放在社会救助框架下进行考核:如武汉市民政局发行的《武汉市社会救助工作绩效考核办法(试行)》中明确规定绩效考核评分细则,指标包括:基础能力建设(6 项,16 分)、最低生活保障(11 项,35 分)、城乡医疗救助(5 项、14 分)、临时救助及低收入家庭认定(6 项,16 分)、农村五保供养(5 项、10 分)、日常管理工作(5 项、9 分)、鼓励创优争先(加分项,累计不超过 5 分)。此外,各地方市民政系统为了提升救助工作绩效,积极开展绩效评估创新:如杭州市制定了详细的生活救助工

---

① 资料来源:http://www.mca.gov.cn/article/gk/wj/201701/20170115002936.shtml。
② 颁布之日起,《最低生活保障工作绩效评价办法》(民发〔2014〕21 号)同时废止。

作人员责任表,对民政局的工作人员工作成效和工作作风进行评价,评价结果作为年终奖金的一个重要依据。湘乡市对生活救助的基层工作人员也签订了责任书,规定他们的工作任务,每年年终进行评价。

除了民政系统开展的低保救助工作绩效自评外,近两年来,地方民政部门积极引入第三方评估机构,查阅低保对象资料信息、实地调查探访,对低保工作进行低保对象精准度、低保标准准确性、低保政策认知度、低保政策满意度的综合评估。第三评价机构不仅做到评估的客观公正,还就落实现状、存在问题、对策建议出具低保政策落实情况专业评估报告。采用第三方评估机构开展专项低保救助评估是低保救助工作绩效管理的有益实践和创新。

二、国外研究现状

(一)国外学者对政策绩效评估的相关研究

西方国家的政策绩效评估是伴随着对行政体制改革的过程衍生和发展完善的,在追求公共责任的理念下,力求打造效率型政府,积极促进各国政治体制的改革进程。学者以时间发展为主轴,将西方政策绩效评估的演变、深化的进程大体可分为四个阶段①:① 20 世纪初到 20 世纪 30 年代,是绩效评估的萌芽阶段。这一时期的绩效评估发展较为缓慢,具体的实践以美国为主,评估的重心关注的是政府效率。专门从事绩效评估的组织和学术团体如雨后春笋般不断发展,评估的理念和技术的研究蓬勃发展,被政府在评估实践中积极引入。总之,效率是政府绩效评估的重要价值导向。② 20 世纪 40 年代至 20 世纪 70 年代,是起步阶段。除了继续强化"效率"这一核心价值外,提出实施预算制度,通过控制预算,实现经济意义上的高效率。③ 从 20 世纪 70 年代至 20 世纪 80 年代是发展阶段。1980 年到 2000 年可以说是政府绩效评估的全面发展时期,提出既要关注效率,也要注重公平。此外,这一时期内,政府将绩效评估与战略规划、预算管理、民众参与等相结合,开创出新型的政府管理体制——绩效管理制度。推动了绩效评估在政府管理工作中的综合应用。④ 20 世纪 90 年代至今是深化阶段。20 世纪 80 年代,英国政府绩效评估成为成功实践的典范。经过十年的发展,直到 90 年代,评估技术不断发展,多元评估主体的引入和民众在评估中的参与成为绩效评估的共识,标志着制度化、规范化和法制化的政府绩效评估得以形成。

---

① 蓝志勇,胡税根.中国政府绩效评估:理论与实践.政治学研究.2008(3):106-108.

值得注意的是,在此阶段,绩效评估的理念、方法和技术被推广到了发展中国家。

在政策绩效评估目的探讨方面,政策学者 Charles O. Jones(1977)认为,评估的目的在于当政策执行以解决问题时,详细制定政策厘定之初所定的目标,是否确已达成。评估的核心在于政策所欲解决的公共问题是否已经产生影响,以此为政策改革提供科学指导①。美国学者 David H. Rosenbloom(1993)的观点与之不同,他认为政策评估目的应该倾向于对政策执行的妥当性和合法性进行检视,而不是仅仅看政策的预期是否达成。评估的核心重点在于检测政策执行是否有疏失、错误及浪费的情形发生②。还有学者提出政策绩效评估是作为整体管理策略的一部分存在的,绩效评估有助于实现的管理目的,应该预先根据管理目的部署评估工作③。

在制度绩效评估的评判标准方面,学者认为,制度产生的社会性根源是其拥有的社会功能。一般而言,制度的产生、变迁存在着两种体系,即马克思主义和新制度主义。因此,关于制度绩效也存在着两种不同的判断标准。马克思主义制度分析中认为评判制度优劣的标准为"人的发展",具体而言即是否与人的自由、全面发展为核心。这种对制度的实施绩效和价值的标准关注制度安排对人存在意义,因而评判时,更侧重于公平而不是效率。新制度主义的制度绩效研究有三个学派:分别是制度设计学派、现代主义学派和公民文化学派。制度设计学派认为制度绩效由宪政体制决定,因此,对制度的绩效评价关键在于制度的民主价值以及社会对民主价值的尊重;现代主义学派学术主张强调制度绩效中的社会经济因素,认为制度的投入产出比是衡量制度绩效的重要指标;公民文化学派的开拓性研究表明,注重制度对公民文化塑造和社会精神倡导的文化功能。

如果说以上学者的分析属于宏观分析,注重对一个国家或一个地区内的民主制度(政府制度)的分析,那么学者对另一方向的研究则聚焦于制度绩效评估的微观层面,即具体的评估框架设计和实际评估方法运用研究。在指标设计方面:最具代表性的是奥斯特罗姆对发展中国家基础设施制度较为全面的研究,提出评价制度绩效的指标框架包括经济效率、公平(包括区域财政平衡及再分配

---

① Behn R D. Why Measure Performance? Different Purposes Require Different Measures[J]. Public Administration Review,2003,63(5):586-606.

② Rosenbloom D. Public administration: understanding management, politics, and law in the public sector/6th ed[M]. Random House, 2006:52-68.

③ Behn R D. Why Measure Performance? Different Purposes Require Different Measures[J]. Public Administration Review,2003,63(5):586-606.

中的公平）、政府责任、政策的适应性和凸显的间接绩效[①]。还要由过去注重统计数字的社会指标逐渐转变为强调民意参与的政策指标，认为评估者应该积极介入评估建议付诸执行的过程，重视在政策完善设计中让政策受益对象参与，重视对政策利害关系人的内心感受的回应，充分给予话语权，表达要求、关注和议题。在研究方法方面：政策评估从单一方法逐渐走向多元路径，如系统分析、预算核查、成本利益分析、管理过程分析、平衡计分卡等方法被广泛运用于社会救助绩效指标体系，为评估社会救助的有效性提供了可操作的工具[②]。此外，美国著名的运筹学专家匹兹堡大学教授 Saaty T L 提出的层析分析法（AHP），广泛运用于政府制度绩效评估中的多层次、多指标复杂系统的权重分析[③]。在评估模型运用方面，采用城乡生活保障制度绩效评价模型进行绩效评估[④]。还有学者运用微观调查数据，根据经济情况调查，评估是否有资格领取救助，还对降低贫困率进行实证检验，评估救助政策的绩效[⑤]。

（二）西方国家的公共服务政策的绩效研究

国外对弱势群体的政府帮扶统称为公共服务政策，其社会救助具有鲜明的差异性，因此，对社会救助的评估分析，带有鲜明的地区性色彩。近五年来，各地区社会救助政策绩效评估的重点各有侧重，本部分根据政策绩效目标的不同进行梳理，主要包括以下几个方面：

（1）以提供基本生活所需、物资支持为目标的公共服务政策绩效。该系列研究的主要对象一般是遭受了重大自然灾害，例如地震、海啸、台风的国家或地区。Elliot（2010）[⑥]对美国新奥尔良地区遭受卡特琳娜飓风之后，所采取的社会救助措施进行了思考。他认为，新奥尔良除提供基本的生活物资之外，其"社会

　　① 埃莉诺·奥斯特罗姆，拉里·施罗德，苏珊·温.制度激励与可持续发展：基础设施政策透视[M].陈幽泓等，译.上海：上海三联书店，2000：51-68.

　　② Wang-Lai X U, Liu X H, Jing-Tao F U, et al. Index System of Social Assistance Performance Evaluation Based on Balanced Scorecard[J]. Journal of Hainan Tropical Ocean University，2017(3)：59-65.

　　③ Saaty T L. Decision-making with the AHP：Why is the principal eigenvector necessary[J]. European Journal of Operational Research，2003，145(1)：85-91.

　　④ Bank A D. 46222-001：Performance Evaluation Model for Urban and Rural Subsistence Security System[R]. 2012.

　　⑤ Tasseva I V. Evaluating the performance of means-tested benefits in Bulgaria[J]. Journal of Comparative Economics，2016，44(4)：24-38.

　　⑥ James R. Elliot. Limits to social capital：comparing network assistance in two New Orleans Neighborhoods devastated by hurricane Katrina[J]. The Sociology Quarterly，2010(51)：624-648.

网络救助"(Network Assistance)的做法也是可取的,即充分发动街坊、邻里的互助关系,尽最大可能减轻自然灾害所产生的消极影响。Roelen、Gassmann(2011)[①]对科索沃地区的研究表明,科索沃的社会救助制度,已从战后提供基本的生活、物资补助,逐渐转型为社会福利性的救助体系。与其他欧洲国家相似的是,科索沃也把"减贫"作为社会救助制度建设的重要内容,而救助对象以家庭为单位,这种做法与加拿大非常相似。不过,受到社会经济发展水平的影响,当前救助覆盖范围还相当有限,仅针对残疾人、高龄老人、失业者等人群,救助形式主要是经济救助。

(2)以"减贫"为目标的公共服务政策绩效。"减贫"是大多数国家社会救助政策中非常重要的内容,在社会救助体系中占有重要地位。西欧、北欧国家特别重视"减贫"的重要性,以挪威为例,它是倡导欧洲推广"减贫体制"的代表性国家之一,加之挪威受到战乱、自然灾害影响的可能性较小,因此其社会救助政策以降低社会贫困率为核心。自 20 世纪 90 年代以来,随着"动态劳动力市场计划"(Active Labor Market Programmes)的实施,大批失业人群从该政策中受益。而 Ocker 等(2009)[②]的研究表明,在该计划的收益人群中,效果最为突出的,是长期接受该计划扶持的人群,该观点也证实了之前 Brannstrom(2007)[③]的相关学说。此外,以降低贫困率为目的的社会救助计划,依然存在着对群体、个体需求方面的忽视,需要在此方面作进一步的发展。

除此之外,挪威的社会救助体系还具有一定的"个体导向性",即关注社会个体的生存与发展状况。通过对社会救助接受者的主观幸福感、心理健康、生活压力等多方面进行评估,Kolosnitsyn(2011)[④],Naper(2009)[⑤]等学者认为,社会救助的接受者,往往承受着较重的生活压力,因此,社会救助关注社会个体的生存与发展,具有必然性。

---

① Roelen K, Gassmann F. How effective can efficient be? Social assistance in Kosovo and what it means for children[J]. Journal of European Social Policy, 2011, 21(3): 238 - 252.

② Ocker R, Zhang Y, Hiltz S R, et al. Determinants of Partially Distributed Team Performance: a Path Analysis of Socio-Emotional and Behavioral Factors [C]. AMCIS 2009 Proceedings. 2009.

③ Lars Brann strom and Sten-Ake Stenberg. Does Social Assistance Recipiency Influence Unemployment? [J]. Acata Sociologica, 2007, 50(4): 347 - 362.

④ Kolosnitsyn I, Kitova E, Surinov A, et al. Living Standards and Income Inequality in Selected Regions: Development of Targeted Social Assistance Programs[M]. 2011: 119 - 123.

⑤ Naper S. O. All-cause and cause-specific mortality of social assistance recipients in Norway: a register-based follow-up study[J]. Scand J Public Health, 2009(37): 820 - 825.

　　而同属于斯堪的纳维亚半岛国家的瑞典,在社会救助政策方面,与丹麦有着诸多相似之处,其社会救助制度也以提高低收入人群的生活水平为主要目的。不过,瑞典的社会救助政策更多地以组织机构为基础,因此,社会救助通常要依靠各种福利、慈善机构等来开展(Minas,2010①;Backman,2011②)。此外,瑞典的社会救助制度重视提高低收入家庭的生活质量,以改善这些家庭中儿童的健康状况,为其成长创造有利的社会环境,这也是瑞典社会救助制度的重要特征之一。这种家庭主导型的社会救助模式也引起了国内学者的关注,并享有较高的认同度。而 Madama(2013)③和 Yoruk(2012)④对意大利和土耳其社会救助的研究也表明,帮助低收入水平社会个体,改善其生活状况,是社会救助的重要内容。

　　(3) 以提供就业机会,提高就业率为目标的公共服务政策绩效。Kneebone(2013)⑤等学者认为,提高就业率与改善低收入群体的生活状况,二者之间的关系可以说是相辅相成的。加拿大的社会救助制度把提供就业机会放在了非常重要的地位。Hanson(2010)⑥对低收入女性进行研究发现,加拿大社会救助制度鼓励失业者再就业,并为其提供相应的帮助。另一方面,Gazso(2009)⑦等学者认为,以提高就业率单位核心的加拿大社会救助制度,忽视了"家庭"作为社会活动参与者所能够发挥的作用,单纯以提高就业率为核心,而不考虑低收入人群的公民身份(Citizenship)、社会资源、家庭照顾等多方面的内容,无助于社会救助效果的提升。因此,应当把家庭作为社会救助的初级对象,紧密围绕提高就业率

---

① Renate Minas. Social expenditures and public administration: are local social assistance costs in Sweden a matter of organization? [J]. International Journal of Social Welfare, 2010(19): 215, 224.

② Olof Backman and Ake Bergmark. Escaping welfare? Social assistance dynamics in Sweden [J]. Journal of European Social Policy, 2011(21): 486 - 500.

③ Ilaria Madama Beyond continuity? Italian social assistance policies between institutional opportunities and agency[J]. International Journal of Social Welfare, 2013(22): 58 - 68.

④ Erdem Yoruk. Welfare Provision as Political Containment: The politics of social assistance and the Kurdish conflict in Turkey[J]. Politics and Society, 2012, 40(4): 517 - 547.

⑤ Kneebone R D, Gres M. Trends, Peaks, and Troughs: National and Regional Employment Cycles in Canada[R]. Spp Research Papers, Calgary: The School of Public Policy, University of Calgary, 2013.

⑥ Cindy Hanson and Lori Hanson. Unpaid work and social policy: Engaging research with mothers on social assistance[J]. Action Research, 2011(9): 179 - 198.

⑦ Amber Gazso. Balancing expectations for employability and family responsibilities while on social assistance: Low income mothers' experiences in three Canadian Provinces [J]. Family Relations, 2007(56): 454 - 466.

等核心,来促进社会救助的实施。

（三）西方典型国家的公共服务政策绩效评估指标体系

政府再造成为全球性改革运动,绩效管理的改革工具被普遍用于大力推动政府再造工程中。美国和英国现行社会救助制度主要采取项目救助方式[1],救助类项目属于公共服务类项目,纳入公共服务政策的绩效评估。除了建立了一系列完整的评价指标体系和评估方法外,还将绩效评估进行常规化和动态化,定期进行系统的绩效评价。美国、英国是发达国家中较先进行探索的国家,其公共服务领域的绩效评估指标体系趋于成熟。本部分按照国别进行梳理,具体如下所示:

1. 美国的公共服务绩效评估

近十年来,政府绩效评估指标是美国公管领域的研究热点之一。不仅成立了专门的评估部门,社会研究机构也纷纷加入。如美国颁布《政府绩效与结果法案》,成立了专门的绩效评估委员会,专门设计了投入-产出、成本-效益等体现经济效率效果、工作质量、生产力等六项评估指标体系,对政府部门和个人工作开展绩效评估。除了政府部门外,社会研究组织也呈现蓬勃发展,如美国的坎贝尔研究所,一直致力于政府组织的绩效评估,指标包括财政管理、基础设施管理、信息管理、人事管理和目标管理五大类。

美国绩效管理代表性文件为"国家绩效评鉴报告",各地方政府根据本地实际,设计不同的评估标准,如:得克萨斯州最早探索政府绩效评估,成为制度化和规范化的典范[2]。他们坚守五项原则,即始终以战略计划为评估基础,用政府使命为评估导向,以政府政策目标为范畴、注重评估的经济效率和效果。此外,该州开创更加丰富多元的绩效评估方法,将平衡计分法运用于评估过程;其对公共援助资金在减贫方面的有效性进行评估[3]就是其成功的范例。俄勒冈州与其他地方政府不同,他们秉持博采众长的理念,运用标杆管理法,广泛征询各方意见,在7个领域建立了绩效评价指标体系,尤其重视社会公益与政府社会责任等领域的绩效评估[4]。

---

[1] 刘奕琼.国外典型国家社会救助制度及对我国的启示[J].法制与社会,2015(29):31-32.

[2] Franklin A L. Performance Budgeting for State and Local Government[J]. Public Budgeting & Finance, 2010, 26(1): 157-158.

[3] Dellaportas G. The Effectiveness of Public Assistance Payments in Reducing Poverty[J]. American Journal of Economics & Sociology, 2010, 39(2): 113-121.

[4] 江易华.县级政府基本公共服务绩效评估指标体系的理论构建与实证检测研究[D].华中师范大学,2009:14.

2. 英国的公共服务绩效评估指标

在 20 世纪 80 年代，英国政府成立效率小组，在财务管理改革中设立"三 E"绩效评估指标，其中经济性评估指标(Indicators of Economy)包括成本与投入的效率、行政开发与业务开支的比率、人均开支评估、资源浪费评估；效率性评估指标(Indicators of Efficiency)包括技术效率、配置效率等；效益性评估指标(Indicators of Effectiveness)包括质的量化指标、用民意测验测定效益和服务质量以及质量保证体系等。20 世纪 80 年代，主要以经济和效率为基点提出绩效评估指标并被卫生管理与服务部门与社保部门广泛应用。90 年代，效率优先逐渐被质量优位所代替，绩效评估指标体系的设计理念纳入了公平、民主和责任，引入新型评估方法，进一步拓展指标体系的内容。成立地方自制绩效委员会，将公民宪章精神纳入，设计了包含住宅、环保、环境改善、教育服务等领域的评估指标体系，成为实践的典范。

在英国的政府基本公共服务评估实践中，除综合政府绩效评估外，还有专门的针对公共服务绩效的评估框架，如政府综合支出评估(Comprehensive Spending Review，简称 CSR)。在 CSR 中，引入公共服务协议(Public Service Agreements，简称 PSA)，明细公共支出项的可测度目标①。英国政府引入 PSA 的初衷，源于他们把政府管理看作是一件极其复杂的工作，很难用一个或几个指标来反映政府公共服务的绩效。因此，引进 PSA 是为了充分考虑政府在工作领域中的投入、产出和效果，衡量他们之间的关系，尝试提出有效的分析框架。在 PSA 框架中，投入指的是投入的人力和实物资源；产出是指提供给民众的产品和服务；效果指的是居民享受政策和服务后产生的影响和结果，应该与政策目标一致。PSA 框架必须坚持四项原则：一是效果导向原则，即政策目标清晰且具备效果导向应该指出的是，效果导向原则在四项原则处于核心地位，要求政策目标设定满足"SMART"标准；二是分权原则，下级部门可以灵活把握推进政策的方式方法，在激励机制和制度创新上具有自主性；三问责原则，即增强审计和督查部门的独立性，促进其对项目绩效的监管；四是透明原则，政府有责任将成效公开，最好是将绩效评估结果进行公布。

事实上，英国公共服务协议框架本身也在不断进行调整与完善。如：在 PSA 引入之初，指标主要关注投入和产出。随着评估的发展和完善，指标逐渐

---

① 于秀琴.县级服务型政府绩效评估及能力提升研究[D].天津大学,2011.

倾向于关注产出和结果。由此可见,英国公共服务协议框架本身也是随着实践的进展在不断地完善[①]。随着绩效评估向以结果为导向的发展,表明英国绩效评估发生巨大改变,这也促使英国的绩效评估步伐走在诸国前列[②]。以上做法对我们完善低保救助政策绩效评估体系及其相关研究具有重要的借鉴意义。

3. 其他国家公共服务效果监测评估

除了美国和英国外,澳大利亚的公共服务绩效评估体系于 1995 年修订,分为效率和效果两个方面,其中效果包括服务质量、服务恰当性、服务的可获得性和服务的公平性等几个方面,效率则主要指单位成本。运用的领域包括公共急症治疗医院、住房供给服务、普通教育、职业教育与培训、警察服务、法院、罪犯改造服务以及儿童保护及福利服务。以澳大利亚的住房福利服务为例,绩效评价指标包括:服务质量服务恰当性、服务的可获得性、服务可承受性、租赁管理成本、资产管理成本。还有学者将贫困家庭按照五类贫困程度进行划分,计算救助前的贫困比例、救助后的贫困比例、救助对贫困率变动的绝对影响、救助对贫困率变动的相对影响。通过分析生活救助前后的贫困程度变化,即通过减贫效果来评估该项制度的实施成效[③]。

此外,西方发达国家的效果监测工作每年会定期进行,并颁布了许多监测结果。例如,有学者采用公共部门的投入和产出效率评估 23 个国家的公共部门绩效(PSP)[④]。还有学者通过贫困风险的测度评估社会援助的转移的分配和影响[⑤]。除了学者外,一些学术机构如卢森堡收入调查机构,每年对德国、比利时、芬兰、丹麦、挪威、法国、澳大利亚、加拿大、美国、瑞典、瑞士和英国的生活救助效果进行监测,监测各国生活救助与转移支付的效果,并进行排序对比。监测的主要指标是救助前后的贫困率降低的百分点以及对贫困群体根据贫困程度的不同进行分类,监测救助以后极度贫困的家庭转化为严重贫困家庭、严重贫困家庭转

---

① 江易华. 县级政府基本公共服务绩效评估指标体系的理论构建与实证检测研究[D]. 华中师范大学,2009:15-17.

② Poister T H, Streibprofile G. Performance Measurement in Municipal Government: Assessing the State of Practice[J]. Public Administration Review,1999,59(4):325.

③ Veitwilson J. Christina Behrendt, At the Margins of the Welfare State: Social assistance and the alleviation of poverty in Germany, Sweden and the United Kingdom[J]. European Journal of Social Security, 2003:269-271.

④ António Afonso,Ludger Schuknecht, Vito Tanzi. Public Sector Efficiency: An International Comparison[J]. Public Choice, 2005(123):321-347.

⑤ Szulc A . Social policy and poverty: Checking the efficiency of the social assistance system in Poland[J]. Eastern European Economics, 2009,50(5):66-92.

化为中等贫困家庭、中等贫困家庭转化为接近贫困家庭以及各种贫困程度的家庭各自转化为非贫困家庭的比率。生活救助效果监测的实施促进救助主体想方设法提高救助的效果,提高了资金的使用效率和救助的针对性。

三、简要述评

低保救助绩效评估,吸引了来自高等院校、科研部门研究者以及政府工作部门实践者的广泛关注。结合实际,围绕救助水平、救助工作绩效、救助实施运行和救助成效等,提出一系列低保救助政策绩效评估指标,积累了很多研究成果。但是,已有文献对于评估的具体指标和标准尚不统一,国内对低保救助评估体系的构建与实证检验尚处于探索阶段,定性研究较多而定量研究较少。具体来看,可在以下几方面深入探讨:

(1)从研究内容来看,国外绩效评估逐步走向制度化、规范化和法制化,具备以下特点:一是坚持定量与定性相结合,价值取向为经济成本、效率效益、质量公平,清晰进行政府职能定位;二是注重实证研究方法的运用,围绕制度设计、制度实施与制度成效开展定量指标设计,形成鲜明研究特色和长足发展①。国内也应该顺应这一研究新形势,把握国际研究趋势与发展现状,促进国内研究与国外研究的相对比较。福利制度在不同的国家拥有不同的模式,社会救助的标准和救助实施也会有所不同,现有的研究大都是基于西方社会的社会保障与社会救助的思维与话语架构下,对本国的实践活动进行解析。郑功成教授就曾指出以中日韩为代表的东亚地区社会保障模式有着较为稳定的地区特色,存在的客观必然性,这就要求在建构低保救助指标体系过程中兼顾本土意义与世界价值。也为科学合理地进行基于我国国情的低保救助绩效评估研究,提出新的内容要求。

(2)从评估主体来看,现有低保救助评估体系可以分为两种,一种是基于民政业务的内部评估,一种是跨民政业务的多部门评估②。关于低保救助工作绩效评估的主体大多是学界专家或民政系统的上级领导部门。这种方式都是政府的内部评估,采用的资料大多是民政部门统计的自查数据。因为这类评估本身

---

① 江易华.县级政府基本公共服务绩效评估指标体系的理论构建与实证检测研究[D].华中师范大学,2009:19.

② 姚建平.城市居民最低生活保障标准的统一问题探讨——以消费支出比例法为例[J].社会科学,2011(09):76-84.

是基于自我检查,比一般的定量方法更加强调个人的价值判断,具有较强的主观性,因此如何保证评估结果的客观、公正和科学性便成为难题。现有的评估体系强调的是自上而下的调查,是上级政府对下级政府业务考察,主要是从政策制定者和政策执行者的角度进行评估,而低保政策直接受益群体的主观视角则被忽视了,很容易忽略人民群众即救助对象对评估活动的参与性和反馈性。作为救助政策的直接受益人群,从低保救助的申请、审核、到获取救助的一系列过程,基层民众都是最直接的亲历者和见证者。因此,对现有低保救助政策,他们有最真实的感知和判断。从政治学上来看,对公共政策的评价,也是公民参政议政的重要方式。从国外的绩效评估发展趋势来看,评估主体的多元化和民众的参与成为主流。居民参与绩效评估的重要方法就是以受助居民为访问调查主体,使用以救助对象贫困情况和受助情况、救助满意度等为主的指标体系,开展民意调查。对民众的调查数据进行分析,以此对相关政策的绩效进行评估,为本书提供了新的评估资料来源和评估主体视角。

(3)从研究数据来源与研究方法来看,对低保救助工作绩效的评估的实证检验数据多来源于国家部门的统计数据、历年的中国统计年鉴、中国民政统计年鉴或各个地方低保救助的报告数据以及各个基层单位的自评材料和相关数据资料,而微观层面的一手调查数据则相对较少。从研究方法看,绩效评估科学技术与方法的运用成为国外绩效评估研究的亮点。反观国内研究,学者多通过个案研究和质性研究,采用逻辑归纳等方法分析微观层面低保救助制度的实施和成效。较少运用实证调查数据和计量模型开展实证评估检验。然而,大数据分析和信息技术的广泛运用已经成为趋势,甚至有学者认为绩效评估的信息化和计量模型的分析与绩效评估指标设计同为重要,因为这些方法相比主观评价更具有客观性和科学性,可以在指标的筛选、信息输入与管理、数据处理和分析等方面具有无可比拟的优越性,成为当代绩效评估的有力工具。从指标权重设计来看,近几年,学术界运用层次分析法分析低保救助中具体的救助项目的绩效评估研究。层次分析的基本思想就是将组成复杂问题的多个元素权重的整体判断转变为对这些元素进行"两两比较",然后再转为对这些元素的整体权重进行排序判断,最后确立各元素的权重[①]。应用层次分析模型进行权重的设计有其自身主观性和历史性的局限。层次分析法讲究定性的分析和主观判断,它模拟人们

---

① 赵辉,阿力坦宝力高,黄晓.多层次、多指标绩效评估体系指标权重的研究[J].内蒙古大学学报:哲学社会科学版,2006,38(2):94-97.

决策过程的思维方式,注重对判断对象的本质和要素的主观理解,主观色彩较重。在进行指标数值评估时,必须对低保的发展历程和实践工作有着详细的了解,因此对选取的专家学者要求较高且结果带有主观性。低保救助制度在不同发展的时期有其不同的发展特点,指标体系及其权重的设计应适应客观发展需求,立足实际,探索具有当下适可价值的指标和权重。

基于以上分析,本书基于国内低保救助政策的实施,从底线公平的理论视角厘清低保救助的政策价值导向和低保救助"兜底"的政策目标,参考学术界通用的系统模型,从低保救助设计、救助实施和救助成效三方面,进行全面而有重点的绩效评估。研究思路是:立足已有研究,基于底线公平理论视角,从制度设计、制度实施、制度成效三方面构建低保救助绩效评估指标体系;基于低保受助群体的微观调查数据,纳入计量模型,分别从底线需求满足、底线人群瞄准、底线公平检验三方面对低保救助制度设计、制度实施和制度成效开展实证模型检验;最后开展综合绩效评估并基于研究结果提出低保救助政策的完善建议。

第三节　研究的理论基础

一、底线公平的提出

随着经济的不断发展,收入差距、城乡差距、地区差距逐渐扩大。面对现实困境,经济发展与社会公正的关系问题引起学者重视。已有研究表明,社会福利制度极大减少社会差距,促进社会公平。蒂特马斯的社会福利观点指出,福利资源可以是现金、实物,也可以是服务。福利资源分配原则概括为补缺、制度和工业绩效三种模式。其中补缺模式以满足人的基本需要为原则,它具有救急和临时性的特点,如救急难性质的社会救助制度[①]。

社会福利资源分配是一种不同于市场与家庭的再分配机制,关注的核心问题是:公平与正义。关于福利公平的研究视角,争论最多、最具代表性的四个平等理论是福利和福利机遇的平等、资源分配平等、可行能力平等、运气平等。学者认为,通过民主平等保证分配领域的平等,才能真正实现平等待人[②]。同样,

---

① 方巍,魏雁滨.社会发展:社会资源分配的新思路[J].浙江社会科学,2005(4):76-82.
② 孙一平.平等的空间:当代分配正义下平等理论之争[J].学术交流,2008(11):58-60.

马克思对公共产品的分配思想中,强调每个人尤其是社会弱势群体都有权获得保障基本生存的权利。再分配中不仅要重视分配中的平等权,更要注重资源分配的效率,从关注生存权到关注发展权[①]。能满足生存需要的资源是生存资源,能满足发展需要的资源是发展资源,生存资源均等分配与发展资源竞争分配的总和就是社会公正[②]。从以上福利公平理论的视角看,社会福利政策的公平包括两个方面,一是每个公民都有在处于弱势境况下公平获得国家提供的福利资源的权利,即关注的是是否实现"应保尽保",具体的表现为享受社会福利的公民在一个国家、一个地区的数量及占比情况,即社会福利的受益面;二是社会福利的公平程度问题,是指社会福利资源分配是否存在偏向。比如,福利是否向某个更加弱势的群体发生倾斜[③]。

基于上述研究,绝大多数学者认为社会福利制度的理念基础是社会公平。但是这种笼统抽象的价值理念如何在现实福利实施中得到体现,即如何在现实制度设计、制度实践、制度成效中体现福利公平,是一项极具挑战的事。正如李棉管援引沃克(Walker)的观点指出,要将社会政策毫无偏差地分配给真正有需要的人往往很难实现[④]。原因是:受国家、地区的经济发展程度、社会文化、政治能力、制度设计等多方面因素影响,各地区在具体政策设计和运行中,都遇到了很多的困难[⑤]。具体的困境表现为:第一,福利政策应该关注个人的生存和发展需求,但"众口难调"的现实表明,难以将微观个体层面的个性化需求满足作为社会福利的分配原则;反之,设立"众口同调"的统一分配标准又往往导致社会福利分配的目标会产生与公平正义背道而驰的结果——具有不同贫困程度的人得到的是相同数量的福利资源[⑥];第二,依据阿马蒂亚·森的观点,个体在外部特征如财富的拥有、社会背景、环境状态等等与内部特征如年龄、性别、一般的能力、特定的天赋、患病的可能性等,是非常不同的,人与人之间本就有强者和弱者之分[⑦]。因此,福利公平理论如何协调弱者与强者在资源分配上的矛盾,在满足公平正义原则上,又能促进弱者与强者之间形成和谐合理的社会关系,对于现行的

---

① 涂良川,胡海波.论马克思的分配正义思想[J].现代哲学,2009(02):64-68+63.
② 冯必扬.社会公正新探——基于资源分配的视角[J].江苏行政学院学报,2015(04):59-66.
③ 张林江.社会治理十二讲[M].社会科学文献出版社,2015:179.
④ 李棉管.技术难题、政治过程与文化结果——"瞄准偏差"的三种研究视角及其对中国"精准扶贫"的启示[J].社会学研究,2017(01):217-241+246.
⑤ 张林江.社会治理十二讲[M].北京:社会科学文献出版社,2015:179.
⑥ 周谨平.基于机会公平的社会福利分配[J].湖南社会科学,2009(05):198-201.
⑦ 冯必扬.社会公正新探——基于资源分配的视角[J].江苏行政学院学报,2015(04):59-66.

制度性安排和制度实施都极具挑战。

面对以上困境,学者认为过去的平均主义在我国行不通,底线公平福利模式是可行的选择①。基于底线公平福利模式的理念,学者提出在现实的救助工作中,面对不同贫困类型、不同贫困程度的对象,福利资源分配应该遵循一种复合方式。即根据不同福利政策的社会目的和特点,采取不同的分配原则和标准,实现实质层面的公平及有效性②。其中,对低保救助制度而言,基于底线公平的差异对等救助策略,才是实现公平正义的有效路径。具体而言,就是遵循差异对等原则,依据不同的贫困情况,将有限的资源分配到最需要的地方和人群,使救助资源得到合理高效配置③。这种将以往整齐划一的救助标准,转变为根据个体实际贫困状态,开展差额救助的方式,在保障贫困对象基本生活的同时,可以将有限的救助资源更多地向更加弱势的群体倾斜,照顾到生活更加困苦、家庭负担更重的家庭。使得低保救助制度从救助标准的制定、救助人群的瞄准、救助实施成效方面取得重大进步④。

综上,福利公平理论在中国国情下,从笼统抽象的社会公平正义观具象化为底线公平的福利理论。学者立足现实实践,依据底线公平理论,提出以差异对等原则为指导的低保救助模式。可见,底线公平是确定适度公平的重要依据,这为低保救助制度的实施和完善提供坚实的理论基础,同时也成为检验低保救助制度绩效的重要理论视角。

二、底线公平的界定

在底线公平福利模式中,作为社会福利体系价值理念的社会公平,其含义不再是笼统抽象的社会公平,而是具体的底线公平⑤。"底线公平"最终落实到个人的实际利益,它是全社会除去个人之间的差异外,共同认可的一条线,即所谓"底线"。在社会保障领域,"底线"是指社会成员基本需要中的"基础性需求",主要包括解决温饱的需求(生存需求)、基础教育的需求(发展需求)和公共卫生和医疗保障的需求(健康需求),这三项需求是人人躲不开、社会又公认的"底线"。

---

① 景天魁,毕天云.论底线公平福利模式[J].社会科学战线,2011(05):161-167.
② 周谨平.基于机会公平的社会福利分配[J].湖南社会科学,2009(05):198-201.
③ 王银春.慈善伦理引论[M].上海:上海交通大学出版社,2015:93.
④ 刘斌,章晓懿.城市低保家庭分类方法与分类施保研究——以上海市为例[J].人口与社会,2012(2):53-57.
⑤ 景天魁,毕天云.论底线公平福利模式[J].社会科学战线,2011(5):161-167.

所有公民在这条底线面前所具有的权利一致，就是"底线公平"①。底线公平理论强调社会成员的生存权、健康权和教育权，这些既是公民个人可持续发展的根本，也是一个国家可持续发展的源泉②。

三、底线公平与低保救助制度绩效的内在联系

底线公平理论与低保救助制度绩效评估存在密切关联，如图 1-1 所示：

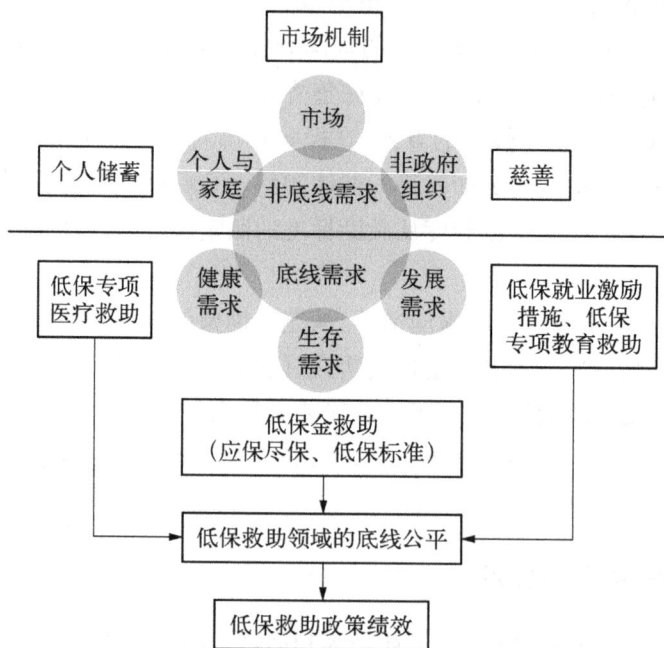

图 1-1 底线公平与低保救助的内在绩效

1. 底线公平的制度内涵与低保救助制度绩效评估的范畴

景天魁认为底线公平不是指整个社会保障制度，它包括几项体现底线公平的制度。即底线公平具有制度含义，所包含的制度性内容有低保制度、医疗制度和教育制度。在社会救助领域，最低生活保障制度具有底线公平的意义，它能使贫穷者生活有所改善或者能够走出困境，能明显的起到缩小社会不公平程度的效果；为低保家庭提供的专项医疗救助对实现底线公平具有关键意义，力求在医

---

① 景天魁.底线公平：和谐社会的基础[M].北京：北京师范大学出版社，2009：133.
② 景天魁，毕天云.论底线公平福利模式[J].社会科学战线，2011(05)：161-167.

疗方面守住公平的底线,让困难群众看得起病;为低保贫困群体提供的基本的就业培训和就业激励措施能够促进贫困居民通过获取知识和技能实现自我保障。对困境人员来说,低保金救助能够保基本谋生存,低保专项医疗救助可以保障居民有病能医,这都是生存所需的必要条件。如果保障基本生活的条件下,针对家庭发展困境,辅之以职业介绍、就业技能培训、公益岗位设置等低保就业激励措施,可能会促进贫困家庭实现重新就业,下一代通过教育脱离贫困状态,实现"贫困阻断"[①]。

政策的价值取向从根本上影响和制约着政策绩效评估的各个方面,构成政策绩效评估体系的深层结构。底线公平并非主张"低水平"福利,而是设定一个界限,关注基本需求,优先照顾底层人群。从概念界定来看,社会公平指的是为了实现既定的政策目标而制定一系列规定,这些规定得到执行,目标实现了,也就实现了社会公平。底线公平源于对社会公平的具象化考量,同理可证,底线公平包含的制度得到有效执行并实现制度目标(达成制度绩效),即实现了底线公平。可见,低保救助制度的实施是否达成"底线公平",是低保救助制度绩效评估的重要标准。

景天魁认为从社会公平角度研究社会福利政策,在方法上遇到的一大难点就是公平问题很难进行精确测量。依据底线公平的定义和制度内涵,底线公平包括生存权利公平、健康权利公平和发展权利公平[②]。选择什么指标来测量生存权利的平等、健康权利的平等、发展权利的平等?景天魁提出低保救助制度的对于生存权利公平具有指标意义,底线公平包含的福利具有基础性、确定性和稳定性。在社会福利政策中,与其他福利项目相比,底线福利部分最容易进行比较的。因此,基于底线公平视角,对那些基础性问题、基本的关系进行深入研究,能将研究具象化,有助于降低和克服福利政策实践和福利政策研究的模糊性和随意性。

基于以上观点,对低保救助制度进行绩效评估,应选择与测量低保救助政策中体现生存权、发展权、健康权的指标来进行评估分析。因此,底线公平理论视角下的低保救助政策绩效评估,可以分别从三类"底线需求"的视角开展相应研究。如:低保救助制度中,与生存需求对应的是低保金救助制度,则选取低保政策的"应保尽保"、低保标准是否达到满足居民"基本生活需求"等方面评估生存需求的满足程度;低保专项医疗救助制度中是否实现"病有所医"的救助目标,可以评估低保救助是否全切贫困群体的"健康需求";低保救助制度中的就业激励

[①] 景天魁.底线公平:和谐社会的基础[M].北京:北京师范大学出版社,2009:133-135.
[②] 景天魁.底线公平概念和指标体系——关于社会保障基础理论的探讨[J].哈尔滨工业大学学报(社会科学版),2013,15(01):21-34+4.

措施中体现的"就业激励效应"可以有效衡量救助政策对"发展需求"的关切。

2. 底线公平的运行调节机制与低保救助的制度制定、制度实施与制度成效

底线公平不仅是社会保障制度运行的基础,还是一套行之有效的运行和调节机制,包括刚性调节机制、柔性调节机制和基于反馈调节的刚柔相济机制。其中,"刚性机制"强调政府在回应民众需求时具有"首要责任",这既是政府的政治担当,也承担主要的经济保障,更是一种道德约束①。底线公平蕴含对社会保障多元主体的协调机制,具体包括:第一,需求与供给的平衡机制。底线公平的提出可以使需求与供给的关系在同一制度的不同层面可以共存并互相补充,底线公平理论认为应优先满足最低收入阶层的底线公平以下的基本需求。具体而言就是底线以下的部分,需求决定供给②,也就是说低保救助政策标准的制定要以满足居民基本需求为主要准则。因此,低保救助标准是否与贫困群体的底线需求相一致,是衡量低保救助标准设计的重要指标。第二,责任共担和责任分担的协调机制。如何寻求责任共担与责任分担的平衡,从底线公平概念看,底线以下的部分是政府首责。底线公平的提出,明确政府责任的"边界",成为确定社会公平的基础,是政策执行需要参照的标准③。作为"兜底"的低保救助政策,其执行应该实现"应保尽保"。这一调节机制表明,低保救助制度的实施,应将所有弱势群体纳入救助范围。这既是社会普遍可以接受和维护的价值基础,也是低保救助的政策实施目标。因此,是否实现"应保尽保"是衡量低保救助实施绩效的重要标准。第三,作为低保救助政策的价值理念的底线公平,自然成为评估低保救助制度成效的标准。如果说低保救助制度的实施结果体现了底线公平,那么就可以判定低保救助的实施结果达到政策绩效。

第四节　研究内容与章节安排

一、研究内容

本书要回应的核心问题是:低保救助政策绩效评估。

---

① 景天魁,毕天云.中国特色的福利社会——建设具有中国特色的福利社会[J].人民论坛,2009(20):46-48.

② 景天魁.底线公平福利模式[M].北京:中国社会科学出版社,2013:15-19.

③ 景天魁.底线公平与社会保障的柔性调节[J].社会学研究,2004(06):32-40.

其一,立足低保救助政策的底线公平目标,建立构建低保救助绩效评估的基本框架,依据已有研究,选取低保救助政策绩效评估指标体系并使用实证调查数据进行验证分析,评估低保救助政策的基本实施状况。其二,通过对低保救助制度绩效的实证评估结论为依据,综合评价低保救助制度的优缺点,对低保救助制度完善提出具有针对性的政策建议。主要包括以下研究内容:

(1)从底线公平视角出发,分析低保救助绩效评估框架,依据已有研究构建评估指标体系。评估指标是进行政策评估研究的基础,评估标准和框架要以低保救助政策的基本价值导向和政策目标为依据,根据相关研究构建低保救助制度绩效评估指标体系。本书首先从低保救助制度的实施阶段出发,对制度设计、制度实施和制度效果三阶段进行评估指标构建。首先,制度设计是起点评估,它需要符合"三性":合目的性、规律性和规范性。主要评估低保救助制度是否与其体现出的"以需定支"的平等价值观、目标等一致。其次,对低保救助的实施过程进行评估,主要考察是否按照流程和要求推进政策实施,评估政策的实施过程是否达到"因保尽保"的目标。最后,进行低保救助制度实施成效评估,这是结果性评估。主要评估政策实施效果,考察低保救助是否实现底线公平的基本目标。基于政策的复杂性和区域差异性,在已有数据等客观限制下,对政策开展绩效评估无法做到面面俱到。本书致力于构建一个相对完整的、具有可操作性的低保救助制度绩效评估指标体系,做到既全面又有重点的开展低保救助制度的绩效评估。

(2)基于底线公平理论视角,检验和评估低保救助制度绩效。基于底线公平理论,根据构建的低保救助制度评估指标体系,采用实证调查数据,对制度设计、制度实施和制度效果的核心指标进行检验。首先,制度设计评估主要关注低保救助制度实施前救助标准的确定是否符合贫困群体的基本需求,这涉及的是低保救助实施救助水平、救助标准调整等;其次,制度实施评估就是对一项政策的应用操作过程即实施过程的评估,关注政策传递给救助对象的手段和方式,低保救助制度中对救助金的申请、审核、发放、动态管理等与救助对象管理方面的工作绩效进行评估,考察的是救助对象是否实现"应保尽保",即对象瞄准效率评估;最后,结果评估也叫作影响评估,是对救助实施后的成效进行评估,主要考察低保救助政策是否实现底线公平的政策目标。最后,基于构建的低保救助综合评估指标体系,对救助制度的设计、实施和成效开展综合性绩效评估。

（3）基于绩效评估研究，提出完善建议。西方国家公益项目评估中认为，评估是一种项目改进的工具。为了突出评估的目标和意义，需要对评估发现的不足进行有针对性的完善和提升，也可避免将评估视为项目是否有效的"最后结论"。因此，低保绩效评估是一种发展型评估，其核心目标不在于"判断优劣"，而在于洞悉长短，肯定长处，弥补不足。低保救助绩效评估的目标是"以评促建"，而不是"下结论"，旨在为低保救助绩效评价体系不断建立、健全和发展做出有益探索。因此，本书研究内容除了检验低保救助制度执行的公平性、效率性和效果性，还要在实现公平、公正、共享的核心理念基础之上，及时发现问题，改正问题，促进救助实施主体想方设法提高救助效果，加强资金使用效率，提升救助针对性，促使救助制度政策的进一步完善。本书秉承"以评促发展"的理念，依据对低保救助制度的综合绩效评估结果，分析低保救助制度的优点和缺陷，并结合实际情况，从制度设计、制度实施和制度成效三方面对完善低保救助政策提出政策建议。

二、章节安排

在研究之初，对低保救助绩效评估的相关理论与实证研究与进行梳理，试图构建关于低保救助绩效评估的新框架。本书在第一章主要对低保救助制度绩效评估研究的选题背景和研究意义进行阐述，从国内和国外两个方向对相关文献分别进行综述。通过对底线公平理论的梳理，发现基本的生存权、发展权、健康权是社会福利政策的核心价值理念和目标，提出低保救助政策的核心价值导向与低保救助绩效评估标准。经过文献梳理发现，当前我国低保救助绩效评估还没有形成统一的评估指标体系，相关实证研究较为缺乏。因此，本书尝试从底线公平理论出发，立足系统模型，建构低保救助绩效评估基本框架。

第二章为研究框架与研究策略。首先对关键概念进行界定，将低保救助绩效评估指标体系具体化与问题操作化，并分析指标赋权方法，介绍本书数据来源与分析方法，为后文的实证分析奠定基础。

第三章到第五章，将通过模型检验，对低保救助的制度设计、制度实施和制度效果进行实证结果分析，主要开展如下研究：

第三章是低保救助制度设计评估——救助标准与底线需求满足。首先对制度设计基本情况进行描述性统计分析，主要包括受助者获取低保救助的基本情况、救助标准调整情况、受助者对救助标准满意度评价。然后进行贫困群体底线需求与低保救助标准契合度检验、救助标准调整情况对底线需求的影响、救助标准满意度与底线需求家庭因素。回答的问题是：低保救助标准的设计是否达到贫困群体的底线需求满足？

第四章是低保救助制度实施评估——救助实施与底线人群瞄准。首先进行制度实施基本情况描述，如低保申请情况、动态管理情况、受助者对低保工作的满意度评价。其次，分析低保实施过程对受助者工作满意度评价的影响、制度实施工作成效评估即救助对象目标瞄准的实证检验。低保救助绩效评估也有助于确保"程序"确实到位，此外，它可以帮助决策者了解如何实现救助过程是有效的，并且提供渠道来评估和洞察这样的问题：目标瞄准人群是否已经都被救助了即是否做到应保尽保？

第五章是低保救助制度成效评估——救助效应与底线公平检验。首先对获取的低保救助金的影响因素进行分析，考察个体就业不能、家庭经济困境等因素是否对救助金额具有显著影响。其次，对低保救助对家庭收入与刚性支出的分配效应进行检验，开展低保救助政策的就业激励效应评估，救助的贫困阻断成效分析。主要核心目的在于评估帮助政策实施方确保受助者在预期的政策结果中获得的改进。低保救助绩效评估有助于回答诸如此类的问题：接受救助的受助者是否符合弱者优先原则？救助的个人成效如何，即受助者的基本生活能够得到有效保障吗？受助者的生活质量是否得到了改善？救助的社会成效如何？这部分旨在回应低保救助实施是否实现底线公平中的基本生存权、健康权、发展权，使得居民生活得到保障。

第六章对低保救助综合绩效进行评估统计分析。考察样本城市低保救助政策总体状况，在政策设计、政策实施与政策结果中的基本现状，为政策建议的分析提供实证支持。

第七章对全文结论进行分析和阐释，并对评估研究中发现的政策问题进行反思和讨论，提出政策建议。低保救助绩效评估可以促进政策的完善和改革，力求回答这样的问题：该政策如何更好地服务于受助人群？救助政策实施过程在哪些方面可以得到加强，使得政策目标和结果得到进一步改善？需要哪些其他不同的服务方法的介入才能达到更好的成效？为了回答上述问题，本书尝试从救助标准设计的"以需定支"策略、救助实施程序的"人本主义"路径、救助实施成效的"福利网络化"三个角度提出达成底线公平的低保救助绩效提升路径。

基于研究内容与章节安排,提出研究思路如图 1-2 所示:

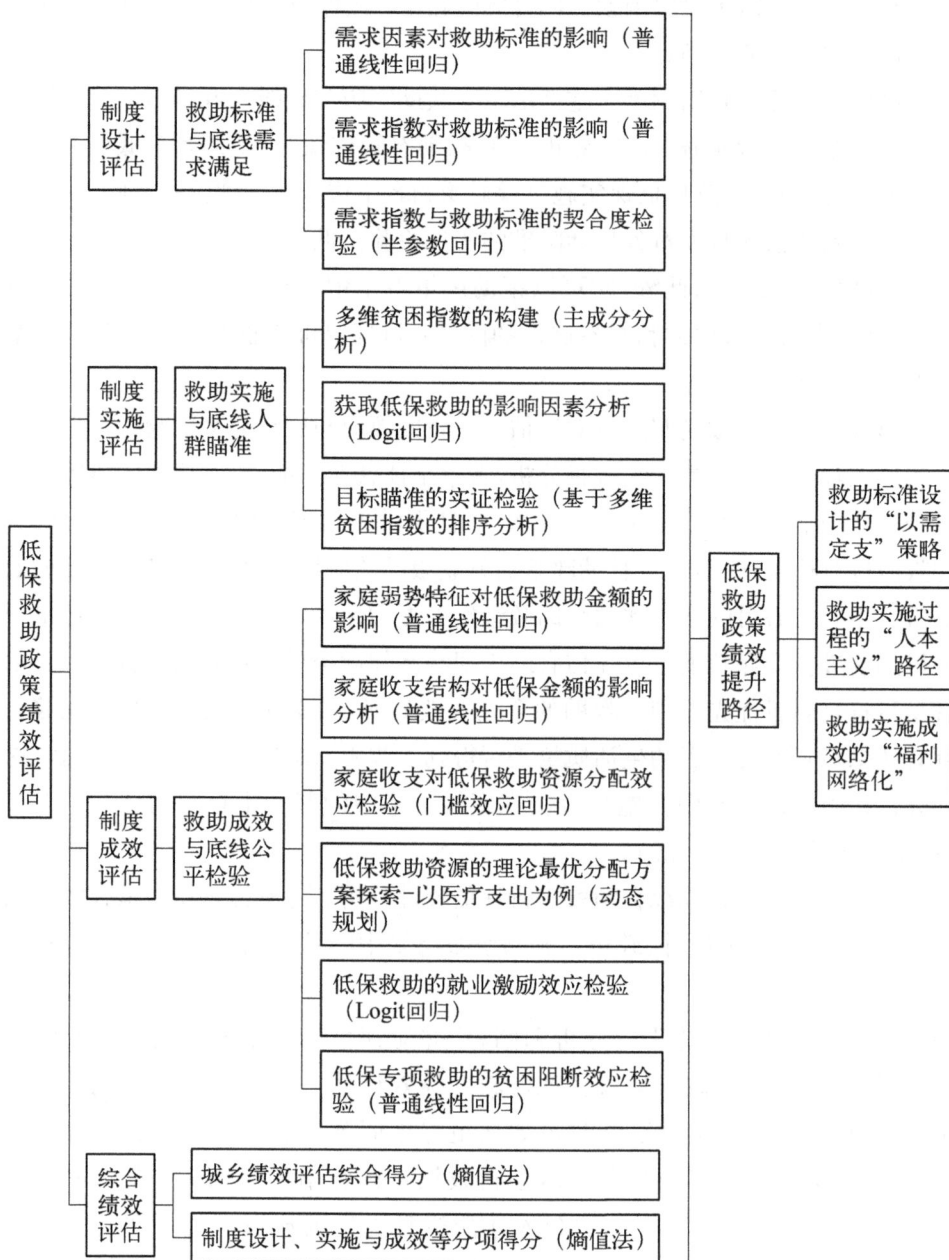

```
                          ┌─────────────────────────┐
                          │ 需求因素对救助标准的影响(普   │
                          │ 通线性回归)                │
                          └─────────────────────────┘
            ┌──────┐ ┌──────┐ ┌─────────────────────────┐
            │ 制度  │ │ 救助标准│ │ 需求指数对救助标准的影响(普   │
            │ 设计  │─│ 与底线 │─│ 通线性回归)                │
            │ 评估  │ │ 需求满足│ └─────────────────────────┘
            └──────┘ └──────┘ ┌─────────────────────────┐
                          │ 需求指数与救助标准的契合度检    │
                          │ 验(半参数回归)             │
                          └─────────────────────────┘

                          ┌─────────────────────────┐
                          │ 多维贫困指数的构建(主成分分   │
                          │ 析)                      │
            ┌──────┐ ┌──────┐ └─────────────────────────┘
            │ 制度  │ │ 救助实施│ ┌─────────────────────────┐
            │ 实施  │─│ 与底线人│─│ 获取低保救助的影响因素分析    │
            │ 评估  │ │ 群瞄准 │ │ (Logit回归)              │
            └──────┘ └──────┘ └─────────────────────────┘
                          ┌─────────────────────────┐
                          │ 目标瞄准的实证检验(基于多维    │
                          │ 贫困指数的排序分析)          │
                          └─────────────────────────┘
```

图 1-2 中的结构(文字内容):

- 低保救助政策绩效评估
  - 制度设计评估 — 救助标准与底线需求满足
    - 需求因素对救助标准的影响(普通线性回归)
    - 需求指数对救助标准的影响(普通线性回归)
    - 需求指数与救助标准的契合度检验(半参数回归)
  - 制度实施评估 — 救助实施与底线人群瞄准
    - 多维贫困指数的构建(主成分分析)
    - 获取低保救助的影响因素分析(Logit回归)
    - 目标瞄准的实证检验(基于多维贫困指数的排序分析)
  - 制度成效评估 — 救助成效与底线公平检验
    - 家庭弱势特征对低保救助金额的影响(普通线性回归)
    - 家庭收支结构对低保金额的影响分析(普通线性回归)
    - 家庭收支对低保救助资源分配效应检验(门槛效应回归)
    - 低保救助资源的理论最优分配方案探索-以医疗支出为例(动态规划)
    - 低保救助的就业激励效应检验(Logit回归)
    - 低保专项救助的贫困阻断效应检验(普通线性回归)
  - 综合绩效评估
    - 城乡绩效评估综合得分(熵值法)
    - 制度设计、实施与成效等分项得分(熵值法)

低保救助政策绩效提升路径:
- 救助标准设计的"以需定支"策略
- 救助实施过程的"人本主义"路径
- 救助实施成效的"福利网络化"

图 1-2　低保救助绩效评估研究思路

第二章
研究框架与研究策略

第一节　评估框架与研究假设

一、评估框架

底线公平的基本概念界定与底线公平的基本制度内涵表明,低保救助的现金救助、就业激励与专项医疗、教育救助等制度的实施,是以满足贫困居民底线需求为己任,低保救助制度是国家实现底线公平的重要组成部分。

底线公平理论的调节机制表明,调节需求与供给的关系,提出低保救助政策制定应该是"需求决定供给"。此外,明确低保救助制度的政府责任,强调政策的实施应该实现"应保尽保",让每一位贫困对象纳入政府救济范畴,这是低保救助政策制定与实施所要达成的核心目标。学者认为低保救助政策评估研究不能脱离其内在蕴含的理念价值,低保救助制度的基本价值基础就是底线公平,进行低保救助制度绩效评估研究,应该以基本目标——实现救助的底线公平为重要评价标准。因此,底线公平理论为低保救助制度绩效评估提供基本的框架支持,即低保救助政策制定时要满足底线需求、政策实施中促进政府对所有贫困者的救助责任,实现"应保尽保"、低保救助政策结果要实现救助的底线公平。依据阐述,设定基本的评估框架和评估内容,如图2-1所示。

二、研究假设

学者认为最低生活保障制度具有底线公平的意义,低保救助能够保障贫困者基本生存,走出困境脱离贫困,缩小社会差距,达到减小不公平程度的政

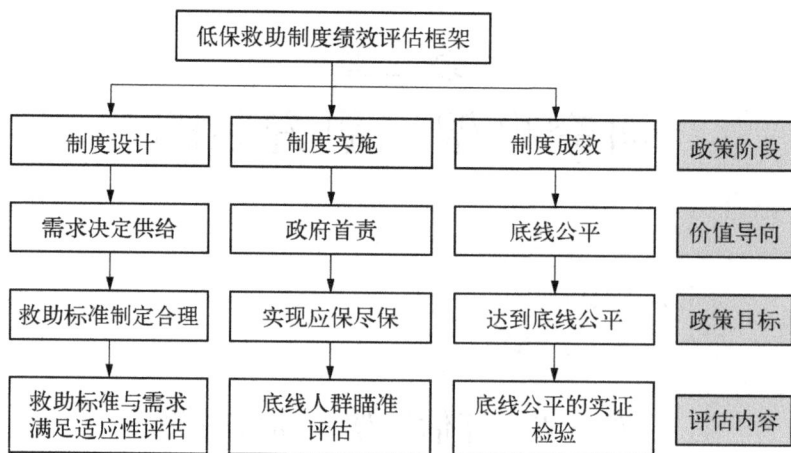

图 2 - 1　基于底线公平的低保救助制度绩效评估框架

策效果①。在低保救助标准的制定上,救助标准既要保障贫困家庭基本生活得到满足且不会超过这一政策预期。在具体的发放救助金额上,需要考量的因素较多。其中,家庭收入、家庭人口数、家庭支出、家庭财产状况等,都要纳入考核。以收支为例,如果只考虑收入不考虑支出,学者认为很容易导致救助名义标准发放的悖论。举例来说:假设有同等收入的 A、B 两个人数一样的贫困家庭,A 家庭家里有重病在床的家人和处于在读阶段的孩子,而 B 家庭则没有。但是如果只依据人均收入水平核算和发放救助金额,那么,这两个家庭每月获得的救助金额,即名义低保标准其实是一样的。显然,这样不考虑家庭需求差异的救助给付标准是不合理的。因此,学者认为不应该仅仅以名义标准的大小来评价低保给付标准的优劣②。依据底线公平的定义,底线的确定方法就是基本需要。他把基本需求分为三类③:一是生存需要,与马斯洛的定义一样,即包括维持个体生存所需的衣食住用行等基础性的生活需求;二是个体与家庭的发展性需要,这主要体现在对家庭功能的提升具有积极意义的就业、培训、教育的需求;三是卫生和医疗保障需求,这是每个人的健康保障所需,即无论贫穷与否,都能实现"病有所医"。学者认为底线以下的部分,采取需求决定供给的机制。基于此,评价低保名义标准是否合理,应该将其与贫困家庭底线需求进行检验才能得出结论。

---

① 景天魁,毕天云.论底线公平福利模式[J].社会科学战线,2011(5):161 - 167.

② 杨立雄.当代中国社会救助制度:回顾与展望[M].北京:人民出版社,2012:92 - 100.

③ 景天魁.底线公平:和谐社会的基础[M].北京:北京师范大学出版社,2009:144.

因此,提出以下研究假设:

研究假设1:救助名义标准的制定与贫困家庭底线需求相一致。

依据底线公平理论的观点,认为基于底线公平的福利模式需要遵循"刚柔并济"的弹性机制。刚性机制强调政府在福利提供上的主导地位,这是政府的刚性责任,不容推卸和回避。这既是政府必须承担的责任,也是缓和与应对经济发展过程中出现的负面效应的一种方式,更是基于民主管理层面的道德约束①。学者认为政府在实施福利救助时,需要避免的"偏差"就是"刚性机制柔性化",因为这与刚性机制相违背,体现政府的不作为和不尽责。体现在具体的低保救助制度的实施中就是"应保未保(刚性机制)"与"错保漏保(未尽责)"。从内容上讲,底线的内涵是一种"界限",界限不是指一条具体的标准线,而是指必须满足的、不能含糊推诿的事情。那是每个居民生存和发展必需的基本权利,如若缺失,人民生活困顿,谋生艰难,甚至陷入困境难以自拔。这些基本权利需求都需要政府和社会提供保障和帮扶。底线公平理论认为,基于"底线公平"的权利具有无差别性。无差别性表明,不管任何个人由于何种原因陷入贫困,无论其出生好坏、社会地位如何,都应该被纳入救助范围。根据以上观点,提出如下研究假设:

研究假设2:低保救助制度实施过程基本实现"应保尽保"。

底线公平理论的含义不再是笼统抽象的社会公平。"底线公平"既承认权利的无差别性,也承认权利的有差别性。底线公平福利模式有四大基本原则。其中,弱者优先原则主要处理贫富、强弱之间的关系。弱势人群处于社会分配的底层,依据边际效用理论,相比于一般群体,对弱势人群的优先救助可以获得最大的社会效益。底线公平理论的弱者优先原则倡导,在收入差距越来越大的背景下,政府的资源再分配就应该优先向贫困家庭和低收入家庭倾斜。

底线公平理论的持久效益原则认为,要把重点放在满足社会成员的基础性福利需求上,强调社会成员的生存权、健康权和教育权,始终保持一个适度的福利水平。低保救助制度为了保障社会成员的生存权,对实现底线公平具有根本性意义。但是,随着家庭刚性支出的上升,贫困家庭中的教育、医疗等支出会挤占家庭食品等基本生活支出,造成贫困家庭的基本生存得不到有效保障,生活陷入更加弱势的境地。底线公平理论认为对困境人员来说,低保救助可以保障贫困居民的基本生活,医疗救助可以让其实现病有所医。如果对贫困家庭中有劳

---

① 景天魁,毕天云.论底线公平福利模式[J].社会科学战线,2011(5):161-167.

动能力的人员开展职业介绍、就业培训,不仅可以让贫困家庭获得较为体面的生活,获得尊严,还可以让其实现重新就业和促进家庭的发展,阻断贫困的代际传递,从而脱离贫困。基于此,提出如下假设:

研究假设 3:低保救助政策的实施成效可以满足居民生存需求、促进就业与贫困阻断,基本实现"底线公平"。

第二节　关键概念界定

一、评估、政策评估的概念

所谓评估(或称评价),是指为达到一定目的,运用特定的指标、设定的标准和规定的方法,对事物发展结果所处的状态或水平进行分析判断或表达的过程。简单地说,评价就是通过对事物的比较分析做出全面判断的过程。为此,评估必须具有以下特征:一是评价的依据具有合理性;二是评价的标准具有客观公正性;三是评价的方法具有科学性;四是评价的结果具有可比性[1]。关于政策评估的定义,尚没有一致的定论。Rossi & Freeman(1982)将政策评估定义为:"有系统运用社会研究程序,以评量社会干预计划的概念化、设计、执行及效用"[2]。Nachmias(1981)认为政策评估是一种客观、有系统验证公共政策的方法[3]。Quade(1989)指出,政策评估是对政策活动与其成效开展的价值判断,同样的,Bulmer(1986)认为政策评估乃是针对某项政策的成效进行有系统的判断[4]。基于以上定义可知,政策评估包括以下内涵:① 政策评估对象为影响社会发展的公共政策或计划;② 政策评估研究采用多元的科学方法,一类是定量方法(如计量模型的使用和信息数据管理、社会指标、民意调查等),一类是定性方法(如专家评判法、主观评鉴法);③ 政策评估包括官方和非官方的评估者,前者如国会、

---

① 孙君涛.财政支出绩效评价的理论与实践[M].开封:河南大学出版社,2008:7.

② Eraut M. Evaluation a systematic approach: Peter H. Rossi, Howard E. Freeman, Sonia R [J]. Wright Sage Publications, International Journal of Educational Development, 1982, 2(3): 291 - 291.

③ Howard G. NachmiasDavid, Public Policy Evaluation: Approaches and Methods [J]. Journal of Social Policy, 1981, 10(1): 129 - 131.

④ Bulmer, Martin. Social science and social policy[J]. Allen & Unwin, 1986, 17(6): 108 - 110.

行政部门;后者如利益团体、政策分析专家与大众。

二、绩效、制度绩效、制度绩效评估的定义

在进行评估之前,需要对绩效、制度绩效、制度绩效评估的定义进行厘清。对于到底是什么是绩效,学术界观点尚不统一。绩效(performance)一词原意是指表现和成绩。伯纳丁(Bernardin,1984)把绩效定义为"对在某个特定时间段内,将某特定工作或活动进行设计、实施后,所产生结果的记录"。坎贝尔(Campell,1990)则认为,绩效是与实现目标有关的行动,这种行动是可以被观察到的并且是由个体控制的①。依据这一定义,坎贝尔将绩效更多的定义为个人的工作绩效。普雷姆詹德的观点不同,他从纯经济学视角理解绩效,认为绩效包括效率效益、服务数量与质量等。亚洲开发银行基于客观性描述,提出绩效的理解应该包含主观因素,认为项目的推进成效受主观因素的影响较大,如果完全忽略主观因素是错误的。对绩效的描述应该包括投入、过程、产出和结果等。OECD 在《Performance Measure and Evaluation》(1994)中对学者的观点博采众长,提出,绩效是一种相对目标而言的一种有效性,不仅包括经济意义上的效率,还包括实施主体对计划实施过程的遵从度,还需考察民众对该项活动的满意度②。我国学者依据 OECD 的定义,认为绩效既包括对过程的考察,也包含对结果的衡量,也需要探析服务实施主体的主观努力程度和表现和服务接收方的满意度评估③。可见,对绩效的考察是一个系统而完整的过程,不仅注重结果,还注重过程,包含客观指标,也包含主观满意度指标。

制度绩效,其内涵在以往研究中有相关阐述:如郑志龙(2009)认为,任何制度都具有其社会功能,制度绩效就是在制度产生、实施过程中,与其所设定的目标及其目标实现过程中发挥的功能,是制度内在价值的一种外在反映④。从当前研究看,制度绩效这一概念常用于政府绩效评估,特别是公共服务领域。

对制度绩效评估的定义大致分为三类:一是认为就是运用一定的尺度,对政府机关部门的业绩及其工作人员的实际工作成绩进行尽可能的客观考核、判

---

① 范柏乃.政府绩效评估理论与实务[M].北京:人民出版社,2005.

② 江易华.当代中国县级政府基本公共服务绩效评估指标体系的理论构建与实证研究:基于社会公正的视角[M].北京:中国社会科学出版社,2010:11.

③ 朱志刚.公共支出绩效评价研究[M].北京:中国财政经济出版社,2003:21-25.

④ 郑志龙.制度绩效评估标准及我国政府扶贫开发制度绩效分析[J].郑州大学学报(哲学社会科学版),2009(2):25-29.

断,类似于"政绩"的评价。评估的目的在于提升政府运转的高效和透明,促进民主、责任政府形象的树立(李静芳,2001[①];王慰,2003[②];范柏乃,2005[③])。二是将政府绩效评估看作是对政治行为的全面衡量和评估,主要聚焦于政治行为产生的各种政治产品(马宝成,2001)[④]。三是从经济学角度将政府绩效看作是对效率、质量、满意度等方面的判断,具体做法是对政府部门在项目实施过程中的投入、产出进行衡量,从中期结果、末期结果的视角加以评价(蔡立辉,2011)[⑤]。依据上述定义,目前的定义涵盖范围包括政府绩效和个人绩效。前者的政府绩效又包括政府部门绩效和制度绩效,后者是指个人工作绩效。须指出的是,本书研究的是制度绩效(与文中的政策绩效等同),而不是政府部门绩效和个人工作绩效[⑥]。

从以上各个定义看,尽管对绩效的理解不尽相同,但是关注的核心却是一致的,即认为绩效的目的是考察活动的有效性,完整的绩效评估既包含对过程的考察,也包括对结果的关注。认为过程和结果相辅相成,过程导致结果,是结果的有力保障;结果反映过程,是过程的考察途径。在对过程的评估中,包括投入是否满足需求,投入是否符合经济上的高效要求,实施过程是否合理合规;在对结果的考察中,着重看是否具有效率,预期目标是否达成,产生了何种影响。

基于对相关概念的梳理,可以明晰的是:绩效评估是一种质量管理工具,回答组织个人在实现政策目标的过程中是如何行动的,行动是否合理合规,是否处于有效控制范围内;关注的核心是结果,考察既定目标是否实现,接受服务的民众满意度如何以及需要改进的方面和改进的途径等[⑦](陈昌盛、蔡跃洲,2007)。参考林闽钢和高传胜的定义,本书将制度绩效评估定义为:以一定时间为界限,对公共部门实施制度的基础、过程和效果的测评与促进,是评判政府某项制度的实施水平和运作效率的重要依据。制度绩效评估可分为效果主导型和行为主导型[⑧]。

① 李静芳.我国地方公共政策评估现状与对策[J].行政论坛,2001(06):13-15.
② 王慰.论我国政府绩效评估的实践途径[J].重庆工商大学学报(社会科学版),2003(04):45-46.
③ 范柏乃.政府绩效评估理论与实务[M].北京:人民出版社,2005:156-158.
④ 马宝成.试论政府绩效评估的价值取向[J].中国行政管理,2001(05):18-20.
⑤ 蔡立辉.科学实施政府绩效评估的难点问题分析及其解决[J].社会科学战线,2011(04):166-176.
⑥ 江易华.县级政府基本公共服务绩效评估指标体系的理论构建与实证检测研究[D].华中师范大学,2009:9-10.
⑦ 陈昌盛,蔡跃洲.中国政府公共服务:体制变迁与地区综合评估[M].北京:中国社会科学出版社,2007:115.
⑧ 林闽钢,高传胜.中国城乡最低生活保障制度实施绩效评估.米勇生编社会救助与贫困治理[M].北京:中国社会出版社,2012:22.

根据制度绩效评估的内涵,本书聚焦的是低保救助制度的绩效评估,因此,根据学者定义,将低保救助制度绩效评估定义为:基于政策的既定目标,构建一系列评估指标和标准,运用科学的方法收集资料,采用定量与定性相结合的方法和技术,对基本救助服务的救助标准、实施过程和救助成效进行评价的过程。

第三节　低保救助绩效评估指标体系的构建

一、评估指标构建的必要性

评估政策绩效最普遍的判断标准是政策指标。政策指标与政策直接相关,是以量化方法及统计资料来反映政策的信息和合理性,主要是衡量政策的成效与结果。政策绩效评估作为理想的绩效管理工具,是一种对评估客体的价值的评价和判断活动,评估指标的设计和选取是整个评估工作的核心[①](江玉凯,黎映桃;2006),具有重要的现实紧迫性:

1. 是改革完善低保救助制度的现实需要

目前,中国城乡出现许多新的经济和社会问题,如新的弱势群体不断增多、救助对象出现新变化以及低保救助主体意识的不断增强等等。在新形势下,改革完善低保救助制度势在必行。但是改革不是盲目的,低保救助工作是否有效和完善,以及新设计的低保救助能否发挥实效,需要借以评估指标进行评价。因此,当前迫切需要建立低保救助制度的综合评价体系,用量化数据科学评判、监测低保救助制度设计及其转化应用的绩效情况,为政府部门的政策制定与调整提供合理依据。因此,本书比较、借鉴和参考国内外相关研究成果,紧密结合我国实际,旨在构建低保救助制度综合评价指标体系,以准确测度低保救助制度绩效为目的,初步构建低保救助制度综合评价指标体系。

2. 是践行民生制度,维护社会稳定的需求

低保救助政策的全面实施,表明政府对城乡贫困人口的救助作为其主导责任。深度转型期,新形势下的救助面临诸多挑战。对低保救助评估的探索,是为了适应现实需求,立足客观实际的制度运行成果,促进低保救助制度的健全和完

---

① 汪玉凯,黎映桃.公共部门绩效评估——从标准、指标和制度视角的分析[J].中国行政管理,2006(12):16-18.

善。低保救助是关乎人民切身利益的重要民生项目,因受众面广、实施范围巨大,因此,低保救助制度是否行之有效、实惠于民,关乎社会稳定。构建评估指标体系,开展低保救助绩效评估,是践行民生大计,维护社会安定的必然要求。

二、评估指标构建的系统模型

一般说来,政策所涵盖的层面较广,一个政策可能包涵几项子计划,因此,政策评估也是各方面的组合体。其中,评估指标是一种评估结果的有效工具。评估指标体系则是一系列指标组合,低保救助制度综合评价指标体系的构建需要解答的核心关键是:什么样的评估指标体系才能全面而有重点的将救助政策绩效反映出来。指标体系构建的方法有平衡记分卡方法、关键绩效指标法,这些方法大多适用于企业绩效评估[1]。我国最早的低保救助评估体系标准是 2008 年 7 月出台的《全国基层低保规范化建设暂行评估标准》,该评估标准有过程管理,也有具体考核内容,具有一定指导意义,但还存在着体系不完整、要求低、定性指标多定量指标少、结构性失衡、评估内容不完全合理等问题。因此,评估指标体系构建应遵循科学的结构。从已有研究看,系统模型可以有效协助理解项目的整体运作,因此,本书的绩效评估体系使用系统模型进行基本指标的设计。系统模型的核心要素包括输入、过程、输出和反馈[2]:输入(input),指一个系统(或者人类服务项目)为实现目标所使用的任何事物。如,资金、人力、设施和设备。过程(process),指输入被消耗和转化为输出的实际处理过程或服务传达。输出(output),指一个系统或者人类服务项目的任何产出物。反馈,指有关系统或者人类服务项目的绩效信息作为输入重新投入到系统中(见图 2-2)。

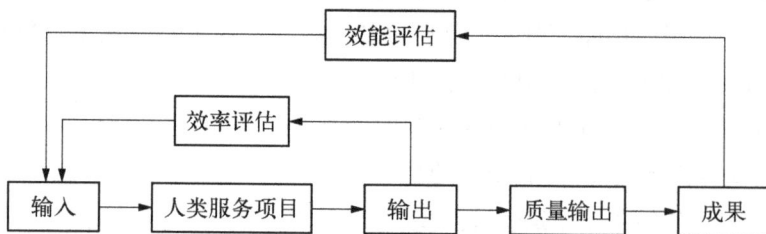

图 2-2 绩效评估系统模型

---

① 岳经纶.当代中国社会救助制度:机遇与挑战[M].北京:人民出版社,2016:221-231.

② 朱晨海,曾群.结果导向的社会工作评估指标体系建构研究——以都江堰市城北馨居灾后重建服务为例[J].西北师大学报(社会科学版),2009,46(3):63-68.

依据系统模型与 CIPP 模型[①]原理,并结合项目所设立的宗旨、目标、服务架构及实施内容,确定构建如下绩效评估指标体系(见图 2-3):

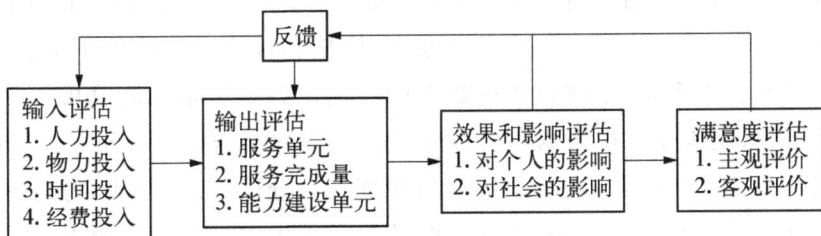

图 2-3　绩效评估指标体系

(1) 输入评估:人力投入:参与直接服务的人数,参与间接服务的人数;物力投入:为服务而筹备与耗费的物资;时间投入:服务的时间成本;经费投入:服务的资金成本。

(2) 输出评估:服务单元与总量;服务完成量;能力建设单元。

(3) 效果与影响评估:社区居民的个人改变;对社会的影响。

(4) 效能评估:主观层面;客观层面。

低保救助绩效评估的目标是推进评价体系不断建立、健全和发展,在实现公平、公正、共享的核心理念基础之上,检验低保救助制度执行的公平性、效率性和效果性,及时发现问题,改正问题,促进救助实施主体想方设法提高救助效果,提高资金的使用效率和救助的针对性,使低保救助制度达到有效运行。对低保救助绩效评估指标的探索,注重表现低保救助绩效评估的指标的描述和反映、评价、指导等功能,同时还指出低保救助绩效评估指标的构建需要遵循科学性、可操作性与全面性要求[②](魏珊珊,2010)。根据学术界的相关研究以及官方政府发布的低保救助数据来看,我国目前的低保救助制度实施结果具有低层次性、地域性、家庭性和单向性[③](马广博,2009)。因此,低保救助绩效

---

① CIPP 评估模型也称决策导向型评价模型,由美国学者斯塔弗尔比姆(Stuffleheam, D. L.) 1967 年在对泰勒行为目标模式反思的基础上提出,CIPP 由四项评估活动的首个字母组成:① 背景评估(Context evaluation);② 输入评估(Input evaluation);③ 过程评估(Process evaluation);④ 成果评估(Product evaluation)。该评估模型具有全程性特点、过程性和反馈性特点。

② 魏珊珊.社会救助绩效评估指标初探[J].内蒙古农业大学学报(社会科学版),2010(01):17-19.

③ 马广博.澳、德、法、卢四国社会救助制度特色对比及对我国的启示[J].现代经济探讨,2009(4):89-92.

评估指标的构建需遵循以下原则：一是目标一致性原则，即评估指标体系与被评估对象的目标、绩效评估目的之间要保持一致。如低保救助的目标在于保障基本生存，那评估的目的和指标设计都应遵循这一政策目标，而不能超越政策目标之外进行评价；二是可行性原则，评估指标应有明确的定义和内涵，容易理解的前提下，便于进行相应数据的收集。如评估指标测算可以从公开的统计资料、报表中获取数据，也可以通过问卷调查收集；三是可比性原则，尽量选取具有共性的综合指标，并保证口径统一。分区、分类原则，考虑到我国经济和社会发展水平在东部、中部和西部存在较大差异，同时，也考虑到城乡发展存在较大差异，采取了分区、分类设置指标的不同评估方法较为复杂。那么，则应该在评估中，将尽量设置城乡等差异性较小的变量，尽量将差异性减小到最低[1]。

三、指标选取与问题操作化

低保救助制度综合评估指标体系构建的基本方法主要有以下两种方式：一是依据文献法，对之前学者提出低保救助制度的评估指标体系进行分析和选取，构成初步的指标体系；二是依据实证调研数据进行因子分析，对初步选取的指标体系进行重新整理。根据目前学者已经创建的指标体系基础之上，依据系统模型，依据归纳总结出低保救助绩效评估指标体系。

值得注意的是，选取指标需要遵循以下基本原则[2]：

（1）系统性原则，低保救助政策由诸多子政策系统组成，除了现金救助外，还有就业激励、低保专项救助等政策，这就要求所建立的评估指标体系能够涵盖各个子系统，并充分反映低保救助绩效的系统性特征；

（2）综合性原则，低保救助政策是一项综合复杂的公共政策，决定了其指标体系的设计必须遵循综合性原则。具体而言就是：定量与定性指标相结合；既全面又要突出重点；稳定性与动态性相结合，即适应发展需求，适当调整指标设计以适应形势发展的需要；

（3）目标一致性原则，低保救助政策绩效评估的目标应该与评价的政策目标保持一致；

---

① 林闽钢，高传胜.中国城乡最低生活保障制度实施绩效评估.米勇生编社会救助与贫困治理[M].北京：中国社会出版社,2012：21.
② 李江涛.政府重大事项决策绩效评价[M].北京：中国经济出版社,2015：31-34.

（4）有效性原则，指标体系必须体现政策的本质和主要特征，反映政策的实际状况；

（5）可操作性原则，注重指标设计的可行性和可操作性，如指标的数据易于采集和可量化，计算公式和分析模型科学合理，利于掌握和操作，指标具有代表性，指标之间保持独立等。

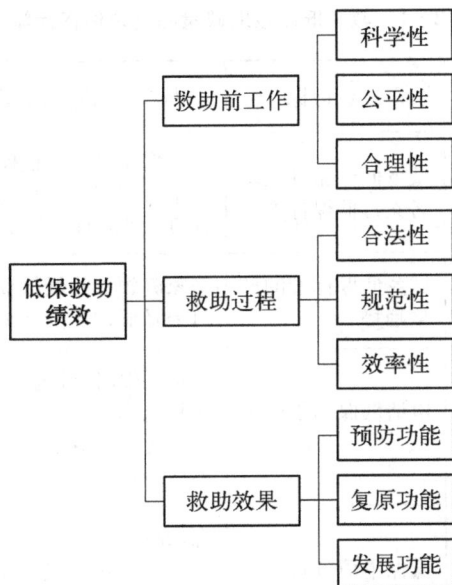

图 2-4　低保救助绩效评估的三个一级指标的操作化框架

具体指标设计中，以 Eardley 等为代表的学者，从救助结构安排、救助标准的设定，救助实施管理和救助达到的人数、救助金额的支出等方面，对 OECD 的24 个国家社会救助政策绩效做了全面详细的比较评估。学者依据这一思路，构建"输入-过程-输出"绩效评估系统模型，按照这三个阶段将绩效评估分为需求评估、过程评估和结果评估[①]。按照这一思路，以低保救助制度救助标准的确定；低保救助金的申请、发放、管理过程以及对救助实施后效果的评估分析为纵线，分三个环节建构评估指标体系构建。

本书在充分考虑评估研究的综合性和现有数据资料的基础上，对学者探索出的评估指标进行筛选和完善，最终构建救助评估主体框架。将低保救助绩效

---

① 理查德·D.宾厄姆，克莱尔·L.菲尔宾格，朱春奎，杨国庆.项目与政策评估——方法与应用[M].上海：复旦大学出版社，2008：6-10.

评估分为三个阶段,即制度设计、制度实施、制度效果。依据以上对低保救助绩效评估体系的3个评估维度的操作化定义和理解,综合考察地方城乡低保救助制度的实施情况,立足之前学者提出的一系列评估指标体系,初步将低保救助综合评估指标进行选取,设立8个一级指标、24个二级指标以及问卷中反映指标的问题、变量计算方法,如表2-1所示。

表2-1　城乡低保救助政策综合评估指标体系

一级指标	二级指标	操作化问题和变量计算方法、指标赋值
制度设计	救助水平	城乡低保家庭人均名义月低保标准	目前您家庭获得低保救助的人数有__人?上个月您家庭获得的低保金额是__元?计算:家庭月低保金额÷家庭救助人数
	救助标准调整	城乡低保标准的调整趋势	您家庭领取的低保金额是否有过调整?{1=降低;2=没有调整;3=提高}
	反依赖机制	申请低保的工作要求	申请低保时,政府/社区有没有要求您必须先找工作?{1=无或不清楚;2=有;3=老人或残疾人,不适用}
制度实施	低保申请	低保申请方式	您(或家人)通过什么方式申请低保救助?{1=自己独立提交申请;2=亲友帮忙;3=干部协助;4=干部主动提供帮助}
		低保申请次数	您家庭总共申请过__几__次低保?
		申请到成功获取低保间隔的天数	从申请到最终确定是否获得救助资格平均需要多少天?
		低保申请程序是否合理	您觉得低保申请程序是否合理?{1=不合理;2=合理}
		申请中是否遭遇不合理对待	您在申请救助过程中是否遭遇过不合理对待?{1=遭遇过;2=没有遭遇过}
	信息核对和动态管理	有无定期追踪审查	在申请成功后,相关部门有无定期追踪审查?{1=无;2=有}
		审查周期	大约几个月审查一次?

	一级指标	二级指标	操作化问题和变量计算方法、指标赋值
制度实施	居民对低保实施工作的主观评价	对低保办工作人员态度的满意度	您对低保办工作人员的态度满意吗？{1＝非常不满意；2＝不满意；3＝满意；4＝非常满意}
		对低保公示的满意度	您对低保公示满意吗？{1＝非常不满意；2＝不满意；3＝满意；4＝非常满意}
制度效果	家庭减贫效应	低保救助对家庭收支的减负效果 — 保金额占家庭收入比重	去年您家庭的总收入是多少元？算法：家庭获取年低保金额÷家庭年总收入
		低保金额占家庭支出比重	去年您家庭的总支出是多少元？算法：家庭获取年低保金额÷家庭年总支出
		低保金额占家庭食品支出比重	去年您家庭的食品支出是多少元？算法：家庭获取年低保金额÷家庭年食品支出
		目前低保家庭的恩格尔系数	去年您家庭的食品支出是多少元？去年您家庭的总支出是多少元？算法：家庭年食品支出÷家庭年总支出
		对救助效果的主观满意度评价 — 对低保金额的满意度	您对低保救助金额满意吗？{1＝非常不满意；2＝不满意；3＝满意；4＝非常满意}
		低保是否能满足基本生活	您是否同意"低保能保障我家庭基本的生活"？{1＝很不同意；2＝不大同意；3＝比较同意；4＝很同意}
		低保救助实际效果的满意度	您对低保救助的实际效用满意吗？{1＝非常不满意；2＝不满意；3＝满意；4＝非常满意}
	社会效应	低保救助的就业激励效应 — 就业培训	是否享受过就业培训？{1＝否；2＝是}
		工作推介	政府/社区有没有给您介绍过工作？{1＝否；2＝是}
		低保期间公益服务劳动情况	您（或家人）在低保受保期间，社区是否组织过公益性服务/劳动？{1＝没有；2＝有}

续　表

一级指标			二级指标	操作化问题和变量计算方法、指标赋值
制度效果	社会效应	贫困阻断情况	大病专项救助	近一年来您家庭是否获得医疗救助？{1＝否；2＝是}
			教育专项救助	近一年来您家庭是否获得教育救助？{1＝否；2＝是}

制度设计评估：主要关注低保救助制度实施前的救助标准的确定，根据低保救助"以需定支"的策略，以居民最低生活所需的物品及物价水平，制定满足居民基本生活保障的低保标准；再根据贫困对象及其家庭的家计调查开展需求评估，根据低保标准实行"差额救助"。需求评估就是对救助对象的现实需求和困难进行了解，以便于制定满足需要的政策目标和救助方案。这涉及的是低保救助实施前对象的需求审核、救助标准的确定，这包含的指标包括救助实施救助水平、救助标准调整等。

制度实施评估：就是对一项政策的应用操作过程即实施过程的评估，关注政策传递给救助对象的手段和方式，评估的第一个方面就是监察日常工作。这是对低保救助政策的实施行为和工作状况进行评估，即低保救助制度的实施部门工作人员对低保救助金的申请、审核、发放、动态管理、能力建设等方面的工作绩效进行评估；这一评估主要对工作情况、过程管理、程序合理性检验等方面进行评估，目的是注意发现低保实施工作中的问题并确保正确执行政策；评估的第二个方面就是救助对象作为这一过程的直接接受者，对救助工作情况的直接反馈与满意程度进行评估。这个方面的评估更加注重于对政策参与者的关注，往往涉及到主观评价问题。应该强调的是，低保救助制度是一项瞄准型的政策，低保救助的实施过程如低保申请、审核、低保金发放和低保的动态管理等，其实质是为了对低保救助对象进行有效甄别进而保障低保正确的被执行。因此，从结果视角看，低保的目标瞄准评估可以有效反映低保实施的过程有效性和正确性。

制度结果评估：也叫作影响评估，是对救助实施后的成效进行评估。结果评估的第一个方面就是关注的是在多大程度上实现和满足目标，即低保救助的政策目标是否得到实现。结果评估的第二方面就是考虑低保救助政策带来的直接的个体效应和社会效应，个体效应主要体现为低保救助后个体产生的变化影响如：济贫效果；社会效应包括低保救助的就业激励效果；结果评估的第三个方面就是低保政策实施的具有长期效应的延展性结果——即对贫困阻断效应的评估。

第四节　数据来源与分析方法

一、数据来源

1. 调查对象与调查内容

低保救助综合评估指标体系构建完成后，需要进一步进行操作化问卷设计，开展实地调研收集实证数据。本书所使用的数据来源于《完善社会救助制度研究》课题组 2014 年开展的问卷调查[①]，调查对象是低保受助对象。

课题组设计的问卷调查的内容主要包括低保救助对象个人及家庭的基本信息、就业状况及其社会关系网络情况、低保救助实施情况、获取救助的情况及其对政府低保救助的评价，具体问卷框架包括：

（1）个人及家庭成员基本信息。目的在于了解生活困难者个人及其家庭的人力资本状况。包括个人及家庭成员的年龄、性别、教育程度、婚姻、户籍、身体健全与健康状况，以及家庭成员的工作情况。

（2）个人就业与收入情况。目的在于了解社会救助对个人就业的影响情况，以及第一份工作，参加就业培训等活动对个人就业的影响。包括个人目前工作状态，失业原因，从事非农工作或务农的收入，第一份工作情况，以及再就业、参加就业培训等。

（3）家庭经济状况。目的在于了解生活困难户的住房条件，以及家庭收入与支出的总体情况，分析社会救助受助者的生活困难程度。主要包括住房条件、家庭各项 x 消费支出、受访者个人及其家庭的主要收入，是否欠债等。居民消费水平是指居民在物质产品和劳务的消费过程中，对满足人们生存、发展和享受需要方面所达到的程度，通过消费的物质产品和劳务的数量和质量得以反映。为收集受访者家庭消费支出，在问卷中设置了 17 个支出类别，分别是饮食支出（自

---

① 全文仅有救助目标瞄准评估部分的数据采用的是 CSS2013 的调查数据，使用数据的原因和数据介绍见第四章第二节，这里不再赘述。

产食品估价计算在内）；衣着支出（衣服、鞋帽等）；缴纳房租的支出；购房首付及分期偿还房贷的支出；房屋装修保养支出；水电燃气、物业、取暖支出；家电、家具、家用车辆等购置支出；交通支出（上下班交通费，家用车辆汽油、保养、路桥费等，不含旅游交通）；通讯支出（电话、上网等）；教育支出；医疗保健支出（看病、买药等，不扣除报销部分）；生产资料支出（农药、化肥、种子等支出）；赡养或抚养不在一起生活的亲属的支出；自家红白喜事支出；人情往来支出；养老保险及医疗保险；其他支出。关于收入指标，问卷中设计了 11 个类别来度量受访者家庭的收入，分别是：工资、奖金（包括、补贴等）劳动报酬收入；兼职收入（包括各种临时帮工酬劳等）；养老保险（社会保险机构给的）；退休金（单位给的）；村集体提供的福利收入（分红、补贴等）；个人农业经营收入；个体经商、办厂等个体经营收入；出租房屋等财产性收入；亲友赠予收入；人情收入；其他收入。采取国家统计局关于居民收入的分类标准，把居民收入分为四类，分别是：工资性收入、经营净收入、财产净收入、转移净收入（细分为福利性收入、养老金收入、亲友赠予与人情收入）。

（4）社会救助与社会保险的情况，目的在于了解和掌握生活困难群体接受社会救助及其社会保险缴纳、领取等情况。主要包括：目前是否接受低保救助，接受时间与金额，申请程序，是否曾经退出过低保，是否履行相关责任与义务，除低保外是否还有其他补贴，最近一年接受医疗救助、教育救助、住房救助、就业救助、临时救助、慈善救助、灾害救助等的基本情况，个人及其家庭成员养老保险、医疗保险缴纳及其领取情况。

（5）社会支持状况，了解低收入家庭的社会关系网，主要包括：低收入家庭亲属数量及各自工作情况，遇到困难时求助对象等。

（6）对社会救助政策的评价。了解低收入户对社会救助工作的认识，对政府社会救助工作的评价。对低保领取的看法，对基层低保工作的满意程度，亟须获得的帮助等。

2. 抽样设计

抽样之初，考虑到低保救助实施的区域差异较大，根据经济发展水平，在东部地区、中部地区、东北地区 3 个地区进行城市的立意抽样。对城市进行了限定之后，抽样以保证样本的无偏和代表性为宗旨，该调查采用多阶段随机抽样。通过四个阶段，分别在县（区）-街道（乡镇）-村（居）-家户（个人）层面上进行不等概率抽样。第一阶段：以区（地级市、省会城市和直辖市的各大城区和郊区）、县

(含县级市)为初级抽样单位。第二阶段：以街道、乡镇为二级抽样单位。第三阶段：以居委会/社区、村委会为三级抽样单位。第四阶段：以家庭住户并在每户中确定1人为最终单位。由于低保救助对象的特殊性，实际抽样中的户内人口数以政策规定的受保障对象家庭人口为依据。实地调查中，中部抽样框在WH市和HG市范围内进行抽样。东北抽样框在CY市范围内进行抽样。东部抽样框在SZ市范围内进行抽样。低保救助的实际救助是以家庭户为单位，根据每个市的救助家庭抽样框，随机选取辖区内的贫困受助家庭的户主作为调查对象。最后回收的有效问卷数为1 503个。剔除缺失值和极端值后，本书分析的样本量为1 389个，其中城市N＝809，农村N＝587。

二、样本描述

对样本内低保受助群体的社会人口学特征、经济学特征进行描述性统计，分析结果见表2-2、表2-3。

表2-2 分城乡、分性别的贫困群体的社会人口学特征(N＝1 389,％)

类别分组		城乡		性别		总体
		农村	城市	男	女	
年龄	1—17	1.2	0.9	1.2	0.8	1.0
	18—39	9.2	16.6	12.2	14.9	13.5
	40—59	33.7	68.0	54.7	52.1	53.5
	60及以上	55.9	14.6	31.9	32.2	32.0
教育程度	未上过学	42.1	14.0	19.5	33.0	25.8
	小学	38.0	16.0	29.6	20.4	25.3
	初中	15.5	40.4	31.5	28.1	29.9
	高中、中专职高	3.9	24.6	16.6	15.0	15.8
	大专及以上	0.5	5.1	2.8	3.5	3.2
婚姻状况	未婚	20.4	17.2	25.5	10.7	18.6
	已婚有配偶	48.6	54.6	53.9	50.0	52.1
	离婚单身	3.6	15.6	10.7	10.3	10.5
	丧偶单身	27.4	12.6	9.9	29.0	18.9

续 表

类 别 分 组		城　乡		性　别		总　体
		农村	城市	男	女	
健康状况	健康	24.5	46.3	36.0	38.3	37.1
	不健康但能自理	63.9	43.8	52.8	51.7	52.3
	不健康不能自理	11.6	10.0	11.3	10.0	10.7
身体状况	身体健全	60.0	62.2	54.5	68.9	61.3
	轻微残疾	23.3	19.0	25.2	15.8	20.8
	严重残疾	16.7	18.8	20.2	15.3	17.9

表 2-3　分城乡、分性别的贫困群体的经济学特征(N=1 389,%)

类 别 分 组		城　乡		性　别		总　体
		农村	城市	男	女	
有无工作	没有	68.9	78.1	71.1	77.7	74.2
	有	31.1	21.9	28.9	22.3	25.8
个人年总收入分组	2 400 及以下	29.0	5.9	13.8	17.6	15.6
	2 401—4 800	35.1	16.1	23.6	24.7	24.1
	4 801—7 200	13.5	21.6	19.3	16.9	18.1
	7 201—9 600	8.3	20.6	14.9	16.0	15.4
	9 601—12 000	6.1	11.0	9.5	8.3	8.9
	12 000 以上	8.0	24.9	18.9	16.6	17.8
救助占总收入比例	0.5 及以下	43.3	31.5	38.3	34.5	36.5
	0.5 以上	56.7	68.5	61.7	65.5	63.5
有无债务	有	35.6	37.5	32.8	41.1	36.7
	没有	64.4	62.5	67.2	58.9	63.3

(一)救助对象的社会人口学特征

表 2-2 为分城乡、分性别贫困群体的社会人口学特征描述性统计分析结果。城乡区域中,从年龄分布看,在农村,60 岁以上的贫困群体占 55.9%。在城

市,40—59岁的贫困群体占68％。从教育程度看,农村有42.1％的贫困群体没读过书,有38％的农村贫困群体只读过小学。城市有40.4％的人口读到初中,小学教育程度及其以下的人口也多占30％。可见,无论是城市还是农村,贫困群体的教育程度普遍较低,缺乏自力更生的能力和素质。从婚姻状况看,农村和城市的贫困群体有近半数的人由于未婚、离婚、丧偶的原因处于单身状态,缺乏另一半的陪伴和支持。从健康状况来看,接近75％的农村贫困群体和53％的城市贫困群体处于不健康状态,农村和城市皆有10％左右的群体生活不能自理,无法实现自我照顾。从身体状况来看,城乡贫困群体接近40％的群体身体有残疾,这对他们适应不断变化发展的社会带来极大的生理挑战。

从性别分布来看,在年龄分组中,男性与女性贫困者在各个年龄组别中的比例相差不大;在教育程度中,未上过学的女性占比33％,男性为19.5％,女性未受过教育的比例比男性高13.5％。说明女性贫困者所获取的教育机会更少,个人成长受限。还需要关注的是,大专及以上学历的贫困人群很少,但是女性比男性多。说明即使受过高等教育的女性相比于男性更可能陷入困境,原因可能是女性在生理心理、社会经济领域的弱势因素导致的。在婚姻状况中,男女有配偶的比例差异不大。但在单身类别中,未婚的贫困者中男性比女性多,学界近年来关注的"光棍现象"说明,未婚的大龄男性贫困者成为社会关注的重点对象之一。在丧偶单身的组别内,女性占比29％,比男性高约20％。丧偶女性尤其是单亲母亲,具有子女抚养和长辈赡养的双重负担,具有较大的陷入贫困的风险,成为重点救助帮扶对象。

从总体分布来看,贫困群体中有85.5％的对象为40岁以上中老年群体,有81％的贫困群体的教育程度都在初中及以下,近半数的贫困者单身,60％左右的人群不健康,40％左右的群体身带残疾。总体具有年龄偏大、教育程度低、健康状况差的典型特征,呈现出个体失能状态。

（二）救助群体的经济学特征

前文分析了贫困群体的社会人口学特征,表现出年龄较大、教育程度较低、单身、健康状况较差的个体失能状态。表2-3为分城乡、分性别贫困群体的经济学特征描述性统计分析结果,主要分析贫困群体在经济学上的弱势特征。从城乡分布来看,就业情况中,农村贫困者有超过70％的人没有工作,城市中有近80％的人处于失业状态。一般来说,经济发展水平越高就业率越高,但数据结果表明,经济发展水平落后的农村地区的就业率高于经济发展水平发达的城市地区,这一特殊现象可从两个方面理解,从城乡整体来看,一是城市财政资金多于农村,同等条件下,城市地区没有工作的居民相对于农村地区没有工作的居民更容易获得低保资格,农民不去工作并领取低保的情况比较少见;二是农民在农村从事农业生产可视为就业,农民就业一般不受教育水平、个人技能的限制,这两方面的原因导致农村受访者的就业率高于城市。

个人年收入分组中,农村65%左右的贫困群体年收入在4 800以下,即每个月400元不到。城市40%左右的贫困群体收入集中在4 800—9 600,元。有24.9%的城市贫困群体收入达到12 000,而农村占比只有8%。可见,农村贫困群体的收入普遍低于城市贫困群体。在低保救助占总收入的比例中,无论是农村还是城市,大部分贫困群体的低保救助收入占总收入50%以上,说明低保救助收入成为大部分贫困群体的主要收入来源,贫困群体在经济上有较强的福利依赖性。在债务问题上,城市和农村贫困对象差别较小,近1/3的贫困群体有债务问题,与总体情况一致。

如表2-4,从未就业的原因来看,总体上,有近80%的没工作的原因是丧失劳动力、健康状况差、料理家务照顾他人等不可抗力。受访者没有工作的主要原因包括10项,分别是正在上学、丧失劳动能力、已离/退休、毕业后未工作、料理家务,照料家人、因单位原因(破产、改制、下岗、内退等)、因个人健康原因、个人技艺或能力不足、承包土地被征用、其他等,为便于分析,根据样本分布的实际情况分为5项,分别是生理原因(包括丧失个人劳动能力和个人健康原因)占70.5%、技艺不足占4.3%、照料家人占9.4%、单位原因占10.2%、其他(包括正在上学占1.6%、已离/退休占1.6%、毕业后未工作占0.8%、承包土地被征用0.7%占、其他占0.9%)占5.6%。

表2-4 分城乡受访者没有工作的原因分布

分组	生理原因	技艺不足	照料家人	单位原因	其他原因	合计
城市	63.8	5.1	11.7	13.3	6.1	100
农村	91.3	1.6	2.2	0.5	4.4	100
合计	70.5	4.3	9.4	10.2	5.6	100

从城乡整体来看,城市没有工作的受访者63.8%是由于个人生理原因,单位原因、照料家人分别占13.3%和11.7%,其他原因和技艺不足的比例分别为

6.0％和5.1％；农村受访者中未就业的有91.3％是由于个人原因，其他原因、照料家人、技艺不足的比例分别为4.4％、2.2％、1.6％。根据卡方检验，Pearson＝54.8，p＝0.000＜0.001，达到显著水平，说明没有工作的主要原因在城乡地区有显著差异。可以看出，生理原因是导致城乡地区受访者没有工作的最重要因素，但城乡之间存在差异，农村受访者没有工作的主要原因90％以上是由于个人生理健康原因导致的，城市受访者没有工作还受个人技艺不足、单位原因、和需要照料家庭成员，经济体制改革给城市带来了大量下岗失业人口、社区缺乏弱势群体照料机构、受访者技能不足都导致了城市受访者的低就业率。农村受访者的低就业率是由受访者的生理因素造成的，具有不可逆性，城市受访者的低就业率是由生理、社会和经济共同作用的结果，通过调整相应的政策，给予社会、经济层面的支持可提升城市受访者的就业率。

从性别分布来看，男性就业情况比女性好，收入水平男性略高于女性，获得的救助金额占总收入的比例差异不大，但在负债方面，女性负债比例高于男性。由上可知，总体而言，贫困群体就业情况不容乐观，收入水平普遍偏低，对低保救助的福利依赖较强，部分群体出现入不敷出的生活窘境。

贫困群体属于弱势群体，基于对贫困对象及其家庭的问卷调查数据显示，由于个体化失能、就业不能、收入较低、生活困窘等方面问题的困扰，难以像正常人那样去抵御社会风险，造成生存压力，从而陷入困境，处于不利的社会地位。以上分析发现样本内的贫困群体有以下基本特征：第一，困难群体普遍呈现个体失能状态。如在生理特征上的年龄偏大、健康状况低下、先天或后天残疾；也有可能是处于边缘化的困境，如单亲女性、单身大龄人员，边缘化的流动人口等。第二，弱势人群的贫困性在经济上面临着共同困境。"贫困群体"虽然不能完全与"经济贫困人口"画等号，但至少是高度重叠的。经济的外在表现更能够更直观的凸显出个体在不同层次、结构中的弱势。

三、数据分析方法

本书在对相关理论和文献进行综述的基础上，基于底线公平视角，从受助对象出发，评估低保救助设计、实施过程与实施成效。本书采用实证研究方法，主要利用微观实地调查数据开展定量分析。实证研究中，主要通过先描述性统计，再进行深入模型检验的分析思路。各个部分首先采用简单描述分析方法分析基本情况，具体方法包括单变量描述分析，双变量、多变量的描述分析，用以观察相关变量的分布状况,变量之间可能存在的关系,为进一步深分析相关变量深入,评估救助绩效奠定基础。

简单描述分析之后,纳入诸变量进行模型检验,来评估控制其他变量影响后,各关键变量对因变量的净效应。由于救助制度设计、制度实施、制度成效都有不同的变量类型,故而采取不同的数据分析方法,主要有多元线性回归分析与 logistics 回归、半参数回归、门槛效应回归模型等,具体的模型建构见各实证分析章节,这里不再赘述。最后,整合数据分析基础,运用熵值法确定权重,开展低保救助综合绩效评估,结合评估结果,提出具体的政策建议。主要采用 SPSS20.0 和 MATLAB2012 统计分析软件进行数据处理和分析。

第三章
低保救助制度设计评估
——救助标准与底线需求满足

第一节　研究假设与底线需求的测量

一、研究假设

研究假设 1：救助标准的制定与贫困家庭底线需求相一致。

名义标准指的是贫困家庭实际拿到的月救助金额。低保救助是社会救助政策的重要部分，是以实现"全面兜底"，保障贫困家庭基本生活的一项救助制度。从低保制度的设计安排看，救助标准的制定主要依据家庭收入与低保标准之间的差距，实施"补差式救助"。低保救助家计调查过程做出的低保给付标准，是与救助对象不同的生活困境和需求相挂钩。那么对于低保标准设计的合理性评估，就应该将其与救助对象及其家庭的基本生存需求相比较分析。因此提出如下分假设：

分假设 1：贫困家庭生存需求越多，所获得的低保救助标准越高。

随着对贫困研究的拓展，支出型贫困越来越受到关注。在支出型贫困中，疾病是最主要的致贫因素。因病致贫中，慢性病和大病重病是影响贫困群体的主要问题，医药费用昂贵是其最主要的心理负担。困难家庭遭受疾病风险高，抗疾病风险能力弱。因病丧失劳动力冲击加剧了贫困的脆弱性，加上自付医疗费用过高、报销比例低，从而导致因病致贫。在对贫困家庭的入学人数统计得知，有37.3％的受助对象家庭中有 1—3 名在学人数，从家庭年支出统计得知，有教育支出的家庭中，需要负担每年 5 000 元及以上教育费用的家庭约 29％。调研过程了解到中小学阶段的资料费、生活费、住宿费用比较高；普通高中、职高、中专特别是大专、本科的学习费用最高。根据低保专项教育救助和医疗救助政策的规定,国家针对支付学费困难的低保贫困家庭子女实施教育救助政策,对那些因为贫困而没有经济能力治病的群体实施的医疗救助政策。救助标准主要是以贫困家庭无法负担的教育和医疗部分给予救助,救助金额有上限额度,原则上是越贫困,即救助需求越高,救助额度越多。因此,提出如下分假设:

分假设2:贫困家庭发展需求越多,所获得的低保专项教育救助越高。

分假设3:贫困家庭健康需求越多,所获得的低保专项医疗救助越高。

二、底线需求及其测量指标

根据学者景天魁的底线公平理论,对福利需求的界定分为两类,其中,"底线福利需求"在社会福利领域是指社会成员的"基础性需求",主要生存需求、发展需求和健康需求。这三类需求的目的在于解决温饱满足生存、接受自我提升和基础教育、实现医疗保障。这三项需求是社会公认的"底线"[①]。为了将本书涉及到的需求与其他类别的个体需求作区分,本书将基本生存需求、发展需求与健康需求合称为"底线需求"。依据以上界定,对三大类基础性需求的测量:

生存需求:指的是维持基本生活的需求,如吃、穿、住、用、行等,使用贫困家庭的基本生活支出指标表示,饮食需求使用饮食支出(自产食品估价计算在内)测量;穿着需求用衣着支出(衣服、鞋帽等)表示;居住需求用家庭人均住房面积测量;生活基本用度需求采用水电燃气、物业、取暖支出以及家电、家具等生活耐用品购置支出;出行与交流需求采用交通支出(上下班交通费,家用车辆汽油、保养、路桥费等,不含旅游交通)、通讯支出(电话、上网等)测量。以上各指标加权后的综合值就是贫困家庭生存需求指数。

发展需求:指的是家庭成员获取教育的需要。一般而言,家庭拥有的在读子女数越多,其教育需求越大;在我国的教育体制下,九年义务制教育阶段由政府买单,家庭教育负担相对较低,高中以上的非义务制教育阶段的家庭教育支出较多。因此,家庭教育支出的多少可以反映不同教育需求程度。本书的家庭教育需求采用家庭在读子女数、家庭教育支出来测量。指标的加权后综合值即为家庭发展需求。

健康需求:指的是家庭成员医疗保健需求。与家庭成员健康状况相关,身

---

① 景天魁.底线公平:和谐社会的基础[M].北京:北京师范大学出版社,2009:133.

体健全与否关系到家庭对残疾成员的康复治疗需求,是否患有重大疾病决定家庭是否有较大的医药住院治疗需求。此外,老年是患病高风险阶段,家庭老年人数量可以反映家庭成员慢性病等需要长期的医药费投入的医疗需求。家庭医疗支出可以直接反映近期的医疗需求。因此,本书采用受助对象是否患过重大疾病、家庭老年人口数量、家庭医疗保健支出三个指标来测量。

综上,底线需求的测量,主要选取与之相关的家庭类指标进行度量,指标权重使用前文第三章的熵值法进行计算(前文已经阐述,这里不再赘述),依据指标权重计算各指标贡献值,将所有指标贡献值加总得到单个样本家庭的底线需求指数。选取的指标以及指标权重如表3-1所示。

表3-1 底线需求测量指标及其描述性统计(N=1 389)

	变 量	均 值	标准误	变量权重
生存需要	家庭饮食支出	8 744.05	12 130.94	0.039 204 15
	家庭衣着支出	290.95	681.23	0.139 701 205
	家庭人均住房面积	32.56	24.57	0.027 047 421
	家庭生活用度支出	911.28	1 556.75	0.066 144 251
	家庭交通、通讯支出	603.60	1 347.37	0.109 539 041
发展需要	家庭在学子女数	0.44	0.61	0.103 464 667
	家庭教育支出	2 557.63	5 442.89	**0.144 153 598**
健康需要	是否患重大疾病	1.78	0.41	**0.151 107 438**
	家庭老年人口数	0.58	0.77	0.094 133 429
	家庭医疗支出	8 424.74	23 885.49	**0.125 504 8**

运用熵值法计算的指标权重显示,贫困受助家庭健康需求指标中的患有重大疾病、医疗支出的权重和发展需求指标中的教育支出权重最高,而生存需求各指标的权重相比稍低。依据指标权重可以推测,当前被救助的困难家庭的生存需求基本得到满足,而贫困家庭教育发展需求和医疗健康需求特别是重大疾病的健康需求是当前救助对象及其家庭的重要底线需求之一。随着政策的逐渐完善,顺应形势的发展,救助越来越重视对贫困需求变化的关注,除了保障基本生活外低保金外,还对因病致贫和因学致贫的贫困家庭提供低保专项教育救助和

医疗救助。

三、救助标准与底线需求的描述性统计

根据权重计算各需求指标贡献值,再与家庭人均低保救助标准分组进行描述性统计分析,如表 3-2 所示。

表 3-2　家庭人均低保名义标准与底线需求指数(N=1 389)

人均低保救助 标准分组	底线需求测量指数			
	总体需求	生存需求	发展需求	健康需求
1—200 元	0.096 285	0.012 729	0.022 285	0.061 271
201—400 元	0.083 467	0.013 060	0.023 822	0.060 080
401—600 元	0.082 443	0.016 027	0.011 490	0.054 925
600 元以上	0.084 705	0.020 813	0.014 073	0.049 819
总计	0.088 539	0.014 092	0.020 171	0.058 793

从数据来看,各人均低保标准分组中,贫困家庭的总体底线需求差异不大;在生存需求类别,人均低保标准越高的家庭,其生存需求也越高。这说明低保救助的给付标准是与贫困家庭的生存需求相适应的。但是,救助标准较低的家庭,其在发展需求和健康需求最高,而救助标准较高组别的家庭,其发展需求和健康需求却较低。以上分析表明,低保救助政策的目标更多的是满足家庭的基本生活需求。对贫困家庭的发展需求和健康需求还需要纳入教育救助和医疗救助进行分析。

低保专项教育救助与医疗救助的给付不是以月为单位计算的,一般以年为单位统计。表 3-3 和表 3-4 分别是贫困家庭获取的年教育救助水平与底线需求指数的描述性统计分析结果。

表 3-3　家庭获取的年教育救助水平与底线需求指数(N=1 389)

教育救助分组	底线需求测量指数			
	总体需求	生存需求	发展需求	健康需求
1—1 000 元	0.088 170	0.013 963	0.018 188	0.056 019
1 001—2 000 元	0.082 522	0.015 902	0.047 739	0.251 297

续　表

教育救助分组	底线需求测量指数			
	总体需求	生存需求	发展需求	健康需求
2 001—3 000 元	0.101 622	0.019 330	0.065 847	0.016 445
3 001—4 000 元	0.098 287	0.014 188	0.064 511	0.019 588
4 001—5 000 元	0.059 787	0.007 569	0.051 173	0.001 046
5 000 元以上	0.128 801	0.018 748	0.071 863	0.038 189
总计	0.088 539	0.014 092	0.020 171	0.058 793

表 3-4　家庭获取的年医疗救助水平与底线需求指数(N＝1 389)

医疗救助分组	底线需求测量指数			
	总体需求	生存需求	发展需求	健康需求
1—1 000 元	0.085 335	0.013 958	0.020 383	0.055 850
1 001—2 000 元	0.109 814	0.014 738	0.015 319	0.079 757
2 001—3 000 元	0.125 467	0.015 780	0.024 839	0.084 848
3 001—4 000 元	0.178 157	0.023 661	0.004 193	0.150 303
4 001—5 000 元	0.108 274	0.013 028	0.017 719	0.077 526
5 000 元以上	0.149 653	0.014 425	0.020 429	0.114 799
总计	0.088 539	0.014 092	0.020 171	0.058 793

教育救助与医疗救助分组中,除了第五类分组,前四类分组中,贫困家庭获得的救助金额与其发展需求、健康需求相一致,即需求越多,获取的救助金额越高。同样的,获取的救助金额最高的家庭,其平均发展需求和健康需求也越高。对教育救助与医疗救助金额与贫困家庭的发展和健康需求的契合程度分析还需进一步深入分析。

四、救助标准调整情况与底线需求描述性统计

救助标准的调整除了与经济发展水平和物价水平等宏观经济指标相关联外,依据底线公平理论中阐述的底线需求部分"以需定支"的观点,救助标准调整的微观因素就是受助家庭的基本需求情况发生了变化。一般来说,家庭底线需

求越高,救助标准也应相应的提高。表3-5将受助家庭救助标准的调整情况与其底线需求指数进行描述性统计分析。数据结果表示,贫困家庭总体底线需求最高为0.1137,但是这组的救助标准却没有做任何调整。分别来看各类需求,贫困受助家庭的标准调整与生存需求发展趋势一致。但是,健康需求、发展需求均值最高的组别,其救助标准并未提高,没有做任何调整。贫困家庭的需求不是一成不变的,以上数据结果表明,救助标准的调整趋势与贫困家庭的底线需求之间没有建立起动态的联动机制,可能导致贫困家庭需求程度与其获得的救助标准不相一致。

表3-5　救助标准调整情况与底线需求指数(N=1 389)

救助标准调整情况	底线需求测量指数			
	总体需求	生存需求	发展需求	健康需求
降低	0.077 264	0.012 398	0.016 562	0.048 304
未调整	0.113 733	0.013 412	0.020 839	0.079 482
提高	0.085 032	0.014 252	0.020 186	0.055 953
总计	0.088 539	0.014 092	0.020 171	0.058 793

第二节　研 究 结 果

一、底线需求测量指标对救助标准影响的多元线性回归分析

本部分首先主要分析贫困家庭底线需求指标与低保救助和低保专项救助标准之间的相关关系。研究的因变量为低保救助标准,分别是低保名义月低保标准、年低保专项教育救助金额和年医疗救助金额。鉴于区域间政府或组织机构在低保救助政策、救助类别、救助标准、救助水平等的千差万别,选取课题组开展的城乡贫困居民调查中的"低保名义标准",即低保家庭实际领到的低保金额,作为分析的因变量。问卷中采用"上个月您家庭获取的低保救助金额是?"这一问题进行变量操作化。由于收入、支出数据均为年度数据,因此将月度低保救助金额数据乘以12,得到年度低保金额数据。自变量为生存需求变量、发展需求变

量和健康需求变量。为了统一量纲,将收入、支出类指标和救助金额换算为万为单位。本书构建了三个多元线性回归模型进行数据分析,模型1考察生存需求类指标对低保救助标准的影响,模型2分析发展需求类指标对教育救助金额的影响,模型3分析健康需求类指标对医疗救助金额的影响。

控制变量方面,多维贫困的测量方法认为,收入是衡量贫困程度实施救助的重要参考指标,因此,本部分将家庭收入作为控制变量纳入回归模型。目前,我国经济发展水平区域差异较大,各地低保救助无论从救助水平还是救助程度均呈现较大差异,区域因素对救助金额分配具有较大影响。尤其是城乡二元结构背景下,救助金额分配的制度设计和救助水平均呈现城乡差异。因此,为了剔除社会区域差异和文化差异对救助金额分配带来的影响,尽可能地分析微观层面受助家庭收入与支出等弱势因素对城乡救助资源分配的影响,本书将城乡变量作为控制变量纳入模型。为了便于进行回归分析,城乡为虚拟变量。分析结果如表3-6所示。

表3-6　贫困家庭底线需求指标对低保救助标准影响的多元线性回归分析结果

		模型1		模型2		模型3	
		低 保 救 助		低保专项教育救助		低保专项医疗救助	
		回归系数B	标准误	回归系数B	标准误	回归系数B	标准误
	常数项	0.362***	0.048	0.015	0.010	0.058	0.040
生存需求指标	饮食支出	0.031**	0.010	−0.002	0.002	−0.007	0.008
	衣着支出	0.620***	0.170	0.034	0.036	0.105	0.142
	人均住房面积	−0.002***	0.000	8.245	0.000	0.000	0.000
	用度支出	0.065	0.073	0.012	0.016	−0.023	0.061
	交通通信支出	0.023	0.087	0.000	0.018	−0.008	0.073
教育需求指标	在学人口数	0.048*	0.023	0.020***	0.005	0.025	0.019
	教育支出	0.004	0.025	0.037***	0.005	−0.035	0.021
医疗需求指标	是否患重大疾病	0.003	0.027	−0.007	0.006	0.000	0.022
	老年人口数	−0.009	0.016	−0.005	0.003	−0.027*	0.013
	年医疗支出	0.005	0.005	0.000	0.001	0.059***	0.004

续　表

		模型1		模型2		模型3	
		低 保 救 助		低保专项教育救助		低保专项医疗救助	
		回归系数 B	标准误	回归系数 B	标准误	回归系数 B	标准误
控制变量	年总收入	0.002	0.006	−0.002	0.001	−0.010	0.005
	城乡	0.424***	0.026	−0.002	0.005	−0.014	0.021
	R^2	0.295		0.107		0.156	
	F	48.010**		13.802***		21.121***	
	N	1 389		1 389		1 389	

注：显著度：* $p<0.05$，** $p<0.01$，*** $p<0.001$。

从三个回归模型的判定系数 R^2 可以断定,三个模型可以解释变量26.7%、10.3%、15.2%的方差。F值中,$p<0.001$,这说明虚拟假设,即"底线需求变量"对低保救助标准没有影响被否定,即自变量的结合能明显的预测被解释变量。从模型1的回归系数看,在控制家庭人口规模、收入与城乡变量的影响下,贫困家庭的饮食支出($b=0.031$,$p<0.01$)、衣着支出($b=0.620$,$p<0.001$)、家庭人均住房面积($b=-0.002$,$p<0.001$)对获取的年低保金额具有显著影响,即家庭吃、穿支出越多、家庭人均住宅面积越小,贫困家庭其获得的低保救助金额越高;家庭用、行两项支出对年低保金额没有显著影响。在模型2中,贫困家庭在学人数($b=0.020$,$p<0.001$)、教育支出($b=0.037$,$p<0.001$)都对教育救助金额具有显著的正向影响。模型3中,从每个自变量的回归系数看,贫困家庭中的老年人口数、医疗支出对医疗救助具有显著影响。其中,医疗支出对医疗救助具有显著正向影响,即医疗支出越高,获得的医疗救助金额越多。家庭老年人口数与医疗救助具有负向影响,可能的解释是随着我国社保体制的完善,老年人大多处于退休年龄,除了可以领取养老金外,还可以享受医疗保障待遇。且老人主要以慢性病为主,大多花费的是医药费用,这与医疗救助关注住院费用不相一致。值得指出的是,是否患有重病对医疗救助不具有显著性影响,可能的解释是当前的医疗救助主要关注于贫困家庭无法负担的住院期间的医疗支出费用,对疾病和严重程度或者疾病类别关注不多。上述回归结果显示,本书所使用的底线需求评估类指标能够较好地预测救助金额。但各类指标综合计算出的各类需求指数与救

助标准之间到底具有什么样的关系,还需进一步验证分析。

二、贫困家庭底线需求指数与低保救助标准的相关关系

本部分首先主要分析贫困家庭底线需求指数与救助标准之间的相关关系,同样纳入家庭收入、家庭人口数、城乡作为控制变量,考察贫困家庭底线需求指数与救助标准之间的关系,检验研究假设 1 中的分假设 1、2、3。为了统一量纲,将收入类指标和救助金额换算为万为单位,将需求指数乘以 100,具体分析结果如表 3-7 所示。

表 3-7　贫困家庭底线需求指数与救助标准相关关系

	模型 1		模型 2		模型 3	
	低 保 救 助		教 育 救 助		医 疗 救 助	
	回归系数 B	标准误	回归系数 B	标准误	回归系数 B	标准误
常数项	0.255***	0.032	0.018 8**	0.007	0.024	0.028
生存需求指数	0.025**	0.008	0.002	0.002	0.003	0.007
发展需求指数	0.017***	0.005	0.012***	0.001	−0.002	0.004
健康需求指数	0.001	0.001	0.000	0.000	0.001	0.001
家庭总收入	0.009	0.007	0.000	0.001	−0.009	0.006
家庭人口数	0.001	0.012	−0.010***	0.003	0.015	0.011
城乡	0.462***	0.024	−0.003	0.005	−1.983	0.021
R^2	0.273		0.106		0.003	
F	86.626***		27.425***		0.731	
N	1 389		1 389		1 389	

注:显著度: $* p<0.05, ** p<0.01, *** p<0.001$。

从三个回归模型的判定系数 R^2 可以看出除了第 3 个模型,第 1、2 个模型可以解释的变量方差较大。只有模型 1 和模型 2 的 F 值较大,且 $p<0.001$,这说明虚拟假设,即"生存需求指数和发展需求指数"对低保救助标准和教育救助没有相关关系被否定,即自变量的结合能明显的预测被解释变量;而模型 3 则接受虚拟假设,即贫困健康需求与医疗救助之间并没有较强的相关关系。从模型 1 的回归系数看,在控制其他需求指数、家庭收入、家庭人口数和城乡变量的影响下,

贫困家庭的生存需求对获取的低保救助标准具有显著正向影响。在模型 2 中，从回归系数看，贫困家庭发展需求指数与教育救助金额具有显著的正向关系。模型 3 中，从每个自变量的回归系数看，贫困家庭中的医疗需求与医疗救助之间并无显著关联。

三、贫困家庭底线需求指数与救助标准的契合度检验

明晰生存需求指数与低保救助之间的关系、发展需求指数与低保专项教育救助之前的关系、健康需求指数与低保专项医疗救助之间的关系后，需要进一步探究底线需求指数与救助金额之间的契合度。为了达到分析效果，采用半参数回归模型进行分析。半参数回归模型是 30 年代才发展起来的一种重要的统计模型。理解半参数回归最好的方法就是将其与参数回归进行比较。参数回归需要在数据分析前要把模型进行假定，再用数据估计模型系数。如常被使用的线性回归。非参数回归与之不同，不事先进行模型假定，直接从数据出发进行模型拟合。此外，半参数回归模型中控制变量的结构是已知的，关键自变量的结构未知，需要估计参数。由于这种模型既有参数分量，又含有非参数分量，与非参数法相比，有较强的实际应用背景，同时和参数回归相比，有较强的稳健性。常用的计量模型如多元线性回归、Logisitic 模型通常假定变量之间呈现线性关系，可能违背实际，然而如果完全构建非参数模型又可能遭遇"维度诅咒"，而半参数在模型准确性与复杂性之间取得平衡[1]（Chan&Grant，2016）。

式（1）为半参数回归模型，模型同时包括线性回归项 $x\beta$ 和非参数项 $f(z)$，其中：z 为核心解释变量，x 为一组控制变量，β 为控制变量系数，ε 为随机扰动项。

$$y = x\beta + f(z) + \varepsilon \qquad (3-1)$$

为减少样本量对参数估计的影响，本书选择 Bayesian 统计理论中的 MCMC 算法估计式（3-1）。参考 Chib et al.（2009）思路将式（3-1）改写为式（3-2）形式[2]。其中 $\theta = f(\tilde{z})$，$\tilde{z}$ 为 z 的顺序统计量的单值元素（unique）集合，长度为 m；

---

[1] Joshua Chan, Angelia Grant. Fast Computation of the Deviance Information Criterion for Latent Variable Models[J]. Computational Statistics and Data Analysis, 2016(100): 847-859.

[2] S. Chib, E. Greenberg, I. Jeliazkov. Estimation of semiparametric models in the presence of endogeneity and sample selection[J]. Journal of Computational and Graphical Statistics, 2009(18): 321-348.

D 为 $n \times m$ 选择矩阵,各行有且仅有一个元素为 1,其余均为 0,n 为样本数量。

$$y = x\beta + D\theta + \varepsilon \tag{3-2}$$

参考 Chan(2016)方法,令 θ 具有高斯先验分布,即 $\theta \mid \tau \sim N(0, G^T \Omega_\tau^{-1} G)$,其中 G、Ω_τ 的形式如式(3-3)所示;β 具有高斯先验分布 $N(\beta_0, V_\beta)$;σ^2 具有逆伽马先验分布 $IG(V_\sigma^2, S_\sigma^2)$,$V_\sigma^2$ 和 S_σ^2 分别为自由度和尺度参数;τ 先验分布形式也为逆伽马,V_τ 和 S_τ^2 为对应的自由度和尺度参数。

$$G = \begin{bmatrix} 1 & 0 & 0 & \cdots & 0 & 0 \\ 0 & 1 & 0 & \cdots & 0 & 0 \\ \Delta_2^{-1} & -(\Delta_2^{-1}+\Delta_3^{-1}) & \Delta_3^{-1} & \cdots & 0 & 0 \\ 0 & \Delta_3^{-1} & -(\Delta_3^{-1}+\Delta_4^{-1}) & \cdots & 0 & 0 \\ \cdots & \cdots & \cdots & \cdots & \cdots & \cdots \\ 0 & 0 & 0 & \cdots & -(\Delta_{m-1}^{-1}+\Delta_m^{-1}) & \Delta_m^{-1} \end{bmatrix}$$

$$\Omega_\tau = diag(V_1, \ldots V_m)$$

$$\tag{3-3}$$

在前述先验分布设定下,基于 Gibbs 算法,采用如下参数后验抽样流程估计模型,如式(3-4)所示:

$$
\begin{aligned}
&step1. \theta \mid y, \beta, \sigma^2, \tau \sim N(\hat{\theta}, D_\theta) \\
&D_\theta = D^T D / \sigma^2 + G^T \Omega_\tau^{-1} G \\
&\hat{\theta} = D_\theta (D'(y - x\beta) / \sigma^2) \\
&step2. \beta \mid y, \theta, \sigma^2, \tau \sim N(\hat{\beta}, D_\beta) \\
&D_\beta = x^T x / \sigma^2 + V_\beta^{-1} \\
&\hat{\beta} = D_\beta (x^T (y - D\theta) / \sigma^2 + V_\beta^{-1} \beta_0) \\
&step3. \sigma^2 \mid y, \beta, \tau, \theta \sim IG(V_\sigma^2 + 0.5n, S_\sigma^2 + 0.5 * e^T e) \\
&e = y - x\beta - D\theta \\
&step4. \tau \mid y, \beta, \theta, \sigma^2 \sim IG\left(V_\tau + 0.5(m-2), S_\tau^2 + 0.5\sum_{i=3}^{m} \varphi_i^2\right) \\
&\varphi_i \text{ 为 } G\theta \text{ 元素 } i
\end{aligned}
\tag{3-4}
$$

本书构建三个半参数回归模型,将核心自变量底线需求指数与因变量救助标准之间构建非参数分量,其他控制变量构建参数分量,着重分析核心自变量与因变量之间的多样关联性,从而检验二者之间的契合度。具体分析结果如表3-8所示:

表3-8 贫困家庭底线需求指数与救助标准契合度的半参数检验

	模型1		模型2		模型3	
	低保救助		教育救助		医疗救助	
	回归系数 B	t 值	回归系数 B	t 值	回归系数 B	t 值
常数项	4.087	3.355	−0.454	−2.210	−2.345	−3.695
生存需求指数	见图1		0.001	0.308	0.000	0.021
发展需求指数	0.059	0.750	见图2		0.002	0.233
健康需求指数	0.029	0.383	0.000	−0.186	见图3	
家庭总收入	0.042	0.547	−0.002	−0.468	−0.007	−0.650
城乡	−0.455	−1.916	0.007	1.970	0.009	2.305
N	1 389		1 389		1 389	

注:显著度:* $p<0.05$,** $p<0.01$,*** $p<0.001$。

将半参数方程分析的参数结果以曲线图显示,可以一目了然的了解各类需求指数与不同救助标准之间的关系。图3-1显示的是生存需求与低保救助契合度,从曲线走向来看,随着贫困家庭生存需求指数的提高,其获取的低保救助金额没有相应的提升;也就是说贫困家庭生存需求指数虽然与救助金额之间具有较强的相关关系,但是生存需求是高还是低,家庭所获取的低保救助金额没有较大的变化。否定分假设1。学者通过实地调研发现,某些地域的低保实施无论贫困程度与家庭需求如何,均发放相同标准的救助金额。这样的低保实施目的主要是为了规避基层矛盾,导致低保的"一刀切"现象(张浩,2016)①。本书结论同样证实,当前的低保救助没有切实依据贫困家庭的生存需求,提供满足其不同需求层次的救助金额。

图3-2显示的是发展需求与教育救助之间的契合度,在前半部分,贫困家庭的发展需求提升,教育救助呈现曲折上升的趋势。说明教育救助能够与贫困

---

① 张浩.分类施保也需精准——"兜底一批"政策中的一个问题[J].中国发展观察,2016(17):42-44.

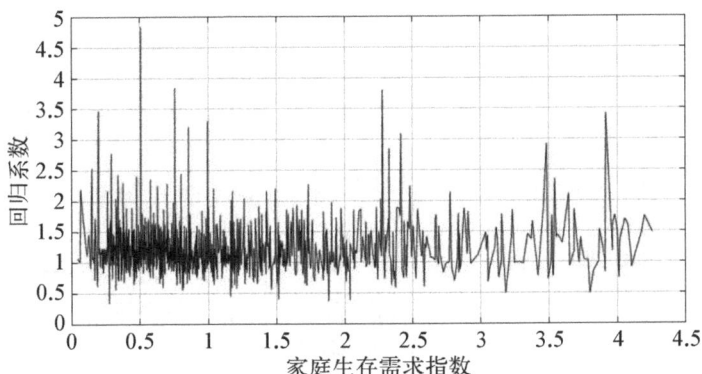

图 3 - 1　生存需求与低保救助契合度

家庭发展需求契合,提供满足其发展需求的教育救助金额,基本证实分假设 2。值得注意的是,在发展需求最高的那部分家庭,获得的教育救助却陡然降低然后趋于平缓。可能的解释是各地教育救助发放金额大多采取定额发放标准,即各地区根据经济发展水平和情况,依据受助学生对象的不同学历层次,每年发放定额补助。定额的教育救助金能较好地回应那些较低发展需求的家庭,随着边际效应递减,定额定量的教育救助金额对较高发展需求,如在读子女较多、教育支出较高的家庭带来的救助回应则相对较低。

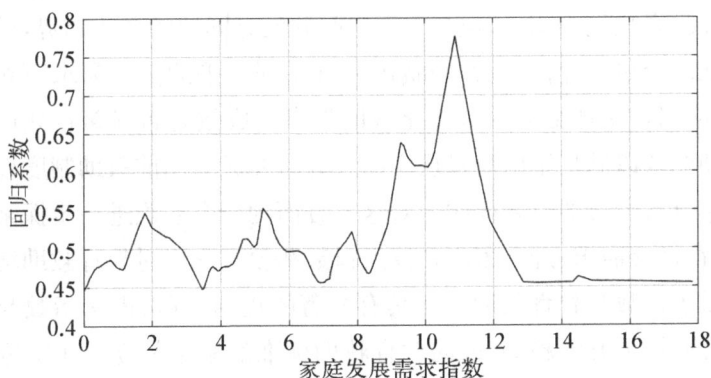

图 3 - 2　发展需求与教育救助契合度

图 3 - 3 显示的是健康需求与医疗救助之间的契合度。曲线走势说明医疗救助与贫困家庭的健康需求不相吻合,否定分假设 3。应加强对贫困家庭的医疗需求评估,进而制定出契合不同医疗需求的救助标准,切实满足贫困家庭健康需求。

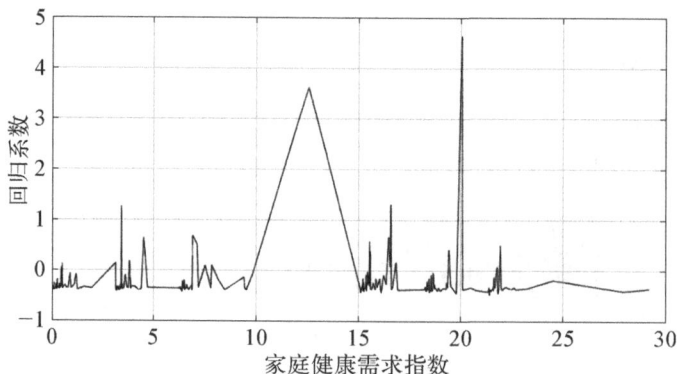

图 3‑3　健康需求与医疗救助契合度

四、本章小结

本章的分析核心在于厘清贫困家庭底线需求对与救助标准之间的契合度，以考量救助名义标准(个人及家庭实际获得的救助金额)的合理性，主要得出以下三个结论：

第一，在生存需求方面，家庭吃、穿、住三个基本生活指标(食品支出、衣着支出与家庭人居住房面积)对低保救助标准具有显著影响，"吃得饱、穿得暖、住有所居"的底线生存需求成为低保救助标准的重要依据。家庭生存需求指数对低保救助标准的影响较为明显，但是二者之间并没有同向的变化趋势，说明当前低保救助标准的给付差异性不大，与贫困家庭不同水平的生存需求不相契合。这提示我们，应当切实评估低保差异化救助带来的成效是否显著？如何科学制定差异化救助标准以满足不同需求层次的家庭需要成为当前救助制度设计和标准制定的改革急需考量的重要问题。对这一方面的研究还须进一步探索和完善。

第二，在发展需求方面，家庭在读人口数和教育支出对教育救助均有显著影响。发展需求指数与教育救助金额具有显著的正向关联，需求指数与教育救助的变化呈现曲折上升的趋势，说明教育救助标准的制定是立足于家庭发展需求评估基础之上的。但是，还须关注那些家庭教育压力很大的贫困家庭，依据其教养需求，适当提升教育救助水平。

第三，在健康需求方面，医疗支出虽然对医疗救助金额具有显著影响，但是，家庭健康需求指数与医疗救助标准之间的不相关性提示我们，在关注贫困群体的医疗需求及其救助问题上，救助的标准制定前提是政策制定者利用有效的方式科学评估贫困家庭的救助需求,落实到家庭需求层面,发现隐藏在家庭不同结构下的各式各样的健康问题和需求程度,高质量地提供与需求相契合的医疗救助。医疗救助是以关注大病重病住院治疗为核心的政策设计,对大部分慢性病患者人群或需要门诊救治的贫困人群关注不够。

第四章
低保救助制度实施评估
——救助实施与底线人群瞄准

第一节　救助对象精准识别与研究假设

一、救助对象的目标瞄准偏差界定与瞄准评估现状

（一）目标瞄准的界定

李棉管（2017）引用了范德瓦尔的观点，认为政策瞄准机制分为广义瞄准和狭义瞄准。本书所说的是"狭义瞄准"，主要是专门对反贫困政策而言的，指的是反贫困政策是否能将所有贫困对象纳入救助范围，将那些占用资源的非贫困者排除出去。从结果视角看，将政策资源毫无偏差的发放给受助者是不太容易实现的事情。因此狭义的瞄准偏差会有两种不同的"瞄准偏差"：一是"应保未保"，意思是还存在贫困的对象没有被政策覆盖，统称为"漏保"（后文皆使用这一说法）；二是"漏出偏差"，指的是非贫困的人员被纳入政策帮扶，挤占了反贫困政策的资源。即"错保"（后文皆使用这一说法）①。

在具体的实证研究中，如何区分两类目标瞄准偏误的样本，美国知名学者Dellaportas G(1980)提出集合理论清晰的回应了这个问题。他将研究对象分为"贫困家庭"与"获得救助的家庭"，在政策毫无偏差的理想情况下，二者可以完全重合②。然而，沃克指出，瞄准偏差在社会政策中普遍存在（李棉管，2017）。因此，按照贫困与否和救助与否，可以将研究对象分为四大类，分别是：贫困者被

---

① 李棉管.技术难题、政治过程与文化结果——"瞄准偏差"的三种研究视角及其对中国"精准扶贫"的启示[J].社会学研究,2017,32(01)：217-241+246.

② 周冬霞.城市低保目标瞄准政策的评估与完善[D].武汉大学,2015.

救助(准确救助)、贫困者未被救助(漏保)、非贫困者被救助(错保)与非贫困者未被救助(准确排除)①。通过每个子集的比例大小,就可以判断目标瞄准情况。

(二)救助目标瞄准的评估研究现状

伴随着低保政策的实施进展,政策的瞄准偏差一直存在。但是数据显示,我国的救助政策中,漏保比错保更为严重。如 2004 年,国家统计局对 35 个大中城市的低保救助进行测算,结果显示有近一半的收入处于低保线以下的贫困人口没有被救助,准确的识别瞄准率只有 67.6%②。也就是说有超过 50% 的贫困人口漏保,30% 左右的人口错保;2005 年,中科院社会政策研究中心对 7 个省会城市直辖市开展居民家庭入户问卷调查,样本量为 3 500 个。经数据处理与分析得知,错保、漏保现象普遍存在,错保率和漏保率均值为 4.09% 和 11.63%。2006年,"根据世界银行的分析,当前的城市低保覆盖率仅为 1/3(实际救助的贫困人口与贫困人口占比)"③(唐钧,2008)。2014 年,民政部实行"错保"专项整治,复核 6 429 万名城乡低保对象,共有 416 万人退出低保,其中,清退"人情保""错保"25.7 万人,占全部核查对象的 0.4%。同时,各地民政部门对困难群众进行了全面摸底调查,符合条件的困难群众及时纳入低保。全国共新增的城乡低保对象 296 万人,这 296 万人相对于核查前就是实实在在的漏保人口,占了全部核查对象的 4.6%。以上数据表明,在政策执行下,救助政策的目标瞄准偏差中,漏保比错保更加严重。

学者们对"漏保"、"错保"情况也进行了分析和研究。易红梅、张林秀(2011)通过农户调查数据,利用赤贫指数多维度的测量农村低保目标瞄准,结果显示,农村低保存在较为严重的漏保现象④。曹艳春(2016)对我国城市"低保"制度的靶向精准度进行实证分析。研究发现,瞄准精准度方面,被救助对象的瞄准精准度较低,覆盖面充足性不足⑤。韩华为、高琴(2017)基于家庭追踪调查数据,使用收入标准核查农村低保目标瞄准,结果表明农村低保相较于错

① Dellaportas G. The Effectiveness of Public Assistance Payments in Reducing Poverty[J]. American Journal of Economics & Sociology,1980,39(2):113-121.
② 唐钧.城镇低保:应保尽保和错保、漏保[J].社会观察,2008(01):52.
③ 唐钧.城镇低保:应保尽保和错保、漏保[J].社会观察,2008(01):52.
④ 易红梅,张林秀.农村最低生活保障政策在实施过程中的瞄准分析[J].中国人口.资源与环境,2011,21(06):67-73.
⑤ 曹艳春.我国城市"低保"制度的靶向精准度实证研究[J].中央财经大学学报,2016(07):3-12.

保,漏保具较高[1]。朱梦冰、李实(2017)利用 2013 年住户调查数据对现行农村低保瞄准问题的分析表明,即使按照多维贫困标准,农村低保的瞄准率虽有所提高,但覆盖率仍然较低,仍有 80% 以上的贫困人群没有被低保有效覆盖[2]。

二、研究假设

研究假设 2：低保救助制度实施过程基本实现了"应保尽保"。

按照低保救助制度的设计,明确规定低保实行属地管理原则,拥有本地户籍的居民,家庭人均收入低于低保标准的,均可申请享受本地区低保待遇。前文对贫困救助群体的特征描述分析可知,被救助群体具有个体失能、家庭经济弱势的特征。提出如下分假设:

分假设 1：贫困对象个体失能和经济弱势对是否获取低保救助具有显著影响。
分假设 2：救助对象的目标瞄准较为准确,基本实现"应保尽保"。

第二节　数据来源、变量选取与评估模型构建

一、目标瞄准评估数据说明

按照目标瞄准的界定和目标瞄准偏差的分析,将是否获取救助与是否为贫困群体进行交叉分为四类,如表 4-1 所示。

表 4-1　目标瞄准情况分类

救 助 情 况	获 取 救 助	未 获 取 救 助
贫困对象	瞄准正确	弃真错误(漏保)
非贫困对象	取伪错误(错保)	排除正确

表格参考自：周冬霞.城市低保目标瞄准政策的评估与完善[D].武汉大学,2015.

---

① 韩华为,高琴.中国农村低保制度的保护效果研究——来自中国家庭追踪调查(CFPS)的经验证据[J].公共管理学报,2017,14(02)：81-96+156-157.
② 朱梦冰,李实.精准扶贫重在精准识别贫困人口——农村低保政策的瞄准效果分析[J].中国社会科学,2017(09)：90-112+207.

　　对救助对象的目标瞄准评估研究,不能仅仅关注已纳入救助范围的群体。需要包含贫困与非贫困对象、获取救助和没有获取救助的样本。经统计发现,本书所采用的《完善社会救助制度研究》课题组 2014 年开展的问卷调查数据中,有 98％以上的样本为获取低保救助的群体,按照目标瞄准分类,只能分析获取救助对象中的瞄准准确率和错保率,即评估是否有错保现象的存在,存在的比例是多少? 由于样本类别缺失,而无法评估未获得救助的漏保概率。为了更加全面的评估救助目标瞄准情况,评估数据采用 2013 年"中国社会状况综合调查"(简称 CSS)的数据进行分析。

　　本书的研究设计中需要包含低保救助变量、个体弱势特征变量及家庭经济核查类数据等几方面的指标。目前比较通用的数据中,测量居民基本生活的数据较多且更新比较及时,大多具有连续的面板数据。但是,本书需要 2013 年的截面数据,中国家庭追踪调查(CFPS)数据只有 2012 年的问卷包含了"是否获得低保救助"和"所获低保金数额"两项信息,时间上与本书不相契合。而在中国综合社会调查(CGSS)数据中,则没有测量获得低保救助的数据。综上考量,只有 CSS 数据能够满足本书的研究要求。

　　之所以选择 2013CSS 的数据进行定量分析,而没有使用其他年份的数据,跟本书的时间契合度、研究样本、研究设计有关。从时间上说,CSS 调查每两年收集数据一次,使用 2013 年 CSS 数据在时间上与本书研究基本保持一致。从研究主题与样本代表性上来说,本书探讨的主题是救助对象目标瞄准评估,研究的重点是通过救助对象的错、漏甄别,将救助的视角扩展到未被救助政策帮扶的弱势群体。2013 年 CSS 数据与《完善社会救助制度研究》课题组的问卷调查数据相比,拥有更全面的样本代表性。而且研究使用的评估变量数据均可在 2013CSS 数据中获取。CSS 数据作为具有代表性的全国性高质量微观调查数据,在社科领域得到广泛应用,内含家庭和个体层面的人口、社会和经济等方面的信息,可以充分地满足本书的实证分析需求。基于以上考量,本书研究使用 2013 年 CSS 数据进行低保救助目标瞄准效率的评估分析数据。

　　2013CSS 的调查主要采用概率法进行样本抽样,然后通过入户访问的问卷形式收集数据信息,每隔一年进行一轮调查,调查区域覆盖了全国 30 个省/自治区/直辖市,样本涵盖 18 周岁以上的被调查者。调查样本量为 10 206 个。除去缺失值和奇异值、极端值,本书研究样本为 9 814 个,其中城市样本 5 369 个,农村样本 4 445 个,获取低保救助的样本为 440 个。

二、多维贫困指数的构建

做低保目标瞄准评估,需要确定贫困临界值,以判断样本家庭是否为贫困家庭,将贫困状况与实际是否获得低保进行对比,核算出低保救助的瞄准率。因此,对贫困临界值的核算标准,是低保目标瞄准评估的关键。现有研究主要采用收入标准(李艳军,2011;刘凤芹、徐月宾,2016)、倾向得分分析法(韩华为、徐月宾,2013;韩华为、高琴 2017,韩华为,2018)、赤贫指数(易红梅、张林秀,2011)三个标准确定样本家庭是否为贫困家庭。

采用收入标准的方法确定贫困,一般采用我国官方公布的人均年收入贫困线和世界银行提出的两条国际贫困线为标准确定贫困与否。倾向得分分析法确定贫困与否的通常做法是:设定一个潜变量,采用 probit 模型来估计是否获得低保的各类多维贫困自变量前面的系数。根据模型的估计结果,将每个样本因变量的估计值进行拟合,得到总样本中每个样本家庭获得低保救助的倾向性分数,以该分数作为标准识别贫困家庭,分数越高,贫困程度越高。赤贫指数包含三个基本要素:满足基本生存需要的能力、生产性资产的可及性、转移支付的可及性,从而能很好地识别穷人。做法是对变量进行归一化处理和赋值,值越大,表明家庭基本情况越优越,反之,则表示家庭生计状况越糟糕。然后利用主成分分析计算出用来构建赤贫指数的所有变量的权重、均值、标准差,根据公式计算出赤贫指数。将赤贫指数高低排序,分为若干组别,再统计各类组别中的低保比例,分析错保和漏保的基本情况。

以上方法各有所长,但是都存在弊端,收入法太过简洁,可能无法全面识别不同贫困家庭,导致目标瞄准评估出现偏误;倾向得分分析法的分值为回归分析中各自变量的估计值,回归分析的因变量为是否获得低保,这样做的潜在前提就是当前获取低保的数据不存在偏误,这与其低保目标瞄准评估的研究目的自相矛盾。赤贫指数从可持续生计的角度度量贫困,然后再将贫困程度与是否获得低保救助的事实做对比,评价是否存在错保和漏保。但是,没有一个明确的赤贫指数临界值直接标示贫困与否,难以准确计算出具体的错保率和漏保率,无法准确度量出低保目标瞄准的高低。

本书采纳以上各方法的长处,参照赤贫指数的核算方法,依据多维贫困指标,构建"多维贫困指数"。在确定贫困临界值时,应该以哪条线为准是一个亟待解决的问题。一般而言,以官方公布的贫困人口占比情况作为划分依据。但是贫困人口与低保人口并不是完全重合的概念,贫困人口数大于低保人口数。如果将贫困人口占总人数的比例值作为贫困指数临界值的划分标准,必然会出现"人为错保"。因此,做低保目标瞄准评估,尤其包含了错保评估,应在实际低保救助人数范围内做研究。2013CSS 全国调查数据具有较好的样本代表性,为了避免临界值取值的不同导致的评估偏误,本书采纳倾向得分分析的做法,根据实际获得的低保户数量 N,规定多维贫困指数分数最高的前 N 个样本家庭为贫困户,开展低保目标瞄准评估研究。

依据学者的方法,多维贫困指数的核算前,需要对所有变量进行归一化赋值,值越大,表示该变量蕴含的贫困弱势状况越轻。正向指标根据公式(4-1)、负向指标依据公式(4-2)进行归一化处理,二分类的 0、1 变量则维持原值。

$$a_{ji} = \frac{x_{ji} - x_{\min_i}}{x_{\max_i} - x_{\min_i}} \qquad (4-1)$$

$$或 \quad a_{ji} = \frac{x_{\max_i} - x_{ji}}{x_{\max_i} - x_{\min_i}} \qquad (4-2)$$

其中,x_{ji} 为样本 j 在变量 i 上的取值;$x_{\min_i}$ 为变量 i 的最小值;$x_{\max_i}$ 为变量 i 的最大值;a_{ji} 为变量归一化后取值。归一化处理将样本取值限定在[0,1]范围内,缓解原始变量的量纲差异对模型估计结果的影响[①]。

归一化的变量需要确定指标权重,本书沿用学者的方法,利用主成分分析(PCA)计算出变量的权重(W_i),再计算各变量的均值(m_i)和标准差(S_i),根据公式(4-3)计算出每个样本家庭的多维贫困指数(D_j)。样本家庭的多维贫困指数越大,表示其贫困程度越高。

$$D_j = \sum_{i=1}^{k} [W_i(a_{ji} - m_i)]/S_i \qquad (4-3)$$

三、变量权重及均值、标准差描述性统计

低保救助目标瞄准的研究需要首先确定评估标准和维度。低保政策明确规定凡家庭人均纯收入低于低保线即可申请低保,低保线的设定只采用收入维度的标准。因此,传统的瞄准评估研究方法主要采纳收入变量作为识别贫困的

---

① 易红梅,张林秀.农村最低生活保障政策在实施过程中的瞄准分析[J].中国人口·资源与环境,2011,21(06):67-73.

标准。

学者研究发现,瞄准评估中如果采用单一的收入贫困标准测算瞄准效率,数据结果会高估农村低保的瞄准偏误,尤其是高估其漏保偏误,即会造成我国救助政策实施的项目瞄准效果被低估(韩华为,2018)。随着政策的不断完善,当前城乡低保在政策瞄准的实施过程中采纳了更宽泛的贫困识别标准。如低保救助信息比对系统的建立,使得在政策执行中识别低保人群时,地方民政部门会参照其他标准如家庭住房、存款、车辆、社保等财产信息状况、医疗费支出等综合判定申请者是否该被纳入低保。也就是说,多维标准是识别过程和结果的重要影响因素。因此,做目标瞄准评估的政策研究时,采用多维度贫困识别标准是纠正贫困测量误差的重要方法。此外,从不同的低保实施过程看,在申请和审核、动态管理等阶段,一般采用居民具有共性的个人及家庭层次的贫困维度进行贫困识别。个体层面包括人力资本因素、健康状况等风险冲击以及家庭层面的家庭人口结构、财产经济类指标来进行贫困的识别与瞄准(韩华为、高琴,2017)。在民主评议、救助发放的环节,学者认为,当低保资源被分配到各个居委会或者村委会之后,基层干部尤其是村委干部在确定社区内部低保资格时具有较大的影响力。我国是典型的具有差序格局的熟人社会,社区层面的社会关系等结构性因素对于获取社区内资源具有重要影响。基于以上考量,本书依据学者提出的多维贫困测量指标及可能影响低保救助资格获取的社区因素,构建多维贫困指数的所有变量,并采用归一化方法处理变量值,然后运用主成分分析法确定变量权重并计算变量的均值和标准差。

主成分分析的结果表明,涉及的变量中,只有前 13 个变量的特征值大于 1,数据显示为显著。基于 PCA 方法计算指标权重的依据是若干主成分的方差贡献率,贡献率越高的指标权重越大。该方法实质是对各主成分组合的系数进行加权平均和归一化处理。

要确定指标权重需要知道三个信息:① 指标在各主成分线性组合中的系数即成分矩阵中的载荷数;② 主成分的初始特征值和方差贡献率;③ 指标权重的归一化。

$$\partial_{x_n} = \beta_n / (\alpha_n)^{1/2} \tag{4-4}$$

$$X_n = \frac{\sum \partial_{x_n} \times \lambda_n}{\sum \lambda_n} \tag{4-5}$$

具体的计算过程是：首先，某一变量的载荷数 β_n 除以对应的初始特征根的开方 $(\alpha_n)^{1/2}$，以此方法分别计算出各指标在 13 个主成分线性组合中的系数 ∂_{x_n}，具体公式如（4-4）所示。然后，依据式（4-5）对各指标系数 ∂_{x_n} 进行加权平均处理。权重为各指标的方差贡献率 λ_n，得到该指标权重 X_n。对上述系数进行归一化处理，归一化后系数可视为该指标权重，最后结果如表 4-2 所示。

表 4-2　主要自变量权重及均值、标准差

变量名称		权重	均值	标准差
户主特征	年龄	0.001 5	0.490 0	0.252 0
	性别	0.010 6	0.550 0	0.497 0
	婚姻状况	−0.008 7	0.160 0	0.363 0
	是否有工作	−0.014 6	0.280 0	0.447 0
	受教育年限	0.015 4	0.552 8	0.231 4
	自评健康	0.016 4	0.361 9	0.253 1
人口结构	儿童人数	0.036 2	0.108 4	0.116 1
	老年人数	0.018 3	0.291 0	0.240 9
家庭收入与财产	人均收入	0.048 1	0.994 5	0.018 1
	现金资产	0.038 3	0.996 2	0.021 3
	经营资产	0.036 7	0.998 0	0.024 8
	动产资产	0.040 5	0.991 9	0.023 7
	债务总额	0.009 0	0.003 4	0.019 1
家庭住房	住房面积	0.027 5	0.953 3	0.045 6
	建筑质量	0.023 4	0.540 0	0.498 0
	有无干净自来水	0.041 2	0.190 0	0.395 0
	有无清洁燃料做饭	0.034 0	0.360 0	0.481 0
	有无独立洗浴设施	0.055 7	0.260 0	0.437 0
	有无独立厨房	0.036 5	0.060 0	0.234 0
	有无独立厕所	0.054 8	0.120 0	0.323 0
生存压力	住房条件差	0.056 8	0.380 0	0.486 0
	教育支出困难	0.031 1	0.220 0	0.414 0

变量名称		权　重	均　值	标准差
生存压力	子女管教问题	0.016 6	0.670 0	0.472 0
	家庭关系问题	0.043 4	0.300 0	0.459 0
	医疗支出困难	0.049 9	0.320 0	0.465 0
	物价上涨	0.027 9	0.210 0	0.406 0
	收入太低	0.056 4	0.470 0	0.499 0
	家人工作问题	0.024 6	0.300 0	0.457 0
	赡养负担重	0.050 6	0.110 0	0.309 0
	工作负担太重	0.003 1	0.070 0	0.257 0
	人情支出大	0.006 9	0.040 0	0.198 0
	遭遇欺诈等犯罪	0.058 8	0.190 0	0.390 0
	投资失利	0.051 2	0.040 0	0.207 0
社会关系	寻求家人帮助	0.021 3	0.140 0	0.348 0
	寻求朋辈支持	0.040 2	0.330 0	0.470 0
	寻求村/居委帮助	0.000 9	0.670 0	0.469 0
城乡区域	城乡	−0.070 2	0.550 0	0.498 0
	区域	0.009 6	0.500 0	0.500 0

第三节　研究结果

一、获得低保救助的影响因素分析

为了初步探索当前获取低保的影响因素,分析贫困对象个体失能和经济弱势、生存压力对获取低保救助是否具有显著影响。表 4 - 3 给出了 logistics 模型的回归结果。

在模型 1 中,"低保者个人特征因素"对低保救助金额没有影响被否定,不过所有显著均是负向的,即"低保者个人因素"的六个变量的结合能明显的负面预测被解释变量。从每个自变量的回归系数看,低保受助者个人年龄、性别、婚姻状况、有无工作、教育水平、身体健康对获取的月低保金额具有显著的负面影响。

表 4－3　是否获取低保救助的影响因素分析

变 量 名 称		模型 1		模型 2		模型 3	
		回归系数 B	标准误	回归系数 B	标准误	回归系数 B	标准误
户主特征	年龄	0.016***	0.004			0.013**	0.005
	性别	−0.413***	0.106			−0.396***	0.108
	婚姻状况	−0.866***	0.122			−0.807***	0.125
	是否有工作	−0.373**	0.113			−0.363**	0.117
	受教育年限	−0.074***	0.014			−0.050**	0.015
	自评健康	−0.137***	0.021			−0.103***	0.022
人口	儿童人数	−0.071	0.054			−0.083	0.057
	老年人数	−0.023	0.049			−0.014	0.050
收入与财产	人均收入			−0.271***	0.067	−0.135*	0.065
	现金资产			−0.062	0.062	−0.049	0.056
	经营资产			−0.170	0.109	−0.110	0.093
	动产资产			−0.044	0.049	0.002	0.037
	债务总额			0.011	0.019	0.007	0.019
家庭住房	住房面积			0.002	0.001	0.000	0.001
	建筑质量			−0.176	0.113	−0.142	0.116
	有无干净自来水			0.131	0.131	0.046	0.135
	有无清洁燃料做饭			−0.322**	0.121	−0.244	0.126
	有无独立洗浴设施			−0.317*	0.127	−0.165	0.131
	有无独立厨房			−0.107	0.199	−0.241	0.205
	有无独立厕所			−0.276	0.159	−0.133	0.164
生存压力	住房条件差					−0.022	0.110
	教育支出困难					0.189	0.127
	子女管教问题					0.085	0.114
	家庭关系问题					0.254*	0.114
	医疗支出困难					0.118	0.111
	物价上涨					−0.194	0.139
	收入太低					0.288*	0.119

续 表

变量名称		模型1		模型2		模型3	
		回归系数B	标准误	回归系数B	标准误	回归系数B	标准误
生存压力	家人工作问题					0.039	0.115
	赡养负担重					−0.301	0.186
	工作负担太重					0.118	0.197
	人情支出大					−0.317	0.337
	遭遇欺诈等犯罪					−0.085	0.147
	投资失利					−0.154	0.230
关系	寻求家人帮助					−0.157	0.138
	寻求朋辈支持					−0.208*	0.106
	寻求村/居委帮助					0.578***	0.103
区域	城乡	−0.009	0.111	−0.268*	0.120	−0.322*	0.128
	区域	−0.364***	0.103	−0.334**	0.104	−0.306**	0.108
	常量	−0.998**	0.344	−1.808***	0.211	−0.653	0.441
	模型系数的综合检验（模型）	246.449(df=10, sig=0.000)		128.966(df=14, sig=0.000)		359.417(df=38, sig=0.000)	
	−2对数似然值	3 345.738		3 463.221		3 232.770	
	Nagelkerke R方	0.081		0.043		0.117	
	Hosmer和Lemeshow检验	卡方(3.850)(df=8) Sig(0.870)		卡方(7.143)(df=8) Sig(0.521)		卡方(10.622)(df=8) Sig(0.224)	
	N	9 814		9 814		9 814	

注：显著度：* p<0.05，** p<0.01，*** p<0.001。

模型2引入了低保受助者"家庭经济因素"，想要回答的问题是低保家庭的经济因素是否对领取的低保金额具有显著地影响？现实低保审核的家计调查和文献研究表明，和其他变量相比，家庭经济收入、支出等因素通常在确定低保救助金额的时候具有重要地位，从回归模型2的判断系数看，"家庭经济结构因素"对低保救助金额具有显著影响。从回归系数来看，"家庭经济结构因素"中的家庭人均收入、家庭住房质量等三个变量对城市低保救助金额具有显著影响。

模型 3 引入生存压力和社会资本等因素,结果显示教育和医疗压力并没有显著影响低保救助金额,低保救助对支出型贫困瞄准不足。

二、制度实施工作成效评估——目标瞄准的实证检验

对当前获取低保的影响因素分析可知,户主个体失能特征和经济收入弱势对获取低保具有显著影响,可见低保救助的审核瞄准更多地采用了多维贫困指标,而非单一的经济收入标准。进一步论证本书构建多维贫困指数进行低保目标瞄瞄准评估的合理性。获取村/居委干部帮助对获取低保救助具有显著影响,这得到了学者韩华为的研究证实。说明在低保政策的实施层面,基层精英对救助资源的把控仍然较强,可能在实际执行中存在问题,未来需要进一步完善。那么,当前的低保救助瞄准效果究竟如何,本部分进一步根据前文构建的多维贫困指数,进行分析。

将多维贫困指数的相关变量进行归一化处理后,根据主成分分析法确定指标权重,根据公式(3)计算样本家庭多维贫困指数,数值越高,贫困程度越轻。以0.1 为间隔标准,将多维贫困指数由低到高进行分组排序,分为 9 组,用 1—9 的阿拉伯数字代替,得到不同贫困程度下的低保数。如表 4-4 所示。

表 4-4　多维贫困识别下四类目标瞄准情况分类

多维贫困指数排序	获得低保数	百分比	累计百分比
1	202	45.91	45.91
2	55	12.50	58.41
3	45	10.23	68.64
4	42	9.54	78.18
5	31	7.05	85.23
6	23	5.22	90.45
7	15	3.41	93.86
8	5	1.14	95.00
9	22	5.00	100.00
合计	440	100.00	

注:百分比=获得低保数÷440×100%。

表中的数据表明,最贫困的家庭(序号为 1)中,有 45.91% 的家庭获得低保

救助;即使是 20％ 的样本中(序号 1—2),低保救助也只占比 58.41％;在多维贫困指数处于最低端的 40％ 的家庭获得了 78.18％ 的低保资格。以上数据说明,低保救助存在较为严重的漏保现象。此外,在最富裕的家庭(序号为 9)中,有 5％ 的家庭获得了低保救助资格;最为富裕的 40％ 的家庭(序号≥6)却得到了近 9.5％ 的低保资格,说明低保救助存在错保问题。

采用同样的方法,本书对城乡样本家庭也根据多维贫困指数分别进行了排序,结果发现,在最贫困的家庭(序号为 1)中,城镇家庭和农村家庭分别有 26.1％ 和 67.6％ 的家庭获得了低保救助;可见,城镇低保的漏保率更高。在最富裕的家庭(序号为 9)中,城镇和农村家庭获取的低保资格占比分别为 8.7％ 和 1.0％;最为富裕的 40％ 的家庭(序号≥6),城镇家庭和农村家庭分别有 22.2％ 和 6.7％ 的家庭获取了低保资格。以此可以推断,城镇低保的错保率可能高于农村。以上数据分析表明,采用多维贫困指数进行低保救助目标瞄准评估,可以发现,目前,低保目标瞄准存在错保和漏保,分假设 2:低保救助制度实施过程基本实现了"应保尽保"没有被验证。

三、救助实施过程与底线人群瞄准偏差

(一)救助实施过程与底线人群瞄准程序

低保救助作为一项瞄准性政策,救助实施的首要过程就是对贫困对象"精准识别",这一过程的重点是如何在众多申请者甄别出真正需要被救助的贫困对象以及筛选出那些未被救助政策关切到的底层边缘人群。当前低保救助政策的目标瞄准程序主要为:申请受理、家计调查、民主评议、审核审批和公示批准、发放救助金等环节,具体如图 4-1 所示。

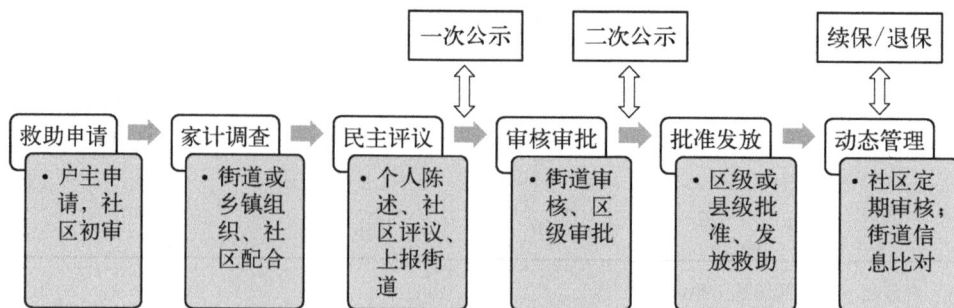

图 4-1 低保救助目标瞄准程序的流程图

以作者调查的样本城市为例,关于低保救助对象的认定在制度层面已经较为完善。申请者首先要提出书面申请,并提供非常详细的证明材料,包括家庭收入、财产情况的书面说明及同意进行居民家庭经济状况核对的委托书,居民户口簿、家庭全体成员身份证原件和复印,居住地与户籍地不一致的,应有户籍地民政部门出具的未享受最低生活保障证明,在法定劳动年龄段内有劳动能力但未就业的家庭成员,须提供有关求职登记证明、下岗失业证、培训和推荐就业情况等证明,有在校学生的家庭,应当提供子女就读学校证明等多达十二项根据自身情况需要提交材料的具体规定。在群众提出申请并提交材料给当地居(村)委会后,低保专干对材料齐全的予以受理,并逐一开展家庭经济情况审查,调查核实的方式有信息核对、入户调查、邻里访问以及信函索证等方式,每组调查人员不得少于 2 人;对于材料不齐全的一次性说明情况,经过调查不符合申请要求的要书面告知。家庭经济状况调查结束后,街道办事处、乡镇人民政府应当在 5 个工作日内,在村(居)民委员会的协助下,以村(社区)为单位对申请人家庭经济状况调查结果的客观性、真实性进行民主评议,对于争议较大的,应当重新核实其家庭经济情况。审批工作应当按照村(居)民申请,村(居)民委员会调查,街道办事处、乡镇人民政府审核,区民政部门审批的步骤实施。各环节的审核审批工作不得超过 10 个工作日。总体而言,低保救助制度在救助对象的资格认定和审核十分规范和严格,从申请到最后的结果公示,每一步骤的操作都有具体而明确的规定,尤其是对审核时间和审核流程的细致要求,将救助工作真正落到实处。

在低保救助的管理层面,将经批准享受最低生活保障待遇人员的信息录入城乡最低生活保障信息管理系统,实现救助对象信息的网络化。区民政部门根据最低生活保障对象的年龄、健康状况、劳动能力以及家庭收入来源等情况对最低生活保障家庭实行分类管理,原则上要求城市按月、农村按季复核,并及时公布复核情况。对最低生活保障家庭实行长期公示,完善面向公众的最低生活保障对象信息查询机制,公开最低生活保障监督咨询电话,主动接受社会和群众对最低生活保障审核审批工作的监督、投诉和举报,对接到的实名举报,进行逐一核查,并及时向举报人反馈核查处理结果。目前,低保救助监督机制主要还是针对社会救助对象的,主要关于采取虚报、隐瞒、伪造等手段骗取最低生活保障待遇的,有着具体明确的规定,如当事人不如实提供从业单位和收入或家庭月人均实际收入高于最低生活保障标准,但未主动报告的,自调查核实当月起取消其最低生活保障资格,且 1 年内不得再次申请对于因故妨碍有关行政部门和最低生活保障经办人员的正常工作,侮辱打骂、致伤工作人员,经批评教育仍不思改过的半年内不得享受最低生活保障待遇。对最低生活保障信访事项,各级民政部门应当自受理之日起 60 日内办结信访人对复查意见不服的,可以自收到书面答复之日起 30 日内提出复核请求。对于骗保的处理还是较轻,且没有在制度层面完善具体的监督举报机制,如对于举报的途径、监督电话的公示以及具体方式等,监督的力量较为薄弱。关于对社会救助工作开展的监督是通过监察机关和审计部门每年要组织人员对最低生活保障资金的使用情况进行监督检查和审计,发现问题要及时依法处理。从事最低生活保障的工作人员,有滥用职权、收受贿赂、玩忽职守等违法违规行为的,对直接责任人和相关负责人依法依规追究责任,构成犯罪的,移交司法机关依法追究其刑事责任。总体而言,低保救助的监督管理机制已经初步建立,但监督力量较为薄弱,监督途径程序尚未规范,对于救助工作开展主体的监督管理不够重视,仍需进一步完善。综上,关于低保救助对象的申请审核、动态管理和监督机制在制度层面已经较为完善,但执行过程中仍有弊端。

(二)救助实施过程与救助对象瞄准偏差的原因分析

低保救助政策再完善,现实执行中总有疏漏,低保救助实施过程仍有瞄准偏差,本书结合已有研究和实践调查发现,分别从救助申请、家计调查、民主评议、审核审批、救助发放、动态管理六个工作流程中分析救助人群瞄准偏差的原因:

1. 救助申请与底线人群瞄准偏差

在救助申请受理阶段,学者从"文化结果"视角解释了低保救助政策中的"错保"与"漏保"现象,认为福利污名化是主要原因[①]。之所以羞耻感与污名化导致制度的主动排斥,施舍羞耻感和面子尊严意识是这种文化观念的通俗名称。学者发现,有部分符合资格条件的低收入家庭在知道有低保救助福利存在的情况下,不愿意提出申请。原因是领取福利给付等于向社会宣告这个家庭或个人是无力自足者,可能出现贴标签效应,由此被边缘化,从而更容易遭到社会排斥。一部分贫困者即使生活困顿,处于贫困边缘,但凡能够自食其力,也不会主动申请救助,导致对制度的"不利用"。据国外研究,救助资源的"不使用率"通常有 1% 到 2% 的,在世界范围内都属于普遍现象(唐钧,2008)[②]。

---

① 李棉管.技术难题、政治过程与文化结果——"瞄准偏差"的三种研究视角及其对中国"精准扶贫"的启示[J].社会学研究,2017,32(01):217-241+246.

② 唐钧.城镇低保:应保尽保和错保、漏保[J].社会科学文摘,2008(1):52-52.

在我国农村基层中,村干部掌握着社会政策的关键信息资源,居民因信息不对形成的弱势地位,使得权力寻租行为有机可乘,且往往难以被发现。近年来,关系保、人情保的大量出现表明,基层的权利寻租成为"错保"的重要原因。

申请程序的复杂和权利意识淡薄与福利权利的忽略。结合国情,对低保的"不利用"还可能是贫困者由于信息封闭,对政策文件的不知悉,自身权利意识的缺乏等,导致对政策的了解处于空白,更别提主动寻求救助了。低保救助实行"申请制",即只能由本人提出申请后才能被受理,否则,救助金是无法被获取的。如果对政策不知道或者无权利意识,导致他们没有及时申请,结果就自然就是排除在低保救助范围外,出现"漏保"。其次,复杂化的申请程序与证明材料,使得不具备行为能力的困境人群无法完成申请行为,得不到及时救助。救助申请程序较复杂,且要求许多证明文件,也非常费时。这对于那些重度残疾、文化水平不高、家庭矛盾尖锐等原因导致的特殊困难群体对低保救助望而却步。常常因为申报材料欠缺而被驳回申请,导致未能及时得到救助,出现"漏保"。

低保政策中的行为类型瞄准机制将一些不良行为的社会成员排除在政策救助范围外。如家庭成员中有吸毒、赌博、犯罪等违法行为的人员被排除在了保障范围之外;违法犯罪具有"一票否决"的威力,将"贫困者自身不良行为导致其贫困"的人员被排除在低保救助的门槛外。其次,基层执行者对不良行为具有较大自行界定空间,很可能出现主观认定的不客观性,从而出现"漏保"。

作者认为,除了学者阐述的文化结果因素外,其他客观因素同样需要关切,如人口流动大背景下的人户不统一的问题,多地低保政策规定,对申请人申请条件之一就是:必须在户籍所在地申报,但是外出务工、就学、就医等因素下,很多符合条件的低保对象没有及时申请低保,造成"漏保"。

2. 家计调查与底线人群瞄准偏差

李棉管(2017)分析了目标瞄准机制的"技术难题",认为当前的瞄准机制比较简单,与比较复杂的社会现实问题和社会环境不相匹配,从而导致相应的技术难题,导致瞄准偏差的产生。学者发现农村低保的瞄准偏误有相当部分是贫困测量误差所导致(韩华为、徐月宾,2013)[①]。在个体与家庭收入测量瞄准机制下,低保基层工作人员在进行家庭收入核定时候面临困难,目前低保的信息比对系统是以银行账户、社保金缴纳为基础的,那么家庭收入尤其是隐性收入和灵活

---

① 韩华为,徐月宾.农村最低生活保障制度的瞄准效果研究——来自河南、陕西省的调查[J].中国人口科学,2013(4):117-125.

性收入难以核查。比如会面临救助申请者拥有一些隐性收入无法核查、刻意隐瞒、人户分离、户口空挂等，收入审定成本高、难度大等问题（祝建华，2011）[①]。当然，低保的动态调整需要依据精准的经济状况核查。低保救助和核查政策规定由"街道主导，社区协助"的分工管理模式，实际上主要是由社区中的低保专干完成核查工作，那么低保专干的工作效率、工作能力和责任意识极大地影响了核查工作的公平性和准确性。此外据调查了解到，低保救助对象人数众多，而低保核查人员较少，在有限的时间成本下，想要做到每户精准调查和动态审查，是很难做到的。刘华峰（2003）研究发现，在低保实施过程中，就出现经济调查缺失[②]。这种收入测量目标瞄准的方法导致贫困识别的困难和识别偏差，出现"漏保"和"错保"。

基于收入的家计调查，忽略对支出型贫困家庭的救助。低保政策的目标定位是维系基本温饱，主要立足于家庭经济收入核查，基于差额救助。当前，对那些因病、因学、因房、因老等导致的支出型贫困家庭，主要以医疗救助、教育救助、急难救助、住房救助等一系列临时救助、专项救助政策解决（刘念，2016）[③]。但是，临时救助政策与低保救助的标准各地区呈现出较大差异。如医疗救助，住院治疗金额必须达到一定额度才会给予救助，且救助疾病的种类、救助药品的类别、救助金额等都有限制。那些低于住院治疗金额、靠吃药长期维持、不在救助疾病和救助药品类别外的对象，由于收入高于低保标准，即使大额的就医支出导致生活陷入困境，也依然被排除在了救助政策之外。

3. 民主评议与底线人群瞄准偏差

为了杜绝人情保、骗保、瞒保等"错保"现象，各地实行低保听证制度、审批旁听制度。如广东榆林对农村低保对象实行乡村两级现场评议（詹奕嘉，2012）[④]。在基层成立低保资格评审委员会，委员会成员为党员群众、具有公信力好口碑的居民以及退休的教师、工作人员等。在低保申请后，资格审核的第一关就先由评审委员会成员公开评议。农村社区属于熟人社区，在这一过程中，对居民家庭情况都有较为清晰的认知，让不符合救助标准的申请者无法"得逞"。但是，基层社

---

① 祝建华.城市低保制度目标定位过程中的家计调查及方法改进[J].浙江工业大学学报（社会科学版），2011(1)：13-18.

② 刘华峰.经济调查在完善最低生活保障制度中的作用[J].社会，2003(11)：34-37.

③ 刘念.低保姓低[N].人民日报，2016-11-04(015).

④ 詹奕嘉.低保"含金量"高了，"关系保""人情保"也多了[N].新华每日电讯，2012-12-31(005).

区也有较为复杂的人际关系,民主评议的简单化程序可能会被复杂的人情世故、亲疏关系所侵占。我国是典型的关系型社会,那些与民主评议成员有强关系和弱关系的差异,可能导致民主评议的公正性和客观性,造成小范围的区域排斥效应。尤其是那些"人缘"不好的边缘贫困人群,很可能会被不合理的排除在外。此外,基层民主政权由于"监督不足",使得政策公开与公示制度在很多基层流于形式,导致基层民主执行力困境,导致民主评议的混乱和缺位。在政治层面,贫困人群往往处于弱势的地位,表现在他们表达和追求自己利益的能力较低,信息渠道狭窄,掌握的资源少。尽管人数众多,但他们的声音很微弱。民主评议的过程问题可能使得他们对利益的表达很难得到接纳或者被直接地传达,出现"漏保"。

4. 审核审批与底线人群瞄准偏差

李棉管认为政府层级博弈与信息不对称会导致错保漏保。地方政府部门为了扩大中央财政支持,通过政治游说和信息控制等策略,谋生投机取巧行为(李棉管,2017)。其次,"上有政策、下有对策"的层级行政执行偏差逻辑下,低保政策基层执行出现救助工作的错乱。国家行政学院副教授李志明表示,基层特别是农村地区,低保实施出现一刀切现象,一些地方甚至会按比例分配低保名额(蒋云龙,2016)①。

5. 救助金发放与底线人群瞄准偏差

向特定贫困地区倾斜性投放公共资源成为缓解贫困的重要举措,但是,受到交通、通信等基础设施影响,救助资源的投放需要付出的成本巨大,降低当地居民获取救助资源的可能性(李棉管,2016)②。区域瞄准机制下,低保资源分配受客观制约导致漏保,由于空间限制,很多偏远山区和边境地区成为了低保救助遗忘的角落。低保发放与本地财政挂钩,当地方政府因财力捉襟见肘,在有限的资源范围内,受助群体人数自然就会减低。然而,地方政府的经济状况越是不好,符合低保标准的人可能越多。这种越穷越不保的恶性循环导致大量"漏保"现象产生。

"麻木的"或是"有偏好的"基层执行者导致救助资源分配的偏差。如耿羽(2012)研究发现,农村低保出现错位分配。指出低保甄选标准模糊、基层治理资

---

① 蒋云龙.应保尽保 怎防错保漏保[N].人民日报,2016‐11‐02(016).
② 李棉管.技术难题、政治过程与文化结果——"瞄准偏差"的三种研究视角及其对中国"精准扶贫"的启示[J].社会学研究,2017,32(01):217‐241+246.

源匮乏、"小私"逻辑是其主要成因①。印子(2014)在分析低保政策执行偏差中指出权力利益网络对低保资源的垄断性侵蚀,导致低保政策目标被消解②。由于基层治理资源匮乏,在面对基层治理工作中的矛盾、难点甚至是工作绩效时,往往通过分配低保救助资格等平衡策略、安抚策略来促进问题的解决,如出现的"拆户保"、"精准扶贫"绩效考核等,就是这一现象的典型,导致"错保"。

福利捆绑效应。现在很多地方将廉租房、养老保险、大病救助、教育救助、就业救助等全方位的救助体系与低保挂钩,低保户的低保金虽然不多,但与之捆绑的优惠政策非常多。政策的"捆绑效应"导致低保政策"含金量"不断提高,而这些捆绑的救助,使得低保户在生活保障基础上,还可能获得医疗救助、教育救助、住房救助等。现代文化中的利益导向驱动下,非贫困者吃低保现象大量出现。在许多地方,特别是乡土文化较重的农村地区,获取低保往往被看作是有能力的代表,获取低保救助意味着得到诸多的资源网,由此出现"错保"。

6. 动态管理与底线人群瞄准偏差

贫困不是一成不变的状态,因此低保救助也是动态化的,在低保救助实施过程中,也是要求基层干部对低保户家庭收入状况进行动态核查,实施灵活管理。低保实行动态管理,基本原则是有增有减、有进有出、及时跟踪。《社会救助暂行办法》规定,县级人民政府民政部门以及乡镇人民政府、街道办事处应当对获得最低生活保障家庭的人口状况、收入状况、财产状况定期核查。最低生活保障家庭的人口状况、收入状况、财产状况发生变化的,县级人民政府民政部门应当及时决定增发、减发或者停发最低生活保障金;决定停发最低生活保障金的,应当书面说明理由。为加强动态管理工作效率,对于不同类型的低保家庭,审核的周期各有不同。对城市"三无"人员和家庭成员中有重病、重残人员且收入基本无变化的低保家庭,可每年复核一次;对短期内家庭经济状况和家庭成员基本情况相对稳定的低保家庭,可每半年复核一次。对收入来源不固定、有劳动能力和劳动条件的低保家庭,原则上城市按月、农村按季复核。但在实际调研中,仍有4.8%的受访者表示在领取低保后相关部门并没有定期追踪,尤其是在农村,未追踪的占比更高。

在政策颁布和基层实践的改进经验中,民政部办公厅关于印发《低收入家庭

---

① 耿羽.错位分配:当前农村低保的实践状况[J].人口与发展,2012,(1):68-73.
② 印子.治理消解行政:对国家政策执行偏差的一种解释——基于豫南 G 镇低保政策的实践分析[J].南京农业大学学报(社会科学版),2014,14(03):80-91.

经济状况核对交换信息数据标准》的通知,各级民政部门加快建立低保救助申请家庭经济状况核对机制,核查低保对象家庭财产和经济收入,减少"错保"。据统计,有44.7%的县(市、区)建成了核对信息平台①。这些比对平台主要针对正在申请或者已经获取的救助对象进行经济状况的筛查,目的在于核实申请人的经济状况决定是否纳入救助范畴,或是为了查询救助对象是否实现脱贫,实行退保。各地民政部门纷纷建立主动发现机制,实施应保尽保,但主动发现机制成效有限。据统计,2014年,在新增的296万低保对象中,仅有28万人是主动发现机制筛查出的②。可见主动发现机制的全面摸底调查耗费的成本较大,救助瞄准效率提升有限。

学界研究和政府工作证实,大部分低保救助对象常年吃低保,普遍救助年限多、救助周期长,对福利依赖较强。2014年,民政部"错保"专项整治,数据显示,在复核的6 429万人中,除了动态管理正常退出的外,还有25.7万人属于"人情保、关系保"和"错保",人数占全部退出人数的6.18%。前文分析贫困者对"贫困标签"的反感导致其放弃福利申请。但是作为非贫困者,由于其自身社会经济地位的存在,是感知不到这种贫困标签的。低保带来的附加福利使得一些救助对象即使脱离贫困状态,大多不能主动退出低保,救助福利依赖较强。低保的"福利捆绑"效应带来的巨大利益吸引,让很多家庭对低保趋之若鹜,不想退出。

据调查得知,获得低保资格的家庭享受的福利待遇要远高于非低保家庭,于是出现了"断崖效应"。非低保家庭想方设法将家庭收入控制在低保线以下以获取低保资格从而获得更多的福利待遇,于是就在低保救助实践的过程中产生福利依赖现象。这种福利叠加一方面是救助制度内部的福利叠加,另一方面则是低保制度与其他扶贫政策的福利叠加。扶贫政策与其他部门的救济政策与低保身份简单挂钩,获得低保身份的家庭自动享受其他扶贫政策,使得低保制度出现了溢出效应。低保的福利叠加在一定程度上会造成福利依赖,也会产生很多问题:一是骗取低保。为了得到低保及其附带的福利待遇,不少处在低保边缘的家庭会采取多种手段得到低保资格,包括老人分户、隐瞒家庭实际收入等。这在一定程度上影响低保公平性,同时也使得低保本身的目的发生了扭曲;二是福利依赖。前文中有所提及,低保的福利叠加产生的一个重要后果就是福利依赖。有劳动能力的不想退出低保,因为他们工作的收入不是稳定的,且工作后的收入

---

① 潘跃.人情保关系保怎么破[N].人民日报,2016-11-03(010).
② 张维.全国清退人情保错保逾25万人[N].法制日报,2014-12-09(006).

不如低保补偿金额高;三是低保退出困难。通过各种非常规方法得到低保的受助者在短时间内很难退出低保,在农村地区尤其明显。

退出机制不完善也是造成瞄准偏差的重要原因。根据作者实际调查发现,根据受访者是否主动退保情况,85%的受访者表示是低保干部通知退保,15.0%的受访者是主动申请退保。不管是城市还是农村,低保群体的退出机制虽初步形成,但主动退出仍是少数。低保群体仍然是比较固定的救助群体,脱贫困难,难以退出救助。对受访者退保后的跟踪调查发现,62.5%的受访者认为退保后生活水平变差,20%的受访者生活水平没有变化,只有17.5%的受访者生活变好。可见,低保对象在退出低保后,返贫的可能性依旧很高。受访者退保后是否再次申请低保意愿的分布情况发现,67.5%的受访者表示希望再次申请低保,30%的受访者不愿再次申请低保,2.5%的受访者不确定。可见,在很多受访者的观念里,低保还是一项重要的生活来源,他们在退保后依旧期望能够再次申请低保。受访者再次申请低保是否存在障碍的分布情况发现,有54.1%的受访者认为"再进入比较难",35.1%的受访者认为"和以前一样",各有5.4%的受访者认为"会更简单"或"不清楚"。可见,低保对象大部分不愿意退出低保,即使退出低保,也觉得生活会变差,心理上形成依赖。

四、本章小结

本部分立足多维贫困视角,构建多维贫困指数,评估低保救助目标瞄准,检验救助政策实施过程的有效性。结果发现,贫困者的个体失能和家庭经济收入弱势对获取低保救助资格具有显著影响。但低保政策实施过程目标瞄准仍有错保和漏保现象。

从以上数据分析看,目前城乡低保救助工作有序展开,但是对目前在册的低保对象的动态管理工作还需要进一步完善,实行分类管理是有效的途径。具体而言就是符合条件的低保申请对象,则针对其致困原因、经济收入和困难程度不尽相同的实际情况,将低保对象分为一、二、三类进行管理。一类对象为无劳动能力、无经济来源和无赡(抚、抚)养人或赡(抚、抚)养人无赡(抚、抚)养能力的"三无"人员,属于特困家庭。这类低保对象靠政府永久供养,基本没有可变因素,每半年或一年入户复查一次,主要了解低保对象生活状况以及有无新增困难情况等;二类对象为家庭主要劳动力痴呆傻残、无劳动能力且子女未成年、患重大疾病、年老体衰的人员,属于生活特别困难的家庭。这部分人纳入低保后,变动因素较小,可以每季度复查一次。三类对象为因灾、因病(暂时性或可治愈性疾病、意外事故致伤等)等原因导致家庭主要劳动力死亡或暂时丧失劳动力以及因为失业、下岗而导致生活困难的低保对象,包括其他类型的低保人员。这些人变动因素较大,每月或每两个月复查一次,主要审核家庭是否走出困境以及面临的新问题等。这样分类施保和分类管理的工作方法,可以大大提高低保工作效率,提升低保救助工作绩效。

以上分析提示,在救助政策实施时,需要转变救助理念,建立预警机制。除了积极接纳和受理申请救助帮扶的贫困弱势群体外,还要重点关注处于收入底层的,因各种原因没有或者没有办法申请救助帮扶的贫困群体。此外,还需关注贫困边缘人群,特别是健康状况较差、有子女需要上学、有老人需要赡养的收入平平的家庭,做好贫困发生的可能性预测。改变事后救助的实施模式,将救助补差改为风险预防,变被动求助为积极救助。可供借鉴的做法是:除了对现有救助对象的动态管理和跟进外,也要对没有纳入救助范畴的困难群体进行识别和建档,根据困难人群的实际生活情况和困难的改变及时作出登记和记录,动态把握和及时跟进贫困家庭的生活状况,及时给予积极救助。此外,建立社会工作介入低保救助的长效机制,立足社工专业理念,发挥社工对基层弱势人群的专业关系的优势,对低保救助的可能受益人群进行鉴别,促进救助工作的及时性,尽可能地将弱势群体广泛纳入救助范围。

低保救助的预警机制意味着低保实施过程不仅包括申请救助原则、救助基线原则,还要凸显积极救助原则。申请救助原则是指社会救助的实施建立在个人主动申请的基础上,受助资格核实后方可获得所需社会救助。倘若出现个人无法实现主动申请的情况,可由政府从上到下实施社会救助。救助基线原则体现在救助标准的确定、救助对象的选取以及救助目标的实现三个方面。救助标准的确定是指社会救助对象的救助标准须依据受助对象的年龄、性别、家庭构成、居住区域及救助项目等进行统一计算与制定,具体公式为:救助标准=以年龄为区别的个人日常支出+以地区为区别的家庭日常支出+特殊家庭加算额+必要的其他扶助项目-收入(杨刚,2015)[①]。救助标准的确定在实现救助对象统一性的同时,充分考虑个体的特殊性,进而保证社会救助的实际效用度。救助对象的选取呈现出全民性与选择性相结合的特点,一方面全民性强调社会成员

---

① 杨刚.中日社会救助制度的比较分析及其启示[J].中国民政,2015(7):36.

皆具备享有社会救助的权利，而另一方面选择性则强调真正能够获得社会救助的社会成员是以其生活条件与生活现状为基础，历经严格的资产调查后选择产生。救助目标的实现聚焦在为受助对象提供最低生活保障，帮助其从生存困境中脱离出来。当社会救助对象依托享有的社会救助可以实现最低生活时，社会救助的实施应当注意避免救助对象对其产生依赖心理，甚至可能出现不劳而获的想法，进而干扰受助对象在社会救助结束后的生活自理性。积极救助原则是指社会救助应采取"生产自救"、"以工待赈"等多种救助方式，为救助对象提供造血性社会救助，帮助其实现自立生活，从根本上脱离贫困。同时，社会救助还应格外关注自身的时效性，依据救助对象的年龄、健康等个体情况，适时有效地为其提供所需要的社会救助，帮助其实现最低生活，避免社会救助实施出现"救助晚一步"与"效果差一点"的现象。

此外，还需要将人户分离的低保对象及时纳入低保，如调研地武汉市的武汉市有关低保救助对象的覆盖范围值得学习的地方在于它没有明确的排外性，根据武汉市《武汉市最低生活保障实施办法》，救助对象原则上是面向当地所有低于当地最低生活保障标准的困难群众，最主要还是针对当地长驻困难居民的救助。居住地与户籍地不相一致的，凭户籍管理部门出具的证明材料即可向居住满1年的现居住地申请。突破户籍限制，兼顾常住地与户籍的申报制度是值得学习和推广的。经济较发达的东部地区，可尝试与国际惯例接轨，赋予属地原则以本来的含义，变户籍地原则为居住地原则，保障广大居民的基本生活权利。在社会保障大框架下，完善养老保险制度，落实最低工资标准，扩大失业保险的覆盖面，协调最低工资、失业保险金和最低生活保障标准之间的比例关系，有效减轻最低生活保障的负担，也为非户籍人口进入最低生活保障创造条件。但需要注意的是，加强常住地与户籍所在地的信息核对，防止常住地非本市户籍申请救助的对象出现本地与老家两边享受低保的重复救助情况。

低保的福利捆绑问题出现，导致退出机制实行困难。从政策实践来看，专项救助项目的对象识别与低保制度的对象识别是捆绑在一起的，这就意味着获得低保资格的人也就自动获得了医疗、教育和住房等救助，一旦失去低保资格也就失去了这些专项救助。其结果是有需求的真正困难的人得不到救助，而可能没有此项需求的人得到了救助，造成了新的社会不公平。因此专项救助项目应该细化其救助标准，严格控制其筛选对象资格。改革的方向和重点应是"减负、整合、创新"。减负是指低保制度的减负，要为其他专项社会救助制度营造生长空间。要确定不同的救助对象资格和标准,不能简单地与低保身份挂钩。进行内部整合同的同时还要厘清社会救助体系中不同救助类别的边界。分门别类制定专项救助标准。根据贫困类别和需求分类救助,收入型贫困,实施低保救助,因病因学等发生支出性贫困的家庭以及低保边缘户给予教育、医疗等救助,实现救助的针对性和公平性。也要完善赏罚机制,对于管理懈怠的部门、骗保的救助对象实施一定的惩罚措施,而对严守各项规则的干部和积极退保的救助对象进行奖励,赏罚分明,严格监管,保证救助制度的公平与效率。

此外,建立救助对象与救助资源的有效对接机制。通过调研得知,妇联、计生委等组织每年都会有一些救助行为,他们通常是经过街道社区直接向某些居民发放现金、实物等救助资源。各部门和各组织在开展社会救助工作时,最终都是依托街道,造成救助资源过分集中重叠。应该将这些救助力量在街道统一起来,由街道统筹安排辖区的社会救助工作,明确街道在这类救助工作中的责任。这样街道在了解基层救助对象的需求和困难基础之上,将救助资源分配到最需要的人的手里,实现资源与救助对象的有效连接。例如:在了解低保对象中的单亲妈妈等群体的实际困难时,链接妇联等组织的救助资源,实施补充救助。这种将各组织的资源集中起来统一进行救助的优势是可以将这些部门和民政部门的救助力量完全整合起来,使得低收入家庭的生活问题得到了方方面面的关注,并有效利用公共资源实施救助,提升救助的针对性和有效性,避免重复救助或救助不到。

低保救助群体数量庞大,低保准入机制、动态管理过程、资源精准分配等都需要投入大量的人力和时间成本。为提升低保救助工作的效率,利用大数据分析技术可以达到降本增效的效果。此外,实现的前提是召开部门联席会议,建立社会救助信息网络。以低保救助为主的社会救助体系涉及民政、劳动、财政、教育、房管等多个政府部门和工会、妇联等群众组织,以及残联、慈善机构等社会组织。各组织部门之间的隔阂使得救助工作困难重重,如:低保家庭资产和收入核算就牵涉劳保、住房建设、工商、车辆管理等部门。部门之间的信息闭塞,导致这项工作难度加大。为了杜绝错保、漏保等行为,清退不再符合低保标准的低保对象,完善动态管理机制,应该建立大数据收入比对机制,民政局与发改委、劳保、工商、金融、房产、公积金、车辆管理、财政住建等部门形成联动,建立公共信息数据平台,录入救助对象的身份证号即可查询相关信息的数据。既可以相对准确的核查低保申请者及低保对象的收入状况,增加收入核算工作的准确性,也可以动态调整低保,及时清退生活变好的低保对象。

已有很多地区已经开始实施大数据赋能救助工作和管理,以武汉市的经验为例,武汉市各部门召开联席会议,建立起了低保对象救助信息网络,为实施综合救助,提供更加高效快捷的服务打下坚实的基础。开发采用低保管理应用软件,实现了市、区、街道办事处、社区四级联网,低保网络已覆盖全市。只要输入低保对象身份证号即可查阅其住房、车、社保等情况,清退了一部分不符合要求的低保对象。此外,网络收集低保对象的基本信息,全面系统地反映了特困群体的整体情况。并进一步收集其家庭状况、身体情况、个人特长、就业意向等数据,力争做到只要在办公桌上用鼠标点击,全市每个特困人员及其家庭情况即可在网上一览无余。及时准确反映特困人员动态的基本情况和变化,在科学决策上提供依据,提高救助工作效率。

第五章
低保救助制度成效评估
——救助效应与底线公平检验

第一节　低保救助成效与底线公平测量

一、低保救助成效检验视角——底线公平

社会存在两种资源分配方式，一种是市场机制，一种是再分配机制。市场机制遵循"优胜劣汰"规则，处于弱势地位的群体会被市场逐渐边缘化，导致社会排斥。每个人都有基本的生存权，在个体遭受困苦时，有接受政府帮扶的权利。而低保救助政策就是其中一类再分配机制。作为社会福利的低保救助制度，核心价值导向就是公平，主要包括两个方面：一是每个居民，无论其民族、性别、年龄、职业、社会地位，当遭受困境处于弱势时，都有获得国家提供福利的权利。二是国家提供给每位受助者的救助福利，以保障其基本生存为主要目标。政策应向那些生活更贫苦的群体产生倾斜性照顾，让其获得更多的救助资源①。

从救助政策的设计和政策实施过程来看，低保救助福利资源分配的公平价值导向在实践中出现偏差。具体表现为：当前的低保政策实行属地化管理，地区社会经济发展水平和文化理念的较大差异，使得低保制度设计极具地方特色。就低保标准的设计而言，低保线和月低保金额的动态调整一直是难以确定的核心问题。尽管学者提出很多方法进行科学测算，但终究无法跟上现实的差异性和发展性。之前实行均等分配的福利资源分配模式表明，不同贫困程度的人获得相同的救助，显然是不合适的。近年来，民政部门积极探索新的资源分配方

---

① 张林江.社会治理十二讲[M].社会科学文献出版社，2015：179.

式,提供差异化的救助被广泛采纳。随之而来的问题是如何进行差异化的测量呢?以收入为标准的贫困程度测量,使得当前的低保救助主要实行"差额救助",即低保发放标准根据的是家庭人均收入与低保标准之间的差额。蕴含的逻辑是收入越低,获得的救助金额越高。这种救助资源分配方式随着多维贫困的提出遭到质疑。如随着社会经济发展变化,支出型贫困的发生使得只以收入为衡量发放低保金的做法出现问题:即相同收入水平的家庭,刚性支出大的家庭获得的救助金与支出较小的家庭是一样的。那么从结果视角考量,这种低保金给付标准就不甚合理(周谨平,2009)[①];而依据阿马蒂亚·森的观点,人与人具有强弱之分(冯必扬,2015)[②]。因此,低保救助资源分配需要协调强者与弱者之间的关系,促进分配的有效性实践。而这对制度设计安排和制度实施都极具挑战。

低保救助资源分配从最开始的平均主义到近年来的收入"差额补贴",都出现了不同程度的困境,救助分配的公平性受到影响。如何更好地实现救助分配的有效性,体现福利资源分配的公平理念,底线公平福利模式提供了新的可能。认为基于现实困境的多元化,救助资源分配也应该遵循一种复合方式:不同的福利政策应该具有不同的原则和标准,即低保救助的"差异对等"救助策略。具体而言,就是遵循差异对等原则,依据不同的贫困情况,将有限的资源分配到最需要的地方和人群,使福利资源得到合理高效配置(王银春,2015)[③]。既可以保障贫困对象基本生活的同时,又照顾到教育、医疗等刚性需求。这是救助资源分配模式的一个重大进步。

需要指出的是,学者提出的"底线公平"理论不只是一个公平理论,还是制度理论和政策理论。"底线公平"依据基本国情,以人们的"基本需求"为基础,提出满足居民基本生存的"底线",这也是构建社会保障体系的重要依据。它包括:生存需求、发展需求、健康需求。每个人都有获取这些需求满足的权利,而政府在这条"底线"面前具有明确的责任。

在低保救助制度建设中,不能简单地从救助水平绝对值的高低考察"底线"是否公平。应该与政策的目标和价值取向以及当下的经济发展水平决定。依据底线公平理论,可以理性地、科学地、有针对性地确定低保救助的适度水平。值得注意的是,底线是一种相对关系,而不是绝对的数字。那么,如何对底线进行

---

① 周谨平.基于机会公平的社会福利分配[J].湖南社会科学,2009(05):198-201.
② 冯必扬.社会公正新探——基于资源分配的视角[J].江苏行政学院学报,2015(04):59-66.
③ 王银春.慈善伦理引论[M].上海:上海交通大学出版社,2015:93.

度量呢？学者景天魁认为，底线可以进行量化，但是必须达成共识的是，底线的内涵更像是一种适度性，体现个人、社会与政府之间的责任关系，也是低保救助制度建立的基本机制。因此，底线公平的提出，让我们对低保救助政策中的公正问题和公平与效率问题提供了新的审视视角和理解渠道。基于底线公平的社会公平理念为公民提供了一个关于低保救助救助资源分配好坏的共识。因此，本书将底线公平当作对低保救助资源分配检验的一种评估视角和评判标准。

综上，底线公平福利理论强调社会成员的生存权、健康权和教育权（景天魁、毕天云，2011）[①]。这为低保制度的实施和完善提供坚实的理论基础，同时，也成为评估和检验低保制度实施成效的重要视角。

二、低保救助成效评估内容——底线公平的测量指标

"底线公平"的测量，是进行低保救助政策评估的关键。学者提出，对底线公平的测量要遵守科学上的简要性原则。"底线公平"可以操作化为：生存权公平、发展权公平、健康权公平，可以由相应的制度来体现。本书进行的只是低保救助范围内的研究，对于底线公平的界定也仅限于这个制度范围。依据底线公平的测量，选择体现生存、发展、健康三项基本权利的低保救助制度作为评估对象。具体而言就是：生存权利方面，选择低保金救助作为衡量生存权利公平的救助制度；选取低保就业激励救助政策与低保教育专项救助制度作为度量发展权利公平的救助制度；将低保专项医疗救助制度作为衡量健康权利公平的制度。之所以选择这几项救助制度作为评估的对象，是因为：第一，作为制度，它们都没有排斥性，在权利面前是人人平等的。第二，实践证明，低保金救助保障贫困家庭基本生活，是救助制度的最重要的制度内容。低保就业激励救助和低保专项教育、医疗救助，满足贫困家庭自我发展、病有所医的基本需求，具有重要的政策价值和现实意义。第三，这三项救助所回应的内容都属于底线需求部分，没有重叠、跨界的情况。第四，这些低保救助发放都是由财政承担的，这符合"底线公平"理论中的"底线"界定与政府首责的基本阐述[②]。

确定了上述三项具有指标意义的制度以后，底线公平的具体测量指标体系的构建就具有了清晰的方向。找出最能表示底线公平状况的具体指标如下所

---

① 景天魁，毕天云.论底线公平福利模式[J].社会科学战线，2011(05)：161-167.

② 景天魁.底线公平概念和指标体系——关于社会保障基础理论的探讨[J].哈尔滨工业大学学报(社会科学版)，2013，15(01)：21-34＋4.

示：① 低保救助金制度是实现全面"兜底"的重要政策举措，主要政策目标是保障居民的基本生活。实行差额救助的分配方式表明，低保救助金对家庭收入起着"补差性"功能，蕴含的内在逻辑是收入越低，获得的救助补差越多。家庭有收入就必定有支出。收支水平的不同使得家庭生活状况不尽相同。其中，收小于支的家庭往往"入不敷出"，生活压力主要体现在"看病挤占吃饭""上学挤占吃饭"。因此，低保金的发放也逐渐对较高家庭刚性支出的家庭给予关注和照顾。基于此，低保金额是否对"低收入"和"较高刚性支出"家庭实现倾斜性照顾，是反映生存权利公平的测量指标。② 低保就业激励与低保专项教育救助是对贫困群体发展性需求满足的回应措施。对是否实现发展权利公平的测量指标则使用"就业激励是否促进就业"与"教育救助是否实现有学可上"来测量。③ 健康权利公平采用医疗救助的"可及性"进行测量，即医疗救助是否促进有病可医。具体如表 5-1 所示。

表 5-1 底线公平指标体系

底线公平的操作化	救助制度	救助制度中体现三类公平的量化指标
生存权公平	最低生活保障金	低保对"低收入"和"较高刚性支出"家庭的倾斜
发展权公平	低保就业援助与低保专项教育救助	促进就业与是否让贫困家庭孩子有学可上
健康权公平	低保专项医疗救助	让贫困家庭有病可医

资料来源：根据学者对底线公平概念和指标的解读整理。

三、研究假设

研究假设 3：低保救助政策的实施成效可以满足居民生存需求、促进就业与贫困阻断，基本实现"底线公平"。

随着收入贫困向多维贫困视角的转变，对弱势家庭的贫困归因逐渐多元化。研究表明，收入贫困主要体现在家庭收入低于最低生活水平，无法保障生存。导致收入低的原因除了经济社会等宏观环境因素的影响外，微观层面的个体弱势导致的就业不能，无法获取收入来源。其次，家庭结构因素同样对个体产生影响，如功能缺失、结构失衡等。因此，依据上述分析，提出以下研究假设：

分假设 1：低保金额收到受助个体和家庭的就业不能、家庭弱势结构、经济困窘等因素的影响。

当前的低保制度显示，对贫困家庭的低保救助资源分配制度的前提要求是对人均收入低于贫困线的弱势家庭予以救助。分配标准主要采用凯恩斯主义经济学所主张的差额补贴制度。救助金额的计算方法是：差额补贴额＝最低收入标准－实际收入额。这个公式蕴含的内在逻辑就是：在最低收入标准相对稳定的情况下，家庭实际收入越低，获得的低保救助金额越高。但是，随着家庭刚性支出的上升，表示贫困家庭中的教育、医疗等支出会挤占家庭食品等基本生活支出，造成贫困家庭的基本生存得不到有效保障，生活陷入更加弱势的境地。底线福利理论采取的是"需求决定供给"的机制，因此，在同等的收入水平下，支出较大的家庭相比支出较少的家庭，其体现的刚性需求更多，获得的救助金额也更多。因此，提出以下研究假设。

分假设 2：低保救助实现了对低收入家庭和刚性支出较大家庭的倾斜性照顾。

底线公平理论认为，对困境人员来说，低保金用以维持其基本生活，如果对受助家庭中有劳动能力的人员提供就业培训、职业介绍或者直接开辟公益性岗位实现就业，对家庭中的在学人员提供低保专项教育援助，可以促进家庭收入的提升，从而更加有利于脱贫，还可以保障后代的教育资源获得，可能阻断贫困的代际传递。目前，在城市低保救助制度中，对有劳动能力和就业需求的受助者设置了一系列"就业激励制度"，如对有劳动能力的申请者有就业要求，对获取救助金的未就业者需在一定期限内重新实现就业，参加公益劳动与职业培训等。这种将生存保障与就业激励有效结合的救助方式，为贫困但有一定就业能力的受助对象提供了实现劳动就业所必要的手段、机会和能力性援助。从直接提供现金救助的模式向人力资本投资并重的趋势发展。基于此，提出如下假设：

分假设 3：低保救助政策的就业激励措施可以促进贫困受助者实现就业。

随着对贫困研究的拓展，支出型贫困越来越受到关注。疾病最主要的致贫因素，其次是因学致贫等。疾病导致贫穷，贫穷加剧疾病，形成疾病和贫穷的恶性循环。同样，教育缺失导致的代际贫困传递，一直成为当前贫困问题无法有效解决的重要原因。为了阻断贫困的代际传递，对因病致贫的家庭，救助政策提供医疗专项救助，对由于贫困上不起学的家庭，给予专项教育救助。除了救助政策外，学界同样对这类弱势贫困家庭表现出实质性关切：提出在低保实际执行过程中应该把救助力度向"因病致贫、因学致贫"等特困家庭适当倾斜,要切实满足贫困家庭的医疗救助、教育救助的需求。基于此,提出如下研究假设:

分假设 4:低保医疗与教育专项救助切实的帮扶到贫困家庭,让其有病可医、有学可上,缓解贫困代际传递。

第二节　研 究 结 果

一、家庭弱势特征对低保救助金额的影响因素分析

(一) 变量选取

对于分析变量的选择,学者认为贫困的发生通常是以家庭为单位的,所以低保对象的家庭特征比个人特征更为明显(刘斌、章晓懿,2012)。基于这一视角,对低保申请的资格认定和审核范围应该包括整个家庭,而不仅仅是申请者本人。家计调查的相关政策也对低保对象的认定条件进行细化,明确指出不仅包括对申请者本人健康、就业、残疾等个体性因素的考核,还包括对其家庭人口、经济状况的整体性考察。集合学者的观点和当前低保政策的规定,变量选取如下:

被解释变量(因变量):选取低保家庭的月低保救助金额作为被解释变量。家庭月低保救助金额:用"上个月家庭获得的低保金额"这一操作化问题表示;

解释变量(自变量):低保受助者的健康、就业等个体化弱势特征采用低保受助者的"是否健康"、"是否残疾""是否有工作"三个问题表示;

家庭结构因素是指家庭的构成状况,它是由全体家庭成员相互作用和相互联系所组成的稳定的整体性关系模式和维系机制(郑杭生,2014)。结合郑杭生的定义,家庭结构因素可以操作化为两个维度:

(1) 第一个维度是:家庭的人口结构,即家庭人口数、家庭在业人数、家庭失业人数、家庭在学人数、家庭老年人数等人口学特征。

(2) 第二个维度是:家庭的经济收入与支出。低保家庭的收入包括:工资、奖金等劳动报酬收入、兼职(包括各种临时工酬劳)收入、养老保险收入(社会保险机构发放)、退休金(单位发放)、农村个人农业经营收入、出租房屋等财产性收入、人情收入等等。便于分析和统计,本书用"低保家庭总体月均纯收入"这一指标表示;关于家庭支出的部分,经过描述统计发现,最大的支出是食品、医疗、教

育三大类,本书将低保家庭排名的前三类的支出用来表示低保家庭支出这一指标。其次,维持家庭稳定不仅需要家庭经济因素,还包括硬件设施如家庭住房指标,这里选取"低保家庭目前的住房面积"来表示。

(二)低保救助成效的描述性统计

表 5-2 计算出城乡低保家庭人均低保补差占低保家庭人均收入、人均消费支出、人均食品支出以及恩格尔系数等,综合反映城乡低保救助效果。数据表明,受经济发展水平和人民生活水平等城乡差异性因素影响,城市低保家庭和农村低保家庭的人均收入、人均消费支出、人均食品支出数据差距较大,农村普遍低于城市。而农村低保家庭的恩格尔系数比城市低保家庭更大,说明农村低保家庭生活更加困难。就低保人均补差占家庭人均收入、人均支出的比例而言,城市低保家庭比农村低保障家庭的比例更大。城乡低保金额维持在低保家庭人均收入的 45% 和 38%,普遍低于低保家庭人均食品支出水平。很明显,目前低保标准满足不了低保对象基本生活需求,低保标准还需要进一步优化调整。学者张时飞、唐钧在《城市低保标准仅够维持低保对象的温饱》一文中的结论也与本文数据结果一致。

表 5-2　城乡低保救助成效描述性统计　　　　　　　　(单位:元)

减 负 效 果	城　乡	
	城　市	农　村
低保家庭人均收入(A)	827.17	517.68
低保家庭人均消费支出(B)	948.26	614.39
低保家庭人均食品支出(C)	401.44	211.79
人均低保标准(D)	375.12	197.24
恩格尔系数	40.76	46.18
低保人均补差占低保家庭人均收入比重(D/A)	0.45	0.38
低保人均补差占低保家庭人均支出比重(D/B)	0.40	0.32
低保人均补差占低保家庭人均食品支出比重(D/C)	0.93	0.93

需要特别关注的是,低保救助核心目标就是保障救助群体的最低生存需求。食品支出满足的是困难群体的基本生理需求。食品支出衡量生活状况的权威标准是恩格尔系数(Engel's Coefficient),它指的是居民家庭中食物支出占消费总

支出的比重,是用来衡量家庭富足程度的重要指标。一个家庭收入越少,家庭收入中或者家庭总支出中用来购买食物的支出所占的比例就越大,随着家庭收入的增加,家庭收入中或者家庭支出中用来购买食物的支出将会下降。国际上常常用恩格尔系数来衡量一个国家和地区人民生活水平的状况,一个国家或家庭生活越贫困,恩格尔系数就越大;反之,生活越富裕,恩格尔系数就越小。根据联合国粮农组织提出的标准,恩格尔系数在59%以上为贫困,50%—59%为温饱,40%—50%为小康,30%—40%为富裕,低于30%为最富裕。为做比价分析,分组描述如表5-3所示。

表5-3 分城乡分地区的受访者家庭恩格尔系数分布

地　　区		恩格尔系数				
		0.59 以上	0.5—0.59	0.4—0.49	0.3—0.39	0.3 以下
城镇	较落后地区	23.3	12.4	17.5	17.2	29.6
	中等发达地区	48.0	15.4	12.4	12.2	12.2
	发达地区	18.6	7.0	18.6	9.3	46.5
农村	较落后地区	22.6	9.3	14.7	20.1	33.2
	中等发达地区	20.8	9.7	16.0	19.4	34.0
	发达地区	21.3	12.8	14.9	14.9	36.2

注:Pearson 卡方=148.185,Sig<0.001。

2017年10月10日,国务院新闻办公布了2016年中国居民恩格尔系数30.1%,其中,城镇居民和农村居民的食品烟酒消费支出比重分别为29.3%和32.2%。表3-7数据显示,从城乡总体来看,城乡均有20%的受访者家庭恩格尔系数在0.59以上,处于贫困状态。10%的家庭恩格尔系数停留在0.5—0.59的温饱水平。从城乡三个地区分别来看,在城镇的三个区域中呈现出较大差异,中等发达水平的城镇地区仍有48.0%的家庭处于贫困状态,高于其他两个地区;较落后城镇地区家庭恩格尔系数大部分位于温饱小康水平;发达的城镇地区家庭恩格尔系数低于0.3的水平的比例有46.5%,均高于其他两个地区。可能的解释是恩格尔系数是考察的家庭食品支出为依据,而处于发达城镇的家庭在其他方面如教育、医疗消费可能会更大,因此食品消费比例被其他大额支出挤占,在总消费比例中大大降低。

在农村中,三个区域的恩格尔系数差异不大,每个分组的占比都比较接近,都有超过 20％的农村家庭仍然处于贫困状态,10％的家庭处于温饱水平。无论是落后的农村地区还是中等发达水平及发达的农村地区,恩格尔系数处于 30％以下的比例均占 33％以上,这是由于农村家庭基本是自身种地满足自己的粮食蔬菜需求,因此用于购买的食品消费支出较少;另一方面,许多因病因学致贫的家庭在其他方面支出甚大,出现吃药挤占吃饭的现象。对这部分群体的救助需要关切收入的同时,考虑其刚性支出带来的困境。

无论是城镇还是农村地区,无论该地的经济发展水平如何,处于贫困状态的家庭在调查人数总比中仍有 20％以上的比例。样本中还有五分之一以上的贫困家庭尚未实现温饱,需要对此类家庭提升救助水平,保障基本生活。同时,低保救助政策还应关注家庭其他消费支出的重要性,吃药挤占吃饭的现象是支出型贫困家庭面临的困境,应该采用多维贫困视角关注低保家庭困境。

（三）城市家庭月低保救助金额的线性回归分析结果

为了进一步揭示不同低保救助金额与低保家计调查中侧重的低保对象个人健康、就业及其家庭人口结构、收入、支出等因素之间是否具有因果关联,本书采用 SPSS20.0 进行进一步的数据统计分析。考虑到城乡二元差异,所以构建两个多元线性回归模型,观察变量之间的相关关系,具体结果如表 5-4 所示。

表 5-4　城市低保家庭月低保救助金额的线性回归分析结果

	模型 1	模型 2	模型 3	
	回归系数（B）	回归系数（B）	回归系数（B）	95％ Confidence Interval
常数项	487.501***	574.121***	563.750***	[458.299,669.202]
身体是否健全	−118.229***	−87.559***	−33.985	[−88.562,20.592]
是否有工作	−61.653***	−55.917*	67.146	[−4.150,138.443]
是否能自理	−24.660	−12.253	20.795	[−63.383,104.973]
家庭人口数（户口上）		−24.365*	91.871***	[47.166,136.576]
家庭在业人数		−15.257	−79.210**	[−135.939,−22.481]
家庭失业人数		−27.214*	6.623	[−35.142,48.388]
家庭在学人数		−43.908*	80.905**	[23.759,138.051]
家庭退休人数		19.653	−115.198***	[−183.444,−46.953]
家庭月均纯收入			0.003	[−0.015,0.020]

续　表

	模型1	模型2	模型3	
	回归系数（B）	回归系数（B）	回归系数（B）	95% Confidence Interval
现在住房面积			−2.214***	[−3.094,−1.334]
教育支出			−0.004*	[−0.008,0.000]
医疗保健支出			0.000	[−0.001,0.001]
家庭月均食品支出			0.027**	[0.008,0.045]
R^2	0.144	0.231	0.260	
F	41.110***	26.608***	18.936***	
N	713	713	713	

注：显著度：* $p < 0.05$，** $p < 0.01$，*** $p < 0.001$。

根据变量的操作化，在每一个表中构建了三个多元线性回归方程模型，以系统的检验和预测"低保对象个体化弱势因素"、"低保对象家庭的人口结构"、"低保对象家庭经济因素"三个维度对低保家庭领取的月低保救助金额的影响。

在模型1中，第一，从回归模型的判定系数 $R^2 = 0.144$，可以断定，第一个模型可以解释变量（低保救助金额）14.4%的方差（相对较大）。第二，F = 41.110，$p < 0.001$，这说明虚拟假设，即"低保者个人因素"对低保救助金额没有影响被否定，不过所有显著均是负面的，即"低保者个人因素"的三个变量的结合能明显的负面预测被解释变量。第三，从每个自变量的回归系数看，低保受助者个人身体是否残疾（b = −118.229，$p < 0.001$）对获取的月低保金额具有显著的负面影响，也就是说，身体残疾的低保对象，其获得的低保救助金额越高。低保受助者"是否有工作"（b = −61.653，$p < 0.001$）同样对获取的月低保金额具有显著的负面影响，即没有工作的对象，获取低保救助金额越高；而受助者个人"生活能否自理"（b = −24.660，$p > 0.05$）对低保金额高低没有显著影响。

模型2引入了低保受助者"家庭人口结构因素"，想要回答的问题是"低保家庭的人口结构因素是否对领取的低保金额具有显著地影响？"从回归模型2的判定系数 $R^2 = 0.231$，可以断定第二个模型可以解释依变量的23.1%的方差，比模型1增加了8.7%，显然，这是"家庭人口结构因素"对模型增加的解释力。模型2的 F = 26.608，$p < 0.001$，虚拟假设被否定，即低保受助者"家庭人口结构因素"能够明显的预测领取的低保金额。从回归系数看，低保对象家庭人口数、家庭失

业人数、家庭在学人数、这三个变量都对获取低保金额具有显著的负面影响,即城市低保对象所在的家庭人口数越多、家庭失业人数越多、家庭在学人数越多,家庭领取的低保金额越高。城市低保对象家庭的在业人数、家庭退休人数对低保金额没有显著影响。

现实低保审核的家计调查和文献研究表明,和其他变量相比,家庭经济收入、支出等因素通常在确定低保救助金额的时候具有重要地位,因此模型3引进了"家庭经济结构因素"变量。从回归模型3的判断系数看,$R^2 = 0.260$,可以断定,模型3对方差的解释力度增加了2.9%,第三个模型的解释力度最大。同时可以把它看成是"家庭经济结构因素"对模型解释力的新的贡献。模型3中,$F = 18.936$,$p < 0.001$,虚拟假设被否定,即"家庭经济结构因素"对低保救助金额具有显著影响。从回归系数来看,"家庭经济结构因素"中的低保家庭住房面积、教育支出、家庭月均食品支出三个变量对城市低保救助金额具有显著影响,即住房面积越大,救助金额越低;家庭教育支出越低,获取的低保金额越高;家庭食品支出越高,获取的低保金越高;城市低保家庭月均纯收入、医疗保健支出对低保金额没有显著影响。

(四)农村家庭月低保救助金额的线性回归分析结果

城乡二元化的结构差异下,农村和城市的低保救助制度具有差异性。表5-5则是农村家庭低保救助金额的线性回归分析结果。

表5-5　农村家庭月低保救助金额的线性回归分析结果

	模型1	模型2	模型3	
	回归系数(B)	回归系数(B)	回归系数(B)	95% Confidence Interval
常数项	406.612***	361.981***	325.728***	[212.642,438.815]
身体是否健全	−83.548*	−90.297**	−72.513*	[−133.580,−11.447]
是否务农	29.331*	78.665*	75.721*	[2.553,148.889]
是否能自理	−88.141	−73.298	−59.523	[−150.341,31.295]
家庭人口数(户口上)		35.778	15.202	[−28.877,59.281]
家庭外出务工人数		−83.843***	−55.539*	[−104.675,−6.403]
家庭失业人数		−4.758	−18.592	[−58.768,21.584]
家庭在学人数		43.530	16.083	[−56.057,88.223]
家庭老年人数		93.887***	104.877***	[51.156,158.597]

续　表

	模型 1	模型 2	模型 3	
	回归系数(B)	回归系数(B)	回归系数(B)	95% Confidence Interval
家庭月均纯收入			−0.024*	[−0.042, −0.005]
现在住房面积			−0.894**	[−1.571, −0.217]
教育支出			0.008	[0.000, 0.017]
医疗保健支出			0.001	[−0.001, 0.003]
家庭月均食品支出			0.288***	[0.220, 0.356]
R^2	0.021	0.083	0.200	
F	4.261*	6.285***	10.214***	
N	545	545	545	

注：显著度：* $p<0.05$，** $p<0.01$，*** $p<0.001$。

模型 1 要回答的是农村低保受助者个人因素是否对领取的低保金额有明显的影响。同样可以从以下三方面来看：第一，从回归模型的判定系数 $R^2 = 0.021$，第一个模型对可以解释依变量 2.1%的方差（较小）。第二，$F=4.261$，$p<0.05$，这说明农村低保受助者的个人因素对领取的低保金额具有显著影响。第三，从每一个变量的回归系数来看，身体是否残疾（b＝−83.548，$p<0.05$）、是否务农（b＝29.331，$p<0.05$）这两个变量对获取低保金额具有显著影响，即有残疾的低保对象相比于没有残疾的低保对象，领取的低保金额更高；在家务农的低保对象相比于外出务工的低保对象，获取的低保金额越高；此外，跟城市低保对象一样，个人能否生活自理对低保金额没有显著影响。

为了考察农村低保家庭人口因素对低保救助的影响，模型 2 同样引进了家庭人口结构因素。从回归模型 2 的判定系数 $R^2 = 0.083$，第二个模型可以解释依变量 8.3%的方差。和模型 1 相比，模型 2 的解释力度增加了 6.2%，这是家庭人口结构因素对模型增加的解释力。模型 2 的 $F=6.285$，$p<0.001$，虚拟假设被否定，即农村家庭人口结构因素对能明显的预测家庭月低保金额。从每个自变量的回归系数看，农村家庭外出务工人数对低保金额有显著的负面影响，即家庭外出务工人数越多，低保金额越低。其次，家庭老年人数对低保救助金额具有正向的显著影响，即老年人数越多，领取的低保金额越高；家庭人口数、家庭失业人数、家庭在学人数对低保金额没有显著影响。

　　接下来的问题是,如果引入家庭经济结构性因素,模型1和模型2的支持论断是否会消失呢? 从模型3的判定系数来看,$R^2=0.200$,第三个模型可以解释依变量20%的方差,和模型2相比,模型3对方差的解释力度增加了11.3%。模型3中的$F=10.214$,$p<0.001$,虚拟假设被否定。从回归系数来看,农村低保家庭的月均纯收入、住房面积、家庭月均食品支出三个变量对低保救助金额具有显著影响,即家庭月均纯收入越低、住房面积越小,获取的低保救助金额越高;家庭食品支出越高,获取的低保金越高;农村家庭教育支出、医疗保健支出对低保金额没有显著影响。

（五）研究结论与分析

　　对城市、农村低保对象的两个多元线性回归模型分析,从模型1得出了基本一致的结论,无论是城市还是农村,那些身体残疾、没有工作的低保受助者获取的低保金额比那些非残疾、有工作的受助者更高。因而,本书认为目前城乡低保救助对象的确定与个体化困境相关,低保个体化目标瞄准相对合理,即主要集中于那些因残、因病、失业的生活困难群体。

　　从模型3来看,城市和农村低保家庭的月低保救助金额都受到家庭在业(务工)人数、家庭退休(老年)人口数量的影响。目前,我国大部分地区实行分类施保,城市低保救助金额在往家庭在业人数较少、在学人数较多、退休人数较少(无法领取养老保险或者退休金)的家庭倾斜;农村低保救助金额向外出务工人数较少、家庭老年养老负担重的家庭倾斜。低保救助基本实现"按需分配",低保救助资源配置相对合理。值得提出的是,数据分析结果显示:城市低保对象家庭的在学人数对低保金额具有正向的影响,即家庭在学人数越多,获取的低保金额越高。低保家庭的脱贫致富非常困难,如果孩子因家庭贫困得不到良好的教育,那么很有可能出现贫困的"代际传递"。如此看出,子代的教育对于低保家庭来说,是脱贫的一个重要出路。数据显示,目前地方低保救助金额的给付在向因学致贫家庭倾斜,说明低保救助目标瞄准结合实际救助情况,目标瞄准较为全面。

　　此外,城乡低保家庭住房面积、家庭食品支出等因素对低保金额有显著影响。从低保家庭月均食品支出变量看,均与城乡低保金额之间存在正向影响,即食品支出越高,低保金额越高。低保对象家庭的恩格尔系数一直处于较高水平,与食品支出相一致的救助金额说明目前低保金额与居民基本生活相挂钩,发挥着"政策托底"的基本功能。从住房这个变量来看,城乡的低保家庭住房面积越小,获取的低保救助金额越高,基本符合家计调查中对房屋这一类不动产的考察结果。各地民政局联合公安、财政、人社资源社会保障、住房保障房管等十几个部门和单位建立起了地方居民家庭经济状况核对信息系统管理平台,便于对低保申请者及其家庭的经济情况进行比对,大大增加了对低保对象资格认定和低保金额计算的准确性,并以此为平台清退了很多不具备低保领取资格的在保人员。以上分析说明,经过不断地实践与探索,立足于低保对象所在家庭基本经济状况基础之上给出的救助金额基本符合"家计调查"后的低保审核结果,进而可以认为低保救助的目标瞄准较为合理。

综上所述,本部分从实证数据的分析出发,采用线性回归分析模型验证低保对象个人化因素和家庭结构性因素与低保金额之间的因果关系,从而检验低保基层工作中的资格认定和家计调查过程中的目标瞄准是否合理。这种从结果视角对低保救助资格认定和救助金额确定的低保目标瞄准情况进行反向评估的方式,也不失为一种新的评估思路。当然,学者提出的培养社会工作专业人才,利用专业化的第三方机构进行评估和审核[1][2](杨山鸽,2011;尼尔·吉尔伯特,2004)。这种第三方评估的方式在西方国家以及我国的港台地区较为常见,可以提升低保认定的合理性和准确性[3](孙洁,2008),需要进一步探索研究。

二、低保救助对家庭收入与刚性支出的分配效应检验

(一)分析方法与模型构建

传统的MLR(Multivariable Linear Regression)模型对变量间的关系只能作"平均意义"上的估计,忽视不同"状态"下变量间关系可能存在差异的事实。例如在一个运作良好的救助机制下,救助资源会向低收入、高支出的人群倾斜,反映在统计结果上可能存在这样一个现象:当收入或支出超过某一阈值水平时,收入、支出对样本个体获得救助资源的影响方向、大小均可能存在差异。传统MLR模型忽视变量之间可能存在的这种"门槛效应"(Threshold Effect),扭曲变量间真实关系,影响救助制度绩效评估结果。因此,对样本建立式(5-1)所示的门槛效应回归模型更具合理性。

---

① 杨山鸽.试论北京市低保资格审核的规范化[J].北京社会科学.2011(03):57-62.

② 尼尔·吉尔伯特.社会福利的目标定位:全球发展趋势与展望[M].郑秉文等,译.北京:中国劳动社会保障出版社,2004:117-120.

③ 孙洁.家庭财产调查在英国社会救助制度中的功能及其启示[J].学习与实践.2008(1):137-145.

$$y_i = \begin{cases} a_0^1 + a_1^1 S_i + \sum_{j=3}^{N} a_j^1 x_{i,j} + \varepsilon_i & \varepsilon_i \sim N(0, v^1); \text{若 } S_i < S^* \\ a_0^2 + a_1^2 S_i + \sum_{j=3}^{N} a_j^2 x_{i,j} + \varepsilon_i & \varepsilon_i \sim N(0, v^2); \text{若 } S_i \geqslant S^* \end{cases} \quad (5-1)$$

y_i表示样本i领取的低保金额；S_i为阈值变量，是关键目标变量，当S_i取值小于未知的门槛值S^*时，变量间关系处于"状态1"，对应线性回归系数向量为$[a_0^1, a_1^1, \cdots a_N^1]$。当$S_i$取值大于或等于未知的门槛值$S^*$时，变量间关系处于"状态2"，对应线性回归系数向量为$[a_0^2, a_1^2, \cdots, a_N^2]$。

当选择以家庭收入作为阈值变量时，"状态1"下的回归系数a_1^1反映收入对于"贫困"家庭（收入低于阈值S^*）领取低保金的影响。"状态2"下的回归系数a_1^2反映收入对于"富有"家庭（收入高于或等于阈值S^*）领取低保金的影响。若$a_1^1 \neq a_1^2$，表明收入对"贫困"和"富有"两类家庭获取低保资源存在差异化影响。更具体地说，若$a_1^1 > a_1^2$，说明收入状况对"贫困"家庭领取低保金的"帮助"显著大于"富有"家庭，低保政策执行切实考虑家庭的收入状况；反之则表明低保政策对"贫困"家庭的帮扶力度还有待加强。此外，对阈值水平S^*的估计也有较为重要的政策启示，根据S^*可判断政策对"贫困"家庭的覆盖面和倾斜力度是否足够。当以家庭支出作为阈值变量时，则可采取类似的方法分析低保制度对高支出家庭是否存在政策倾斜。

（二）变量的选取与数据处理

1. 因变量

该部分的被解释变量为低保救助分配，本书采用问卷中"您家庭上月获取的低保金额"进行操作化。之所以选取的贫困家庭实际获得月低保金额，即"名义低保标准"，是因为属地化管理的机制下，各地的低保标准的制定、发放都不相同。并且，在实际低保发放中，并不是采用均等分配，而是实行"差额救助"。不同救助水平代表政府部门对家庭贫困状况审核认定结果。此外，地方政府对救助领域的重视程度直接体现在救助财政资金的投入程度。实际发放的低保金额这一指标可以直观反映低保救助资源分配情况。由于作为关键字自变量的收入、支出为年度数据，为了统一量纲，将家庭获得的月度低保救助金额数据乘以12，得到年度低保金额。

2. 自变量

家庭收入为关键自变量之一。对家庭收入的测量，问卷中列举了11个收入类别。为了对收入进行科学分类,本书采纳国家统计局对居民收入的分类方法,将收入分为:工资性收入、经营净收入、财产净收入、转移净收入①。将所有收入加总,得到家庭年收入金额。

另一个关键自变量为家庭支出,问卷设计了17个支出类别度量家庭支出。同收入分类一样,按照国家统计局的分类标准,将支出分为八类,分别为饮食、衣着、居住、交通与通讯、教育、医疗保健、社交、其他。为了便于进行模型分析,必须对八类支出进行科学降维。降维的方法采用主成分分析,结果如表5-6所示。根据分析结果抽取三个公因子,根据因子载荷将他们命名为:基本生活支出、教育医疗支出、人情交往支出。需要说明的是,门槛效应回归模型需要计算出具体的阈值水平,不能直接使用因子分析结果。做法是将三个因子涉及的支出分别进行加总,得到低保家庭的三类支出金额。将其加总,得到家庭年支出金额。

表 5-6   低保家庭消费支出的因子分析

支出项目	基本生活支出因子	教育医疗支出因子	人情交往支出因子	共量
饮食	**0.496**	−0.178	−0.203	0.319
衣着	**0.607**	0.229	0.149	0.444
居住	**0.489**	−0.178	−0.435	0.461
交通与通讯	**0.683**	0.252	−0.027	0.531
教育	0.294	**−0.607**	0.033	0.456
医疗保健	0.080	**0.503**	−0.384	0.407
社交	0.249	0.362	**0.655**	0.622
其他	0.229	−0.383	**0.432**	0.386
特征值	1.528	1.079	1.017	3.624
平均方差	19.106%	13.485%	12.716%	45.307%

3. 控制变量

对低保金额影响除了受家庭收入、支出等经济类指标的影响外,还与家庭财产有关,家计调查的重要核查就是家庭资产规模。住房作为家庭最重要的财产性资本,是衡量家庭财产状况的重要方面。因此,本书使用家庭住房面积作为衡量家庭住房优劣的指标作为控制变量纳入模型。此外,对低保救助的影响具有

---

① 国家统计局.中国统计摘要[M].北京:中国统计出版社,2014:56.

重要影响的指标还有家庭人口规模。一般而言,贫困家庭人口多,获取的低保金额也越多。城乡二元结构下,低保救助发放标准相差较大。为了剔除城乡差异对救助金额带来的影响,也将城乡纳入模型。为了便于进行回归分析,城乡为虚拟变量。主要变量的描述性统计如表5-7所示:

表 5-7　主要自变量及其描述性统计(N=1 142)

	变　　量	均值(%)	标准误	变量赋值说明
家庭收入	工资性收入	10 238.1	465.6	工资、兼职等劳动报酬收入;
	经营净收入	1 460.8	290.3	农业经营收入;个体经营收入
	财产净收入	22.6	21.0	财产性收入
	转移净收入	4 694.4	307.8	养老保险;退休金;亲友赠予;人情及其他
家庭支出	基本生活支出	11 049.3	421.5	包括所有吃穿住用行支出;
	教育医疗支出	11 042.4	641.5	教育支出、医疗保健支出
	人情社交支出	3 982.0	513.7	自家红白喜事支出;对外人情往来支出
住房	现在住房面积	73.1	1.3	现有家庭住房面积平方数
人口	家庭人口数	2.5	1.2	家庭户籍人口数
城乡	城市	48.2%	—	1=城市,0=农村
	农村	51.8%	—	

（三）分析结果

1. 不同收支结构对低保救助资源分配影响的多元线性回归分析

为分析家庭经济结构性因素对低保金额的影响,以经济结构性因素为解释变量,以低保金额为因变量建立回归方程,具体结果如表5-8所示。其中:模型1只将收入结构作为解释变量;模型2同时将收入结构、支出结构作为解释变量;模型3在收入和支出结构的基础上,纳入一系列控制变量。

第一,从模型1估计结果看,家庭经营净收入、转移净收入对低保金额有显著影响;从模型2估计结果看,基本生活支出、教育医疗支出和人情支出对低保金有显著的负向影响;从模型3估计结果看,纳入控制变量后,经营净收入、人情支出等变量的显著性发生改变,反映出模型1和2估计结果并不稳定。从拟合优度看,模型3的 R^2 明显高于模型1、2,表明模型3的解释力最强。

表 5-8　低保家庭收支结构对低保金额影响的多元线性回归分析结果

	模型 1		模型 2		模型 3	
	回归系数 B	标准误	回归系数 B	标准误	回归系数 B	标准误
常数项	0.568***	0.018	0.493***	0.020	0.327***	0.037
工资性收入	−0.008	0.009	−0.030**	0.009	−0.036***	0.009
经营净收入	−0.064***	0.019	−0.143***	0.029	−0.013	0.027
财产净收入	0.170	0.196	0.125	0.189	0.098	0.168
转移净收入	0.036**	0.013	0.000	0.014	−0.013	0.012
基本生活支出			0.077***	0.010	0.039***	0.009
教育医疗支出			0.016**	0.006	0.014**	0.006
人情社交支出			0.074***	0.015	0.010	0.014
住房面积					−0.001***	0.000
家庭人口数					0.046***	0.012
城乡					0.409***	0.027
R^2	0.012		0.085		0.287	
F	3.315**		22.381***		45.578***	
N	1 142		1 142		1 142	

注：显著度：* $p<0.05$，** $p<0.01$，*** $p<0.001$。

第二，F 检验的 P 值为小于 0.1%，表明 99.9% 置信水平下通过 F 检验，否定所选择的家庭经济结构因素对低保金额没有显著性影响的原假设。

第三，从解释变量的影响系数看，收入因素方面，工资性收入、住房面积有显著负向影响，符合经济逻辑，且工资收入和住房状况也是核保人员最容易核实的经济指标。经营性收入和转移净收入没有显著影响，这可能是因为二者均属于家庭临时收入，核保人员难以准确获取相关数据，因此在实际政策执行过程中可能并未将临时收入作为主要的考核标准。支出因素方面，生活、教育和医疗支出具有显著正向影响，表明家庭的基本生存压力、教育与医疗负担越重，越可能领取较高的低保金。控制变量方面，城市户籍有显著正向影响，这既可能与城市生活水平更高，生存压力更大有关，也可能是城乡二元经济结构对低保救助制度影响的结果。因此，学者提倡促进低保救助的城乡统筹，除了进行城乡一体化中低保制度信息化建设外，促进城乡低保标准的调整与物价和收入、生活水平等形成协同机制[①],实现救助资源分配的区域公平和效率[②]。

上述多元线性回归结果证实,家庭收入、住房、生活和教育医疗支出等因素可能是低保救助资源分配时考量的重要因素,然而多元线性回归系数只是样本"平均意义"上的估计结果,而在不同"状态"下回归系数结果可能存在差异,因此还需进一步建立门槛效应回归模型分析。

2. 低保救助资源分配对贫困家庭收入与支出的偏斜效应估计

本节门槛效应回归分析利用 Matlab2015a 编程实现,利用极大似然估计方法(Maximum Likelihood Estimation)完成模型参数估计。似然函数的最优化基于蜂群算法(ABC)和 Nelder - Mead 算法组合实现,利用 ABC 算法对备选解种群进化 300 次后选择一组最优解作为 Nelder - Mead 算法初始解,再基于 Nelder - Mead 算法实现局部最优化,具体结果如表 5 - 9 所示。

表 5 - 9 贫困家庭年收入支出对低保金额影响的门槛效应估计结果

	模型 1		模型 2		模型 3
	状态 1	状态 2	状态 1	状态 2	OLS
常数项	0.137 9***	0.397 1***	0.153 9***	0.457 4***	0.335***
家庭收入	0.270 6***	−0.027 3***	−0.004 4	−0.028 5***	−0.029***
家庭支出	0.083 1***	0.015 9***	0.116 5***	0.015 3***	0.019***
住房面积	−0.000 9***	−0.001 5***	−0.000 5***	−0.001 7***	−0.001***
家庭人口数	0.064 5***	0.028 2**	0.026 62***	0.026 1**	0.043***
城乡	0.302 5***	0.436 0***	0.288 1***	0.392 5***	0.427***
家庭收入门槛值	0.36(万)				
家庭支出门槛值			0.79(万)		
R^2	0.396 9		0.333 6		0.280
N	1 142		1 142		1 142

注:显著性: * p<0.05, ** p<0.01, *** p<0.001;状态 1 代表收入、支出低于门槛值的低保家庭,状态 2 代表收入、支出高于门槛值的低保家庭。

模型 1 是家庭收入作为阈值变量的门槛效应回归模型估计结果,模型拟合优度为 0.39,明显优于表 5 - 7 中模型 3(即普通多元线性回归的模型)的拟合优

① 林义.当代中国社会救助制度:兜底与脱贫[M].北京:人民出版社,2018:129 - 144.
② 刘明慧.公共救助分配中的公平与效率[J].财贸经济,2005(3):42 - 46+97.

度,表明门槛效应回归模型更具解释力,数据拟合效果更好。从估计结果看,家庭收入的门槛值为 0.36 万,以该收入水平为分界点,变量关系存在两个相异的"状态":对于"贫困"家庭(收入低于 0.36 万),收入对低保金额影响为 0.27,对于"富裕"家庭(收入高于 0.36)收入影响为 −0.027。该结果表明,低保政策执行时对"贫困"家庭有所偏重,只有当收入超过 0.36 万元时,收入才会对领取低保产生负向影响。

模型 2 是以家庭支出作为阈值变量的门槛效应回归模型估计结果,模型的拟合优度为 0.33,同样明显优于模型 3 的普通多元线性回归模型。从参数估计结果看,家庭支出的门槛值为 0.79 万元,变量关系以门槛值为临界点同样存在两个相异的"状态":对于低支出家庭(即家庭支出低于 0.79 万元),家庭支出对低保的影响为 0.116 5;对于高支出家庭(家庭支出高于 0.79 万元),家庭支出的影响系数为 0.015 3,表明在低保政策执行时,高支出家庭相对于低支出家庭更沉重的生存或教育医疗负担并未被足够重视,即低保救助未对高支出家庭有明显政策倾斜。

3. 不同阈值水平下贫困家庭获取的低保金额、收入与支出的统计分析

利用表 5-14 计算的家庭收入、家庭支出的门槛值分析原始样本数据,可以发现收入低于门槛值(0.36 万元)的家庭数仅占样本总量的 22%。结合表 5-10 的结论可知,尽管现行低保制度对"贫困"家庭(收入低于 0.36 万元)有一定程度照顾,但政策覆盖面相对有限。此外,这些"贫困"家庭的平均收入为 0.65 万元(包含 0.462 万元低保救助金和 0.189 万元家庭普通收入),远低于 1.257 万元的家庭平均支出,表明低保救助政策的倾斜力度较小,并不足以改变"贫困"家庭的困境。

表 5-10　不同阈值水平下低保家庭平均收入、平均支出和平均低保金额

(单位:万元)

变　量	阈值水平	收入	低保	支出	样本覆盖面
收入阈值	0.36 万及以下	0.189(0.102)	0.462(0.366)	1.257(1.212)	21.54%
	0.36 万以上	2.040(2.101)	0.603(0.495)	2.978(3.469)	78.46%
支出阈值	0.79 万及以下	0.566(0.905)	0.272(0.203)	0.509(0.175)	16.11%
	0.79 万以上	1.848(2.098)	0.630(0.488)	3.010(3.349)	83.89%

注:括号里为标准差,N=1 142。

支出高于门槛值(0.79万元)的家庭数占样本总数的84%,这类家庭平均收入为2.48万元(包括0.63万元的低保救助和1.85万元的普通收入),同样低于3.01万元的家庭平均支出,表明低保救助政策同样未能显著缓解高支出家庭的生存压力。

综上,低保政策尽管对部分低收入家庭有一定照顾,但无论是政策覆盖面还是倾斜照顾力度均有待提高;低保政策执行未足够重视高支出家庭沉重的经济负担,帮扶力度不足以缓解此类家庭的生存困境。

4. 低保救助对贫困家庭支出水平的理论最优分配方案探索——以医疗支出为例

以上数据分析可知,目前的低保救助发放标准虽然向较高医疗支出的家庭发生倾斜,但并没有考虑到医疗支出对低保家庭基本生活水平的负面效应,即低保金额的给付没有切实关切医疗支出家庭的贫困状况导致家庭入不敷出,基本生活堪忧。这一现实情况既没有达到低保救助政策保障贫困居民基本生活水平的政策目标,又没有体现低保救助资金的科学合理分配。能否寻求一种充分考虑不同医疗支出水平状况下的低保金额分配方案,显得尤为重要。

本书将在考虑不同低保家庭医疗支出水平的基础上,利用最优控制理论为低保金额分配问题提供理论思路。具体就是:假设低保总救助额度为S(对应最优控制问题中的状态变量);依据家庭健康状况划分两类低保对象,一类是高医疗支出低保家庭(下标为1),其获得的低保救助额度为X(对应最优控制问题中的控制变量),一类是普通医疗支出低保家庭(下标为2),其获得剩余低保救助额度$(S-X)$;由于两类家庭医疗支出水平存在差异,相同低保救助金额对两类家庭带来的效用必然不同,例如同样1万元的救助额度对于那些高医疗支出的低保家庭无异于雪中送炭,其带来的效用水平明显高于普通家庭,因此设两类家庭的效用函数[1]分别为:

$$\begin{cases} U_1 = \dfrac{a_1}{(1+b_1)} X^{(1+b_1)} \\ U_2 = \dfrac{a_2}{(1+b_2)} (S-X)^{(1+b_2)} \end{cases} \tag{5-2}$$

$$且 X=S/2 时, U_1 > U_2$$

---

[1]　效用函数形式采用经济学研究中最常用的不变弹性系数效用函数。

另外,民政部门在执行低保政策时理应兼顾两类家庭利益,因此每期决策都考虑社会总效用 $U=U_1+U_2$;值得注意的是低保金的发放并非只在一个静态时点上进行,而是往往涉及很长时间(近似于最优控制理论下的无限时间决策),民政部门不仅需要考虑当期决策产生的社会总效用水平 $U(S,X)$,还需要考虑未来效用的折现,用最优控制问题下的 Bellman 等式描述如下:

$$V(S) = \underset{X}{Max}\{U(S,X)+\delta E[V(g(S,X,\varepsilon))]\} \quad \delta \text{ 是折现因子} \quad (5-3)$$

其中 $S_{t+1}=g(S_t,X_t,\varepsilon_t)$ 表示状态变量的转移函数,决定了未来的低保额度,$E[]$ 表示取期望操作;由于每期救助总额度 S 并非固定不变的而是存在着随机冲击(如民政部门依据本年度经济发展水平提高低保救助金额),为分析方便假定 ε 服从参数为 $(1,\sigma)$ 的对数正态分布。在上述 Bellman 方程中,$V(S)$ 即价值函数[①](Value Function)是未知的,且绝大多数情况下都很难得到解析表达式,只能采用数值方法。

在最优控制相关问题的求解方法中,线性二次型(Linear-Quadratic LQ)方法是最为常用的,如 Kendrick[②]、Christiano[③],该方法通过在稳态水平下的二阶泰勒展开来近似化收益函数(对应前述 U)和状态转移函数(对应前述 g),然后基于控制变量 X 和状态变量 S 的函数关系来反复迭代求解最优控制变量 X^*。尽管 LQ 方法非常简洁,然而它只适合处理收益函数为二次式,状态转移函数为线性形式的最优控制问题,而本书中效用函数为非二次式,因此应用 LQ 方法可能会带来较大偏误。因此本书采用 Miranda 和 Fackler 基于数值求积、样条插值等数值计算方法提出的匹配法[④],该方法在解决金融领域内相关最优控制问题如美式期权定价[⑤]、偏微分方程求解[⑥]等有较为广泛的应用,下面基于匹配法

① 价值函数代表着当期效用和未来效用折现的加总。

② DA. Kendrick. Stochastic Control for Economic Models[M]. New York:McGraw-Hill Press,1981:112-120.

③ LJ. Christiano. Solving the Stochastic Growth Model by Linear-Quadratic Approximation and by Value Function Iteration[J]. Journal of Business and Economic Statistic,1990(8):23-26.

④ MJ. Miranda,PL. Fackler. Applied Computational Economics and Finance[M]. Cambridge,MA:MIT Press,2004:59-61.

⑤ A. Serghini. Pricing American bond options using a cubic spline collocation method[J]. Bulletin of Brazilian Mathematical Society,2014(32):189-205.

⑥ MK. Kadalbajoo,LP. Tripathi,A. Kumar. A Cubic B-Spline collocation method for a numerical solution of the generalized Black-Scholes equation[J]. Mathematical & Computer Modelling,2012(55):1483-1505.

来具体介绍如何确定对高医疗支出低保家庭的救助金额：

由于价值函数 $V(S)$ 未知，但是可以基于切比雪夫多项式、样条等插值方法作如下近似化处理，如式（5-4）所示其中 ϕ 表示插值基函数，N 表示插值阶数，通常可以通过提高 N 来提高插值精度；基函数方面既可以选择切比雪夫基函数也可以选择样条基函数；C 为系数向量，通过求解 C 可以很容易地得到价值函数 $V(S)$，因而是整个问题的关键。

$$V(S) = \sum_{i=1}^{N} \phi(S)C_i \tag{5-4}$$

将价值函数的近似表达式（5-4）代入式（5-3）可以将 Bellman 等式写为如下形式：

$$\sum_{i=1}^{N} \phi(S)C_i = Max\left\{ U(S,X) + \delta E\left[\sum_{i=1}^{N} \phi(g(S,X,\varepsilon))C_i \right] \right\} \tag{5-5}$$

因为状态转移函数并非确定性函数，含有服从对数正态分布的随机变量（即每期新增的低保资金），因此期望操作[①]$E[\cdot]$ 涉及积分计算，利用 Gauss 数值积分方法在若干固定积分点上很容易求解，因此式（5-5）转为如下（5-6）式，其中 $(\varepsilon_k, w_k)_{k=1}^{K}$ 为对应的 Gauss 积分点和权重系数：

$$\sum_{i=1}^{N} \phi(S)C_i = \underset{X}{Max}\left\{ U(S,X) + \delta \sum_{k=1}^{K}\sum_{i=1}^{N} w_k \phi(g(S,X,\varepsilon_k))C_i \right\} \tag{5-6}$$

接下来可以利用依次迭代方法求解插值系数向量 C 和对特殊家庭的最优救助金额 X^*，即首先在初始向量 $C0$ 下求解最优救助金额 X^*，然后在 X^* 条件下更新系数向量 C，重复上述迭代过程直至 C 达到收敛条件。

现在将依据上述思路在一组既定参数下，求解对高医疗支出低保家庭的最优救助金额，令两类家庭效用函数中对应系数分别为：$a_1=1, b_1=-2, a_2=2, b_2=-3$，另外折现因子 $\delta=0.9$，从图 5-1 中可以看出，两类家庭的效用曲线存在边际效用递减的趋势且当两类家庭救助金额相同时，高医疗支出低保家庭的效用水平显著高于普通医疗支出低保家庭，这表明参数的设定是符合前述分析思路的；另设，对高医疗支出低保家庭的救助额度。

---

① $E(h(x)) = \int_I p(x)h(x)dx$　$p(x)$ 为随机变量 x 的概率密度函数。

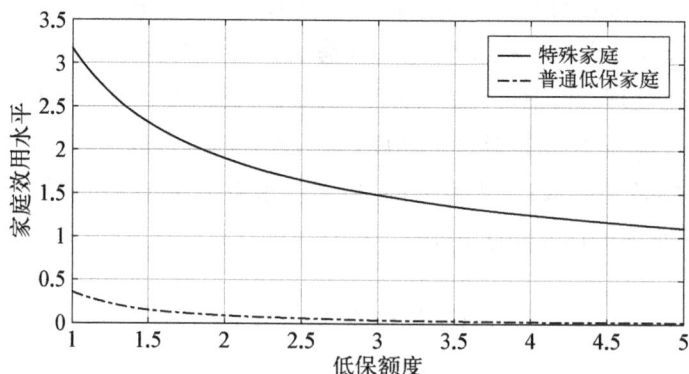

图 5-1　高低两类医疗支出家庭的低保救助效用水平

为了比较不同方法的求解结果,本书同时采用二次型(LQ)和匹配法(Collocation)来计算上述问题,在匹配法中运用样条函数来近似价值函数 $V(S)$,在经历约 150 次迭代之后得到对高医疗支出低保家庭的最优救助金额 X^* 和最终价值函数;并在进一步的检验中得到两种方法的偏差,具体计算结果如图 5-2、图 5-3 所示。

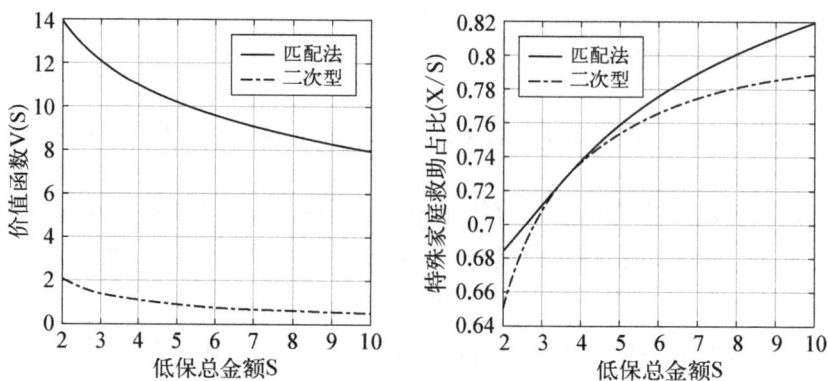

图 5-2　价值函数和最优救助金额

图 5-2 中左图显示了价值函数曲线,表明随着低保金额的增加,价值函数有递减趋势,这符合边际效用递减的规律,图 2 右图并未直接给出对高医疗支出低保家庭的最优救助金额 X^*,而是以其在总救助金额的占比即 X^*/S 来表示,不同的总金额对应了一个最优的比例(例如在匹配法下当总求助额度 S 为 5 时,对高医疗支出低保家庭的救助金额应占总额的 75% 左右,余下 25% 分配给

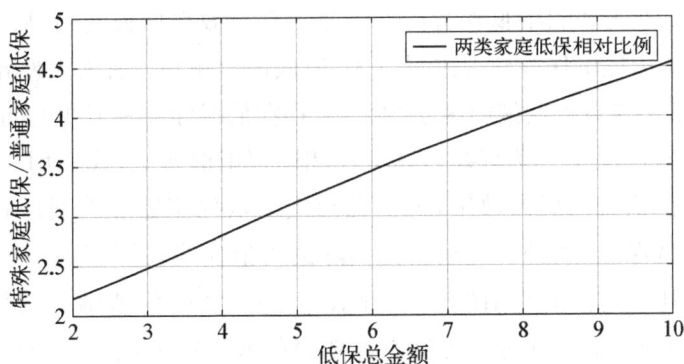

图 5-3　高低两类医疗支出家庭低保的最优相对比例

普通医疗支出低保家庭),随着 S 的不断上升,这一比例也在不断增加(从最初的 68% 上升到 82%)但增速放缓。为了更直观地反映两类家庭的最优救助金额差异,图 5-3 给出了二者的最优比率,发现高医疗支出低保家庭获得的低保金额应该为普通医疗支出家庭低保金额的 2—5 倍。

值得注意的是,无论是价值函数 $V(S)$ 还是最优救助金额 X^*,二次型和匹配法给出的计算结果存在较大差异,为了评判两种方法的优劣,我们在一组给定的价值函数取值下得到两种方法的估计误差,其结果如图 5-4 所示,显然匹配法的表现大大优于二次型方法,这是因为本书设定的效用函数并非二次式,用二阶泰勒展开来近似化处理存在着偏误,此外二次型方法在稳态水平下的泰勒展开只能保证在稳态水平的领域内有较好的函数逼近效果,而如果随机冲击使得状态变量 S 较大幅度、较频繁地偏离稳态水平则二次型的逼近效果很差。

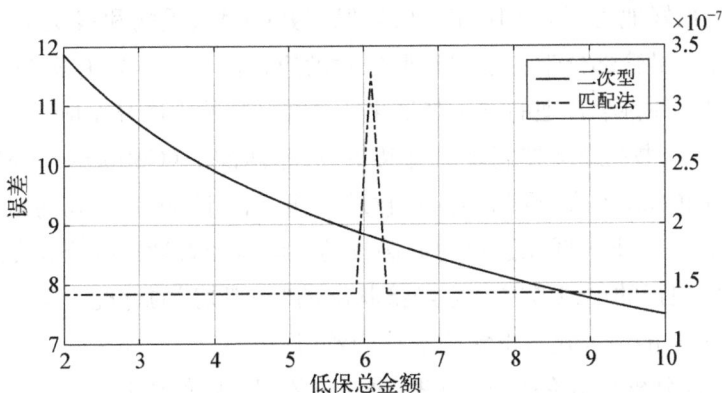

图 5-4　二次型和匹配法两种方法的计算偏差

下面进一步分析目前低保分配政策是否存在效率损失问题,从前面的分析发现尽管不同家庭的医疗状况差异巨大,但低保金额却没有太大差异,实际执行过程中几乎没有考虑家庭健康因素的影响,存在低保标准一刀切的问题(图5-1显示低保金额近似于一条直线),因此在相同理论框架下,我们用 $X = S/2$ 来近似模拟目前执行的低保政策,即高医疗支出低保家庭和普通医疗支出低保家庭获得的低保金额相同,进而得到实际的价值曲线,并与最优政策 X^* 下的价值曲线对比,具体结果如图5-5所示。显然,实际价值函数明显小于最优价值函数,即现行的低保分配方案存在明显的效率损失,远未实现社会效用的最大化。

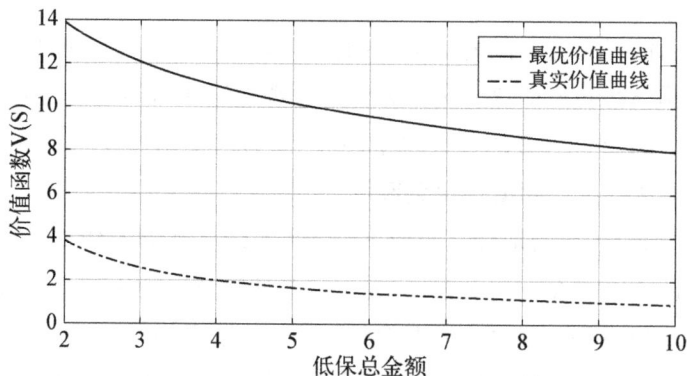

图5-5 低保政策的理论执行效果

本书在低保救助的家计调查微观数据的基础上发现不同家庭的医疗支出和健康状况差异巨大,虽然低保救助对较高医疗支出家庭具有倾斜效应,但现行低保分配未能很好地为部分高医疗支出低保家庭(大病、重病和残疾家庭)提供基本生活保障。尽管部分学者意识到低保救助应该向特殊家庭有所倾斜,然而目前并未提出一种科学合理的方法来量化这种"倾斜"的力度究竟应该有多大。针对这一问题,本书在最优控制理论框架下,利用匹配法(Collocation Method)求解相关的 Bellman 等式,得到不同总救助金额条件下,两类家庭的最优救助额度,发现对高医疗支出低保家庭的低保救助额度应为普通医疗支出低保家庭的2至5倍,而现行的单纯考虑家庭经济状况的"一刀切"的分配方案会带来明显的效率损失,未能最大化低保实施的社会效用。

依据上述分析和结论认为:首先,进一步依据家庭健康状况完善相关的救助标准制定方法,保证在照顾大病、重病家庭的情况下兼顾不同类型救助对象家庭的利益,实现低保政策的"全面兜底"作用,提高低保政策实施的社会整体效用水平;其次,进一步完善相关救助政策的评估机制,尤其要在家计调查中做好救助工作的审核评估;做好低保政策实施成效的动态监测,将效用理论与实践相结合,科学合理地度量救助政策产生的社会效用,它不仅是政策效力评估的重要基础,更有可能成为最优救助执行标准的确定依据;最后,统筹发展社会低保、医疗救助、商业保险等多方位一体化的综合社会保障制度,形成高端有市场(商业保险)、中端有支持(社会保险)和低端有保障(社会救助)的社会保障体系。

三、低保救助政策的就业激励效应检验

(一) 变量选取与数据处理

1. 自变量

各地区城市低保救助政策中,设置"就业激励政策",如对有劳动能力的受助者,要求其在申请救助前,需要事先找工作;救助后需要接受政府部门举办的就业技能培训和就业推介,定期参加社区举办的公益性劳动。本书的解释变量围绕问卷中的低保就业激励措施,参考学者兰剑、慈勤英的做法,选取 5 个自变量,主要包括:① 申请低保时是否要求事先找工作;② 政府部门是否介绍过工作;③ 受助者是否参加过职业培训;④ 是否组织公益性劳动;⑤ 受助者是否参加过公益劳动[①]。

2. 因变量

该研究旨在探讨低保就业激励措施是否能促进受助者实现就业,因此选取低保群体的就业情况作为被解释变量,问卷中采用:低保受助者目前的"就业情况"(就业还是失业)进行操作化。

3. 控制变量

由于就业情况还受到个体因素如年龄、性别、教育程度、健康状况;家庭因素如家中需要照顾的老人、孩子数、家庭所需照顾的病患者(可以从家庭医疗支出反应)。一般认为,家庭所需照顾人数越多,就越不可能就业;救助给予如救助金额的高低(普遍认为,救助金越高,救助依赖可能越强,就业意愿越低)等方面的影响;因此,把以上控制变量纳入模型,力求探究低保就业激励措施对受助者就业情况的影响。

---

① 兰剑,慈勤英. 促进就业抑或强化"福利依赖"? ——基于城市低保"反福利依赖政策"的实证分析[J].西南大学学报(社会科学版),2016,42(03): 36-44+190.

4. 数据处理

当前的低保政策来看,就业激励措施主要针对的是城市低保对象,因此本书分析样本为城市低保家庭。课题组收集的样本总数为 1 503 个,有效样本 1 389 个,筛选出的城市样本 809 个,剔除缺失值和奇异值,最后分析样本为 795 个样本。为了统一量纲,医疗支出和低保金额均为年度数据,被换算为万元单位。

（二）分析结果

以城市低保受助者"是否就业"为被解释变量,构建二元逻辑斯蒂克回归模型,具体结果如表 5－11 所示。根据自变量与控制变量纳入模型的先后顺序,构建 2 个嵌套模型。

表 5－11　低保就业激励政策对受助者就业影响的回归分析结果

	模型 1		模型 2	
	回归系数 B	标准误	回归系数 B	标准误
常数项	−1.565***	0.193	−2.246***	0.617
是否介绍过工作	0.772**	0.246	0.580*	0.259
是否要求先找工作	0.443	0.262	0.497	0.286
是否参加过职业培训	0.867**	0.300	0.569	0.331
是否组织过公益劳动	−0.431	0.289	−0.322	0.327
是否参加过公益劳动	0.630*	0.255	0.432	0.275
年龄			0.006	0.010
性别			0.134	0.191
是否有配偶			0.201	0.205
教育年限			−0.008	0.028
是否健康			1.134***	0.204
少儿人数			0.241	0.212
老年人数			−0.659*	0.276
医疗支出			−0.070	0.067
年低保金			−0.249	0.243
模型系数的综合检验	53.722(df=5)***		103.856(df=14)***	

	模型 1		模型 2	
	回归系数 B	标准误	回归系数 B	标准误
−2 对数似然值	811.269		709.917	
Nagelkerke R 方	0.099		0.195	
Hosmer‐Lemeshow 检验	卡方(3.025)(df=5) Sig=0.696		卡方(10.920)(df=8) Sig=0.206	
N	795		795	

注：显著度：＊p＜0.05，＊＊p＜0.01，＊＊＊p＜0.001。

在模型 1 中，从模型系数的综合检验和−2 对数似然值以及 H‐L 检验来看，采用该模型是合理的，模型整体性拟合效果较好。从变量回归系数来看，政府是否提供过工作介绍的影响为正，系数标准误为 0.246，在 95％置信水平下显著；就业技能培训的影响为正，系数标准误为 0.300，同样在 95％置信水平下显著；参加公益劳动的影响为正，系数标准误为 0.255，在 90％置信水平下显著。这说明，低保就业激励政策发挥了应有的作用，有力地促进了低保受助者的就业。

模型 2 加入控制变量，从模型运行结果来看，模型系数的综合检验（模型）、−2 对数似然值以及 H‐L 检验卡方检验可知，该模型拟合优度良好，可以采纳该模型。加入控制变量后，发现是否介绍过工作对低保受助者的就业呈正向影响，说明职业介绍是促进受助者就业的重要途径和方式。其他变量对因变量影响不显著。需要关注的是，身体越健康、家中越少老人的低保对象就业会比身体不健康、家中有老人需要照顾的受助者就业更多。家庭老年人口的照顾需要耗费大量时间成本和人力成本，使得家庭照顾者的就业成为难题。如何协助贫困家庭减低供养负担，释放家庭劳动力，促进这类贫困家庭实现脱贫，是一项值得深入关注的重要问题。

两个模型表明，低保就业激励政策能有力地促进低保受助者的就业，但对于家庭有老年人、身体不健康以及生活不能自理人员的家庭，就业激励无法分担这些生活负担，就业激励政策并不能发挥实效。寻找其他资源进行额外的救助帮扶，将家庭劳动力得以释放，可能才会让就业激励政策继续推进，发挥成效。因此，单一救助政策的实施达到的成效是有限的，低保救助政策的多元整合，才是提升救助成效的最佳途径。

四、低保专项教育、医疗救助的贫困阻断效应检验

（一）变量选取与数据处理

1. 因变量

各地区城市低保救助政策中，对那些因为疾病、教育等原因陷入贫困的受助者提供"低保专项医疗救助和教育救助"。本书的解释变量围绕问卷中的低保贫困阻断的措施，选取以下两项作为自变量，主要包括：（1）获取医疗救助金额；（2）获取教育救助金额。

2. 自变量

该研究旨在探讨低保医疗、教育专项救助是否切实的关切到那些医疗、教育需求较大的贫困家庭，因此选取低保群体的家庭医疗和教育需求情况作为解释变量，问卷中采用低保受助者的家庭的"年医疗保健支出"度量家庭的医疗需求；使用家庭"年教育支出"度量家庭教育需求。

3. 控制变量

根据政策解读，医疗救助和教育救助的救助标准与低保救助差不多，除了贫困家庭的医疗教育需求外，家庭的个体化弱势和经济贫困境地也是考虑的重点。此外，由于医疗和教育资源分布的城乡差异，医疗与教育救助情况还受到城乡区域的影响。因此，为了能更加准确的分析医疗救助和教育救助对贫困家庭的教育与医疗的关切程度，把以上控制变量纳入模型。

（二）分析结果

为探究贫困家庭的教育、医疗支出对教育、医疗救助产生的影响，本书构建了 2 个 MLR 模型（Multivariate Linear Regression Model）进行数据分析，模型 1 考虑教育支出对教育救助的影响，模型 2 考虑医疗支出对医疗救助的影响结果，共同分析低保救助的贫困阻断效应，结果如表 5 - 12 所示。

表 5 - 12　低保专项医疗救助、教育救助影响因素的多元线性回归分析结果

	模型 1		模型 2	
	回归系数 B	标准误	回归系数 B	标准误
常数项	0.033*	0.013	0.050	0.056
教育支出	0.044***	0.004		

	模型 1		模型 2	
	回归系数 B	标准误	回归系数 B	标准误
医疗支出			0.059***	0.004
年龄	0.000*	0.000	−0.001	0.001
性别	−0.005	0.005	−0.007	0.019
教育年限	0.000	0.001	0.002	0.002
是否有工作	0.010*	0.005	0.011	0.021
人均纯收入	−0.001	0.001	−0.011*	0.005
住房面积	−6.645	0.000	0.000	0.000
城乡	−0.006	0.005	−0.021	0.023
R^2	0.096		0.151	
F	18.435***		30.944***	
N	1 389		1 389	

注：显著度：＊ p＜0.05，＊＊ p＜0.01，＊＊＊ p＜0.001。

比较模型系数可知，第一，模型 1 和模型 2 的拟合优度 R^2 分别为 0.096 和 0.151。可以推断，两个模型可以解释对应被解释变量方差的 9.6％ 和 15.1％。第二，F＝18.435 和 30.944，p＜0.001，这说明虚拟假设，即"低保家庭的教育支出和医疗支出"对其获得的教育救助金额和医疗救助金额没有影响被否定。第三，从模型 1 的回归系数看，低保家庭的教育支出（b＝.044，p＜0.001）对获取的教育救助金额具有显著正向影响。在模型 2 中，从回归系数看，低保家庭医疗保健支出（b＝.059，p＜0.001）对医疗救助金额具有显著的正向影响。数据显示，贫困家庭在教育、医疗方面的需求越大，可以获得更多的救助资源分配。这也证明，从制度设计到制度实施，教育救助和医疗救助切实的关注到那些教育和医疗需求较大的家庭，在实现贫困阻断上具有成效。

五、本章小结

从低保救助效果来看，低保救助金额不能完全满足救助对象家庭的基本生活需要。数据表明，因病致贫、因学致贫是现在城乡困难群体中最常见的"致困"原因。即贫困原因主要是由于健康、劳动能力缺乏以及子女教育费用等问题导致的。对低保对象要从生活救助、生产帮扶、就业帮助、教育资助、医疗救助、法律援助等多方面入手，对特困人口实行全方位、多层次覆盖的社会救助网络，有效的保障低保困难群体的生产生活需要。关注的不仅是低保对象本人，更要关注其家庭系统，拓展社会救助辐射范围，建立多层次的救助服务对象网络。应该注意的是，我们要明确最低生活保障制度是救助体系的重要组成部分，也是基础部分，它的作用是对低于最低生活保障标准的困难家庭提供基本的生活保障，不是解决低保对象的所有困难。

本部分考察了低保救助的成效检验——底线公平的测量与分析。分别从低保救助对家庭收支的偏分配效应、低保就业激励政策对就业的激励效应、教育医疗专项救助对家庭教育医疗需求的关切三方面开展研究，主要得出以下三个基本结论：

第一，在低保救助的分配效应方面，多元线性回归模型结果显示，贫困家庭的收支结构中，家庭工资性收入对低保救助分配金额具有显著地负向影响；除了收入外，家庭的刚性支出结构对救助同样产生正向影响，即刚性支出越高，获得的救助金额越高。门槛效应回归模型结果表明，低保救助资源更多地向收入更低的家庭倾斜，但倾斜覆盖的低保家庭比例较低，政策倾斜力度不够，低保救助制度的资源分配远不能满足低收入家庭的基本需求。值得关注的是，低保政策的实施并未对支出较高的家庭给予资源分配上的倾斜。当前低保救助资源分配更多是以收入为主要标准的差额救助，在救助资源分配上对家庭刚性支出的考量仍然不足。

第二，在低保就业激励效应方面，二元 logistics 回归模型结果表明，就业激励政策对低保对象就业产生积极的正向作用。说明低保救助的就业激励措施起到了较好的成效，如公益性岗位的设置和通过政府进行资源连的工作机会，都极大的促进贫困者就业的概率。除了关注收入、支出型贫困外，还应该关注能力贫困。因为能力是家庭功能的完善程度的重要保障，持续加强对就业困难低保受助者的直接就业援助，持续开展教育援助和就业技能培训，与社会企业积极对接，开展职业介绍和创业资源和平台的链接，开展社区基层公益岗位的设置等，有重点、有方向的推进贫困受助者的就业支持体系建设。实现现金救助保障生存、就业援助实现脱贫的低保救助"反贫困模式"。

第三，在贫困阻断效应方面，多元线性回归结果显示，教育支出对获得的教育救助具有显著正向影响，医疗支出对医疗救助金额具有显著影响。说明教育、医疗专项救助在关切贫困家庭的教养压力、医疗负担方面成效显著。从调研数据得知，低保对象及其家庭比较重视孩子的教育问题。低保家庭的脱贫致富非常困难，如果孩子因家庭贫困得不到良好的教育，那么很有可能出现贫困的"代际传递"。教育救助在一定程度上弥补教育资源不足的短板，对阻断贫困代际传递具有积极成效。

第六章
低保救助综合绩效评估分析

第一节　指标设计、指标赋权方法与权重解析

一、指标赋权方法与模型

一般而言,构建指标权重的方法按照主客观,可以将其划分为两种:一是主观赋权法;二是客观赋权法。前者主要根据专家经验设定权重,常见的方法有综合指数法、专家评价法、AHP 方法等。后者依据原始数据的特征和规律来构建权重,常见的方法有主成分分析法、因子分析法、熵值法等。其中,主成分分析和因子分析的区别在于因子方程的设定。与主成分分析不同,因子分析假定因子服从一个随机过程,因此该方法更多的应用于时间序列。主观评价法可以较好地体现主观评价者的偏好,但每个人的主观价值判断标准存在差异,因而构建的权重不具有稳定性。相对主观法而言,客观法受到主观影响较小。但缺点在于权数的分配会受到样本数据随机性影响,不同的样本即使使用相同的方法也会得出不同的权数。

评价低保救助制度时往往面临众多指标,有的指标反映制度设计的科学性,如救助标准、申请程序等;有的指标反映制度实施绩效,如减负效果、受保对象主观满意度等;有的指标反映低保制度的社会效应,如低保救助制度的社会激励情况、教育与医疗专项救助等。依据单一指标进行评价会产生显著差异化的结论,有必要设计一种能够反映低保救助制度绩效的综合性指标。设计综合指标时,需要对每个分量指标(如申请周期、低保金额满意度等)赋予对应的权重。为保证指标设计的科学性与准确性,权重不能主观设定,而需依据数据本身的统计规律和特征,因此,综合考虑各指标权重方法的利弊,本书选取熵值法确定指标权重。熵值法是基于变量的熵来确定指标权重,依据香农的信息论,熵(Entropy)

是对数据或信息不确定性的度量,熵越大则不确定性程度越高。熵值法,顾名思义,是依据各指标的熵值来赋权,如果某项指标熵值较小,则表明其不确定性程度低,提供信息量较大,在综合评价中发挥的作用也更大,其权重应较高;反之,某项指标熵值较大,其不确定性程度较高,提供信息量较小,在综合评价中发挥作用有限,权重应较小。该方法的优点是能够充分利用指标数据的原始信息,客观的对各指标进行赋权。避免因主观赋权导致的评估结果失真的现象,提高了评价结果的可靠性和准确性。

关于如何应用熵值法为各项指标赋权,具体步骤如下:

假设存在 n 个样本,每个样本包括 m 个指标。

第一步,对指标进行归一化处理,消除量纲差异。若第 i 项指标 x_i 为"正"向指标,即取值越大,结果越有利,则依据式(6-1)进行归一化,若第 i 项指标 x_i 为"负"向指标,即取值越小,结果越有利,则依据式(6-2)进行归一化。

$$\widetilde{x}_i = \frac{x_i - Min(x_i)}{Max(x_i) - Min(x_i)}; i = 1, \cdots, m \tag{6-1}$$

$$\widetilde{x}_i = \frac{Max(x_i) - x_i}{Max(x_i) - Min(x_i)}; i = 1, \cdots, m \tag{6-2}$$

第二步,计算熵值时,需要确定概率分布,然而现实情况的复杂性,难以确定各项指标的总体分布,往往采用经验分布替代。具体如式(6-3)所示:

$$p_{ij} = \frac{\widetilde{x}_{ij}}{\sum_{i=1}^{n} \widetilde{x}_{ij}}; i = 1, \cdots, n \quad j = 1, \cdots, m \tag{6-3}$$

第三步,依据经验分布概率,测算各项指标的熵值

$$e_j = -k \sum_{i=1}^{n} p_{ij} \log(p_{ij})$$
$$\text{其中} k = 1/\log(n), j = 1, \cdots, m \tag{6-4}$$

第四步,依据熵值对各项指标赋予权重,显然某项指标的熵值越大,在编制综合指标时,该项指标被赋予的权重越小。

$$W_j = \frac{d_j}{\sum_{j=1}^{m} d_j}$$
$$\text{其中} d_j = 1 - e_j, j = 1, \cdots, m \tag{6-5}$$

依据上述式(6-1)～(6-5)对各项低保指标赋权后,依据式(6-6)对每个样本的 m 项指标进行加权平均后得到该样本的综合得分,取值越大,则低保制度在该样本上的执行情况越好。

$$S_i = \sum_{j=1}^{m} W_j \widetilde{x}_{ij} \qquad (6-6)$$

二、指标权重结果与分析

本书利用熵值法确定各评估指标权,利用收集的问卷调查数据收集了相关指标数据。根据以上计算权重值的步骤得出各层次指标权重,具体见表格6-1所示。

表6-1 低保救助政策综合绩效评估指标权重

一级指标	二级指标	三级指标	权　重	排序
制度设计	救助水平	低保家庭人均名义月低保标准	0.019 321 958	11
	救助标准调整	城乡低保标准的调整趋势	0.003 960 626	16
	反依赖机制	申请低保的工作要求	0.048 107 895	5
制度实施	低保申请	低保申请方式	0.044 745 792	7
		低保申请次数	0.001 241 886	23
		申请到成功获取低保间隔天数	0.001 016 055	24
		低保申请程序是否合理	0.005 720 488	15
		申请中是否遭遇不合理对待	0.001 833 847	22
	信息核对和动态管理	有无定期追踪审查	0.003 893 34	17
		审查周期	0.003 335 023	18
	居民对低保实施工作的主观评价	对低保办工作人员态度满意度	0.002 422 268	20
		对低保公示的满意度	0.002 259 193	21

续　表

一级指标	二级指标	三级指标	权　重	排序
制度效果	家庭减贫效应	低保救助对家庭收支的减负效果	保金额占家庭收入比重	0.023 643 059	10
		低保金额占家庭支出比重	0.025 016 722	9
		低保金额占家庭食品支出比重	0.042 355 601	8
		目前低保家庭的恩格尔系数	0.008 402 599	14
	对救助效果的主观满意度评价	对低保金额的满意度	0.008 485 858	13
		低保是否能满足基本生活	0.012 054 088	12
		低保救助实际效果的满意度	0.003 279 279	19
	社会效应	低保救助的就业激励效应	就业培训	0.238 248 032	1
		工作推介	0.146 511 925	3
		低保期间公益服务劳动情况	0.045 676 658	6
	贫困阻断情况	大病专项救助	0.143 059 098	4
		教育专项救助	0.165 408 711	2

　　通过对权重系数的对比可以发现,制度效果的指标的权重系数远高于其他指标。可以看出,在低保救助制度绩效评估研究中,政策的实施效果相比政策实施过程,具有更重要的评估价值。具体而言,低保救助制度实施效果中的社会效应和家庭减贫效应是权重系数最大的指标,制度设计中的低保名义标准和与制度实施中的低保申请方式、申请程序处于第二位和第三位。这三方面分别体现了低保救助制度的救助标准、救助实施过程和救助效果。在低保救助制度绩效综合评估指标体系中,低保救助制度实施效果占据了较大的比重。那是因为,制度的效果是验证低保制度实施在多大程度上达到了制度目标,进行绩效评估的最终目的在于评价现有政策的运行结果。政策评估的关注对制度目标的实现越来越重视,获得更多的关注。其次,救助制度的设计尤其是救助标准的设定,是各政府在救助政策的投入,反映了政策实施方的工作重视程度和定位。随着经济社会的不断发展,对救助政策的调整和完善首先就体现在救助标准的调整上,

这也是对救助政策完善程度的核查指标。然后,制度的实施过程是连接制度设计与制度效果之间直接通道。良好的制度实施可以使制度设计落到实处,从而实现应有的制度效果。因此,对制度实施的工作绩效评价,也尤为重要。

第二节 指标描述性统计分析

学者洪大用指出,城乡二元结构是我国社会结构的显著特征。现有的低保救助制度无论从历史发展脉络,还是从制度的设计实施来看,同样体现城乡二元分化特征。改革开放以后,低保救助的转型首先是从城市居民最低生活保障制度开始的①。在这之前,农村低保制度一直处于空白。直到 2004 年 1 月,福建省成为第一个全面实施农村居民最低生活保障制度的省份。2004 年底,中国有8 个省份 1 206 个县(市)建立了农村居民最低生活保障制度,有 488 万村民、235.9 万户家庭得到了农村居民最低生活保障救助。2007 年召开的全国"两会"中,指出"在全国农村范围内建立低保制度",标志着城市低保向全民低保的转变②。

随着城乡二元分化的加剧,政府和学界都在倡导促进城乡融合。但是,由于经济发展水平和生活现实的城乡差异,在居民救助水平、救助内容和救助方式上仍然是城乡有别。鉴于此,将城市、农村分开进行变量统计,使数据分析符合实际的社会结构,同时也可以分析城乡低保救助制度在运行过程和救助效果上的差异。具体的数据分析结果如下所示:

一、低保制度设计指标描述性统计

为了对低保救助制度设计、制度实施、制度效果的基本情况有一个大致的了解,对各指标进行描述性分析。

表 6-2 显示的是城乡低保救助制度设计的基本情况。首先从救助水平来看,农村低保家庭月人均名义低保标准大部分集中在 200 元以内的组别,占比达71.2%,其次是 201—400 元以内,占比达 18.9%,400 元以上的占比较少;城市低

---

① 洪大用.转型时期中国社会救助[M].沈阳:辽宁教育出版社,2004:22—23.

② 王增文.农村社会救助制度的可持续性研究:基于对中国 10 省份 33 县市农村居民的调查[M].北京:经济科学出版社,2012:20.

保家庭月人均名义低保标准大部分集中在 201—600 元之间,占比共计 72.6%,低于 200 和高于 600 元的组别占比较少;从全部样本看,低保家庭月人均名义低保标准大部分集中在 200 元以内的组别,占比 40% 左右,201—400 的组别样本占 33.4%,其次是 401—600 元,占比 18.2%,600 元以上的样本较少。可以看出,农村低保名义标准呈现出"倒三角"形的分布形态,救助水平较低。城市低保名义标准则呈现"橄榄球"形的分布形态,大部分集中在中度水平。全部样本看,更趋近于农村样本显现的"倒三角"形态,低保救助整体水平偏低分布。

表 6‐2 城乡低保救助制度设计情况的描述性分析 单位:%

操作化指标	变量名称	变量分组	农村	城镇	全部样本
制度设计	救助水平	城乡低保家庭人均名义月低保标准	1—200 元	71.2	17.6	40.3
			201—400 元	18.9	44.1	33.4
			401—600 元	4.1	28.5	18.2
			600 元以上	5.8	9.8	8.1
	救助标准调整	城乡低保标准的调整情况	降低	1.0	4.0	2.7
			未调整	18.1	9.3	13.0
			提高	80.9	86.7	84.3
	反依赖机制	申请低保时是否有工作要求	没有	47.9	52.7	50.6
			有	1.2	13.5	8.3
			不适用	50.9	33.8	41.1
合计		频数	587	802	1 389
		百分比	100.0	100.0	100.0

从低保救助标准的调整趋势来看,无论是城镇还是农村,都有 80% 以上的样本调高了低保救助标准,只有少部分出现降低。在调整的原因分析中,大部分原因是救助标准变化导致的救助标准提高。这说明随着经济不断发展,为了让贫困人群享受到经济发展带来的红利,我国城乡低保救助标准逐步提升。值得

注意的是，仍然有 18％的农村低保标准没有任何调整，这说明城乡低保标准动态调整机制呈现一定差异。

从低保救助制度设计的反依赖机制来看，除了老年救助对象、残疾人、因病等丧失劳动力的不适用对象，城镇低保救助制度中有 13.5％的样本要求救助对象在申请低保时有先工作的要求。农村低保救助制度几乎没有这项制度设计。这一数据中，城镇要比农村高出许多。这说明，城市低保工作人员在关注困难群体救助的同时，开始注重就业激励性的救助方向。但总体来看，低保救助秉持"政府责任"，对贫困家庭实施无条件救助。缺乏"有条件"的反依赖救助机制的顶层设计使得目前的低保救助可能会加剧福利依赖的形成和退出机制较难实施的困境。

除了就业这个反依赖机制外，许多地区通过基层社区组织公益性服务/劳动的方式，给予受助者就业的要求和补助。分析发现，经常组织公益性劳动的地区不足一半，占 46.5％，从未组织的占 29.9％，受访者不知道的占 19.3％，很少组织的占 4.2％。从城乡分布来看，城市组织公益性劳动的频率相对较高，经常组织公益劳动，较落后与中等发达水平的城镇地区经常组织公益劳动的比例分别占75.9％和 78.6％，但是发达地区相对来说组织公益劳动的频率偏低，经常组织公益劳动的占比为 25.6％。农村组织公益性劳动频率相对较低，半数以上均是从未组织过公益性劳动，其中发达地区从未组织过公益性劳动的占比达 75％。可见，在组织公益性劳动方面，城市比农村更为积极，而发达地区和中等发达地区组织公益性劳动相对积极。

反观受助者对公益劳动的参与积极性，调研发现，受访者在低保受助期间，从未参加过公益性服务/劳动的占比最大，达到 58.2％，其次有 26.8％的受访者每次都参加过公益性服务/劳动，偶尔参加公益性服务/劳动的受访者占比最小，为14.8％。从城乡对比来看，城乡之间呈现非常大的差异，城市里低保对象参加公益劳动相对较多，农村地区从未参加过公益性服务/劳动的受访者高于城市地区。

受访者未参加公益性服务的原因来看，大部分受访者主要是由于不知道组织活动，占 47.8％，其次是由于健康原因未能参加，占 35.8％，再次是没时间参加，占 8.7％，认为低保金低，不值得参加的受访者占 3.2％，认为别的受保者不参加，所以也不参加的占 0.1％。从城乡对比来看，城市中由于没时间、低保金低、健康原因而未参加公益劳动的比例高于农村，而不知道组织活动的受访者比例农村高于城市。

值得注意的是,经过调研得知,低保救助对象的就业要求方面,做了比较明确的规定和要求,2014年5月1日出台的《社会救助制度暂行办法》①是目前我国社会救助领域最高层次最具权威的政策,是我国社会救助迈向法制化进程的重要标志。从这一办法中可以看到它反福利依赖和反福利捆绑理念的践行:第一,设置了就业救助部分。明确"国家对最低生活保障家庭中有劳动能力并处于失业状态的成员给予就业救助",并强制要求"最低生活保障家庭中有劳动能力但未就业的成员应当接受人力资源社会保障等有关部门的工作;无正当理由连续3次拒绝接受介绍的与其健康状况、劳动能力等相适应的工作的,县级人民政府民政部门应当决定减发或者停发其本人的最低生活保障金。"在就业救助内容中还有对低保户再就业的鼓励政策,"吸纳就业救助对象的用人单位,按照国家有关规定享受社会保险补贴、税收优惠、小额担保贷款等就业扶持政策。"第二,明细对低保户的收入规定,把之前规定中"全部货币收入和实物收入"拓展为"家庭收入状况和财产状况"。这里的财产状况就将无法具体核查的低保户实际经济状况纳入进来。

除全国性的规章制度外,地方也进行积极践行,如朝阳市规定:"劳动年龄内有劳动能力但尚未就业的低保对象,在接受低保救助期间,应当到当地公共就业服务机构办理求职登记,接受职业介绍和技能培训;应当参加社区(村)居民委员会组织的公益劳动。社区(村)居民委员会要积极配合公共就业服务机构为低保对象提供重点服务。劳动年龄内有劳动能力但尚未就业的低保对象,连续2次无正当理由拒绝接受公共就业服务机构介绍工作或不参加公益劳动的,县级人民政府民政部门可停发其保障金。低保对象在接受低保救助期间实现就业或自主创业的,可视其就业或创业的稳定情况,继续给予3至12个月的低保救助"。但政策设计与政策落实存在巨大差距。在实际调查中发现,相关执行单位并没有将以上政策规定具体落实到位,不少低保领取者均表示没有工作要求。因此,贫困地区的就业反依赖机制往往无法奏效,为救助工作的实施埋下隐患,这也是很多救助对象难以脱贫从而不能退出救助机制的一重大原因。

二、低保制度实施指标描述性统计

表6-3显示的是城乡低保救助制度实施情况的描述性分析结果。

---

① 《社会救助制度暂行办法》详见 https://baike.baidu.com/item/社会救助暂行办法/12800073? fr=aladdin。

表 6-3　城乡低保救助制度实施情况的描述性分析　　　　单位：%

操作化指标	变量名称	变量分组	农村	城镇	全样本
制度实施	低保申请	低保申请方式	自己独立提交申请	31.9	58.1	47.0
			亲朋好友帮忙	4.6	8.1	6.6
			要求社区/村干部协助申请	12.4	6.1	8.8
			社区/村干部主动提供帮助	51.1	27.7	37.6
		低保申请次数	1 次	83.8	79.2	81.2
			2 次及以上	16.2	20.8	18.8
		申请到成功获取低保间隔的天数	一个月以内	27.9	48.2	39.6
			一个月以上两个月以内	23.2	26.7	25.2
			两个月以上三个月以内	27.9	15.3	20.6
			三个月以上	21.0	9.9	14.6
		低保申请程序是否合理	不合理	8.2	6.5	7.2
			合理	91.8	93.5	92.8
		申请中是否遭遇不合理对待	遭遇过	0.5	2.1	1.4
			没有遭遇过	99.5	97.9	98.6
	信息核对和动态管理	有无定期追踪审查	没有	6.1	3.4	4.5
			有	93.9	96.6	95.5
		审查周期	一个季度以内	16.0	29.7	23.9
			一个季度以上半年以内	32.9	30.5	31.5
			半年以上一年以内	49.6	39.8	43.9
			一年以上	1.5	0.0	0.6

操作化指标	变量名称	变 量 分 组	农村	城镇	全样本
制度实施	居民对低保实施工作的主观评价				
	对低保办工作人员态度的满意度	非常不满意	0.0	0.3	0.1
		不满意	2.6	2.3	2.4
		满意	80.6	67.1	72.8
		非常满意	16.9	30.4	24.7
	对低保公示的满意度	非常不满意	0.2	0.4	0.3
		不满意	2.7	4.1	3.5
		满意	86.0	80.1	82.6
		非常满意	11.1	15.4	13.6
合计		频数	587	802	1 389
		百分比	100.0	100.0	100.0

从低保申请环节的实施情况看,低保申请方式中,有 51.1% 的农村家庭由村干部主动提供帮助,其次有 32% 的家庭自己独立提交申请。而在城镇样本中,有 58.1% 的样本家庭是自己独立提交申请,27.7% 的家庭依靠社区干部主动提供帮助。可能的解释是:一方面,农村居民相比城镇居民具有较低的文化认知水平,复杂化的申请程序与证明材料使得不具备行为能力的困境人群无法完成申请行为。救助申请程序较复杂,且要求许多证明文件,也非常费时。这对于那些重度残疾、文化水平不高等原因导致的特殊困难群体对低保救助望而却步,因此更需要获取村干部帮助申请低保;另一方面,相比于农村,城镇各级民政部门设立官方网站宣传低保政策,城镇社区和街道利用微信公众号、宣传手册等方式加强低保政策的宣传。让城镇居民能够及时获悉低保政策相关信息,懂得利用低保政策的救助来维护自身权益;但是,这样的宣传方法对贫困家庭残疾对象、无手机无电脑的贫困户、网络覆盖不到的农村地区贫困家庭而言,形同虚设。在农村地区,农村贫困对象获取的渠道更加局限。村干部掌握低保救助政策相关信息资源,信息不对形成导致农村大部分困难家庭只能依靠村干部帮助申请低

保。这说明,基层低保办事机构及其工作人员协助低保申请的工作做得比较踏实,为有需要的居民提供申请帮助。另一方面,数据也从侧面反映目前城乡低保制度的申请程序、流程和需要交纳的审核材料等信息在农村基层的群众中的宣传普及工作还不到位,政策的上传下达工作有待进一步深入到基层民众中去,扩大基层民众对低保救助申请程序的知晓度和了解度。

从低保申请次数和申请周期看,80%以上的城乡贫困家庭均在 1 次申请后就能成功领取低保金。但是从申请到成功获取低保间隔的天数来看,48.2%的城镇家庭能够在一个月内获取低保金,90%以上的城镇家庭在制度规定的三个月以内获取到申请的低保金。农村地区家庭有 27.9%的家庭能够在一个月内获取低保,有 80%的家庭在三个月内获取到低保救助。可见,城乡低保申请的工作效率较高。但是,仍有 10%的城市低保对象和 20%的农村低保对象在超出了正常办理时间外才获取低保,少数家庭甚至过了半年才拿到低保。

总体而言,农村家庭申请低保的周期更长,城乡低保申请过程的工作效率呈现差异。可能的解释是:城乡由于区域交通、信息通畅性等差异,农村家庭入户核查和经济调查花费的时间成本会更高。此外低保申请过程复杂,申请需要经历的流程包括:提交申请→审核材料→家庭经济状况核对→民主评议→公示→审批→发放低保金。整个过程周期会根据申请材料的完备性、家庭经济核对工作的顺利性等有所差异。调查过程中,工作人员和低保救助对象均反馈申请烦琐,时间周期较长等问题。

从低保申请程序看,首先是个人申请(个人及家庭成员没有申请能力的,村(居)委会代为申请),申请人应当如实书面声明家庭收入和财产状况,履行授权核查家庭经济状况的相关程序,并按审批机关要求提交家庭及其成员户籍、身份、劳动能力状况、收入、财产等有关证明材料。其次是乡镇人民政府、街道办事处受理之后,通过入户调查、邻里访问、信函索证、群众评议、信息核查等方式,对申请人的家庭经济情况进行调查核实,提出初审意见,在申请人所在村、社区公示 7 日后,报县级人民政府民政部门审批;对符合条件的申请予以批准,并在申请人所在村、社区公布;对不符合条件的申请不予批准,并书面向申请人说明理由。对批准获得最低生活保障的家庭,县级人民政府民政部门按照共同生活的家庭成员人均收入低于当地最低生活保障标准的差额,按月发给最低生活保障金。

面对这种层级提交材料又层级返回的申请程序,使得申请时间长度被拉长。

这说明,目前的低保申请程序比较烦琐和复杂,如何进一步改进和优化低保救助申请程序,是提高低保救助申请工作效率的必然要求。从低保申请程序是否合理和申请中是否遭遇不合理对待的调查发现,无论是城镇还是农村,92%以上的贫困家庭认为低保申请程序合理,98%以上的家庭在申请中没有遭遇不合理对待。这说明城乡低保救助工作人员特别是基层低保专干严格按照低保政策的规定,按照规定流程规范实施。使低保救助政策真正做到上通下达,惠及广大困难群众。

表6-4呈现的分城乡差异认为低保申请程序不合理之处分布情况,选项由多到少分别为审核时间过长、申请程序复杂、准入条件苛刻,审核存在不公现象。

表6-4 分城乡低保申请程序不合理原因分布

地区	申请程序复杂	审核时间过长	准入条件太苛刻	审核存在不公正现象	合计
城市	48.1	21.5	25.3	5.1	100
农村	29.8	70.2	26.3	8.8	100

从城乡对比来看,城市中,认为申请程序复杂占比最高,达48.1%,农村中,认为申请程序复杂占比29.8%,可以看出,城市中认为申请程序复杂的占比要大大高于农村。城市中,认为不合理之处在于审核时间过长占比21.5%,农村中,占比最高的审核时间过长的比例是70.2%,可以发现农村这一占比要大幅度高于城市地区。城市中,认为低保不合理之处在于准入条件太苛刻占比25.3%,农村中占比26.3%。总体来看,城市这一占比要高于农村。城市中,认为低保不合理之处在于审核存在不公正现象占比5.1%;农村中,这一占比是8.8%,这一占比在农村地区要高于城市。

从低保的信息核对和动态管理来看,对接受救助的受助者家庭实施动态管理,大部分地区管理机制较为详尽并实行低保工作信息化管理。包括省、市级民政部门建立低保信息数据中心,实现信息传递、审核审批、跟踪监测、数据查询联网管理。建立低保审批档案和日常管理档案,实行低保动态管理,对符合保障条件的及时纳入保障范围,对不符合保障条件的及时停止保障,对需要重新核定救助金额的及时调增(减)保障金,接受低保救助的家庭定期报告,并对低保家庭实行分类管理,定期复核。调查结果显示,城乡低保94%以上都有定期追踪审查。从审查周期看,城乡低保制度呈现差异。有50%的农村低保样本大约半年到一年审核一次。城镇低保样本中,有60％的家庭大约半年以内被审核一次,其中每个季度审核一次的样本占30％。这说明,城镇低保的动态管理工作绩效更加突出,农村低保实施稍弱。这是因为农村低保对象救助范围广,人员分散,审查工作比较困难。这也与城乡基层管理模式不同有关。目前,城镇地区实现网格化管理,通过加强对单元网格的部件和事件巡查,能够主动发现处于底层的困境人群及其家庭,直接对接政府救助,从而提升救助的处理速度,提升制度实施绩效。农村地区还远未实现管理的信息化,信息动态管理和审核的周期自然较长。在大数据技术应用背景下,如何实现"数字化、信息化"的低保工作管理模式,提高审查工作效率也成为基层低保工作人员亟待解决的问题。

从居民对低保实施工作的主观评价来看,无论是城市还是农村,均有95％以上的居民对低保办工作人员态度、对低保公示是满意的。说明基层低保部门的和工作人员的工作得到居民的广泛认可,工作绩效较高。从受助者的直观反馈中可以知道,低保工作人员以为民服务为宗旨,耐心、细致和专业的对待每一位救助对象的申请要求,救助服务工作表现较好。

从以上数据看,目前城乡低保制度设计呈现一定差异,救助工作有序展开,但是对低保对象的动态管理工作还需要进一步完善,扎实推进分类管理和数字化信息化管理是有效的途径。需要注意的是,对低保对象实行低保动态管理方式,既要求做到应保尽保,也要做到应退尽退,退出政策中包括资格排除清退方法、救助标准抵扣和救助渐退。其中资格排除渐退是目前退出效果最显著,也被最广泛应用的常规性退出政策。有部分地区在低保救助实施办法中,关于退出机制的表达较为模糊,以朝阳市为例,仅说明对已经不再符合低保救助条件的低保家庭,县级人民政府民政部门应及时办理停保手续,并委托乡镇人民政府(街道办事处)书面告知该家庭,说明理由,收回有关证件。在退出的评审机制上没有做具体的说明,例如对家庭经济现状的核实、家庭收入支出情况的了解等方面,而且是清退后告知该家庭,没有给予申辩的途径。综上,还需要扎实推进低保工作全流程、规范化实施,保障各阶段、各环节紧密相扣又有理有据,既符合政策规定,又体现人文关怀。

三、低保制度实施效果指标描述性统计

1. 低保救助实施成效概况

表6-5是城乡低保救助实施效果情况的描述性分析。从低保对贫困家庭的减

贫效应来看,通过计算城乡低保家庭人均低保金额占低保家庭人均收入、人均消费支出、人均食品支出以及恩格尔系数等,综合反映低保救助对家庭收支的减负效果。

表6-5　城乡低保救助实施效果情况的描述性分析　　　　　单位:%

操作化指标			变量名称	变量分组	农村	城镇	全样本
制度效果	家庭减贫效应	低保救助对家庭收支的减负效果	保保占家庭收入比重	均值	0.39	0.56	0.49
			低保占家庭支出比重	均值	0.33	0.49	0.42
			低保占家庭食品支出比重	均值	1.17	1.19	1.18
			低保家庭的恩格尔系数	均值	0.41	0.50	0.46
		对救助效果的主观满意度评价	对低保金额的满意度	非常不满意	2.6	8.3	5.8
				不满意	31.7	39.2	36.0
				满意	62.5	48.7	54.5
				非常满意	3.2	3.9	3.6
			低保是否能满足基本生活	很不同意	3.7	13.9	9.6
				不大同意	40.5	38.7	39.5
				比较同意	49.1	39.8	43.7
				很同意	6.6	7.6	7.2
			低保救助实际效果的满意度	非常不满意	0.0	1.1	0.6
				不满意	8.3	13.0	11.0
				满意	80.6	73.0	76.2
				非常满意	11.1	12.9	12.1
	社会效应	低保救助的就业激励效应	是否参与就业培训	没有	99.8	95.6	97.4
				有	0.2	4.4	2.6
			是否接受过政府部门工作推介	没有	99.5	82.0	89.4
				有	0.5	18.0	10.6

操作化指标		变量名称	变量分组	农村	城镇	全样本
制度效果	社会效应	低保救助的就业激励效应	是否参与过低保期间公益服务劳动	从未组织过	91.7	18.3	91.7
				很少组织	1.5	6.4	4.3
				经常组织	6.8	75.3	46.3
		贫困阻断情况	是否享受过大病专项救助	没有	89.8	88.1	88.8
				有	10.2	11.9	11.2
			是否享受过教育专项救助	没有	96.1	89.1	92.1
				有	3.9	10.9	7.9
合计				频数	587	802	1 389
				百分比	100.0	100.0	100.0

数据表明，受经济发展水平和人民生活水平等城乡差异性因素影响，就低保补差占家庭总收入、总支出和食品支出的比例而言，城市低保家庭比农村低保障家庭的比例更大。城乡低保金额维持在低保家庭总收入的39％和56％；值得注意的是，低保救助金额普遍低于低保家庭食品支出水平，二者比例大于1。可见，目前低保救助金额满足不了低保对象基本生活需求。这与学者张时飞、唐钧在《城市低保标准仅够维持低保对象的温饱》一文中的结论一致。食品支出满足的是困难群体的基本生理需求。食品消费不得不关注恩格尔系数（Engel's Coefficient），是用来衡量家庭富足程度的重要指标，计算公式为：家庭食物支出/消费总支出。根据联合国的标准，占比59％以上为贫困。表6-5数据显示，城市低保家庭恩格尔系数比农村低保家庭更大，数值为0.5，仅能维持温饱，说明城镇低保家庭生活更加困难。

低保对象对救助效果的主观满意度评价来看，分别有47.5％和34.3％的城市低保对象和农村低保对象对"低保金额"不满意。有44％的农村低保对象和52％城镇低保对象不认为"低保金额能保障家庭基本生活"。但是，城乡低保对象分别有91.7％和85.9％的低保对象对低保救助的实际效用表示满意。在调研过程中问及原因时，大部分低保对象表示："这点低保金肯定不够用，但是国家政策好,关心穷人生活";某些低保对象认为"我们不看重这点钱(低保金),主要是拿了低保可以报销医疗费用"。由此可见,对于那些无生活来源的贫困家庭而言,指着低保金过日子"不现实";而低保的附加福利给低保对象带来可预见的"好处",低保的福利"捆绑效应"带来的就出成效致使获取低保成为规避家庭风险的一大"良方",获得低保对象的认可。

从低保制度的社会效应看,用是否参与就业培训、是否接受过政府部门工作推介、是否参与过低保期间公益服务劳动等来反映低保救助的就业激励效应。数据显示,95％以上的城乡低保对象没有参加过工作培训。18％的城镇低保对象被政府部门介绍过工作,而这一数据在农村几乎为0。从组织公益劳动来看,有75.3％的城镇社区经常组织公益劳动。91.7％的农村没有组织过。数据说明,城镇低保的就业激励优于农村。

低保制度通过低保专项救助实施贫困阻断。数据显示,无论是城镇还是农村,均有88％和90％以上的低保对象没有享受到专项医疗救助和教育救助。但是仍然有10％的城镇低保对象享受到专项医疗救助和教育救助,比农村低保对象占比更高。说明,城镇低保的专项救助实施更加广泛。

2. 低保救助就业激励成效的详细分析

很多地区对最低生活保障家庭中有劳动能力并处于失业状态的成员,通过免费职业介绍、职业培训补贴、职业技能鉴定补贴、社会保险补贴、公益性岗位补贴、创业补贴、贷款贴息、税费减免、公益性岗位安置等措施,给予就业救助。加强就业救助制度与失业保险制度、最低生活保障制度和最低工资制度之间的衔接,鼓励和引导就业救助对象主动就业创业。实行就业救助对象动态管理和帮扶责任制度,对于无正当理由,连续3次拒绝接受介绍的与其健康状况、劳动能力等相适应的工作的,应当决定减发或者停发其本人的最低生活保障金。鼓励各类用人单位吸纳就业救助对象,有劳动能力和培训意愿的就业救助对象参加职业技能培训、创业培训并享有生活补贴。

就业救助的提出再次明确了一个信息:在保障低保等困难群体基本生活以外,救助对象的能力发展被决策者纳入更加关照的范围。我国社会救助从制度设计一开始就与就业有关。1993年上海探索建立城镇居民最低生活保障就是为了给大量涌现的失业和下岗生活困难人员提供基本保障。在就业救助中,民政部门主要负责低保对象申请审核、就业超标后的退保以及低保渐退;有关就业岗位的提供和培训、贷款贴息、社保补贴等主要由人社等部门负责。强调就业救助就是强调了救助的托底意识,让救助更有针对性和层次性。就业和低保联动,救助是输血,就业是造血。就业救助的核心是实施扶持政策、帮助救助对象通过不同渠道尽快实现就业。这主要包括通过免费提供岗位信息、职业介绍等方式给予救助;对吸纳就业救助对象的用人单位按照规定享受社保补贴、税收优惠等扶持政策。同时建立与低保联动的激励约束机制。

根据地方低保救助政策文本分析,大多地区都作出工作激励的政策规定:如劳动年龄内有劳动能力但尚未就业的低保对象,在接受低保救助期间,应当到当地公共就业服务机构办理求职登记,接受职业介绍和技能培训;应当参加社区(村)居民委员会组织的公益劳动。社区(村)居民委员会要积极配合公共就业服务机构为低保对象提供重点服务。劳动年龄内有劳动能力但尚未就业的低保对象,连续2次无正当理由拒绝接受公共就业服务机构介绍工作或不参加公益劳动的,县级人民政府民政部门可停发其保障金。为缓解就业后停保带来的落差感,有地方低保对象在接受低保救助期间实现就业或自主创业的,可视其就业或创业的稳定情况,继续给予3至12个月的低保救助。

调查结果显示,从处于劳动年龄段有劳动能力的受访群体的就业状况来看,大部分受访者目前没有工作,占71.01%,仅有28.99%的受访者有工作。其中城市没有工作的比例是77%,而农村为65.9%,城乡之间有微弱差异,贫困群体的就业率明显不足。从无工作者的就业意愿来看,仅有12.5%的无业受访者目前在找工作,而超过87%的无业者却没有找工作的打算。城市受访者就业意愿略高于农村(城市13.1%,农村2.9%),这与城乡就业机制和生存模式的差异有关。相对于农村以土地为生的生活模式,城市受访者失去工作往往意味着失去了赖以生存的工具。就业对于城市人口的迫切性更大。对于就业意愿,一方面要考虑到受访者的主观就业愿望,是否有强烈的就业动机;另外一方面,也需要考虑到这部分群体的人口特征,如前面分析中提到的年龄、教育、健康等。不愿去工作有个人的原因,更可能的却是社会的原因,如就业机会少,就业联动机制不合理,缺乏就业激励与不就业的惩戒措施。

要求受助者就业是强调义务和责任的重要方式。受助者在享受了救助权利的同时,应该履行一定的义务。目前,社会救助制度中对于责任的强调不足,更多的还是以义务劳动的形式进行。义务劳动受到了很多研究者的诟病,认为它对于家庭收入增长来说不具有意义。同时这种义务劳动的条件限制在实践中异化成了一种"标签"行为,成了鉴别低保户的方式,也成了排查低保户就业状况的一种手段。这种甄别方式认为如果多次不参加义务劳动,则可能存在隐性就业行为。这种方式弊端十分明显,一些受助者可能为了领取社会救助而放弃外出就业的机会,一定程度上打击受助者就业的积极性。而以工代赈,是强调受助者责任的另一种形式。这种形式,肯定了工作的意义,采取强制手段要求受助者就业。

但是目前,政府对于受访者的就业很少有强制要求。因就业与经济发展水平高度相关,表6-6呈现的是分城乡分地区受访者申请低保时,政府或社区是否要求现找工作的分布情况,在最低生活保障救助的实施中,对于有劳动力的低保对象是要求其找工作的,但实际工作中,被要求找工作的仅9.1%,45.3%的受访者未被要求找工作,40.7%的受访者认为此项问题对其不适用。

表6-6 分城乡分区域对低保救助对象就业要求的分布

地 区	工 作 要 求				
	有	无	不清楚	不适用	合计
较落后的城镇	10.2	53.5	3.2	33.1	100.0
中等发达水平城镇	17.1	42.5	5.9	34.5	100.0
发达的城镇	29.3	34.1	2.4	34.1	100.0
较落后的农村	1.4	46.6	4.1	47.8	100.0
中等发达水平	0.7	34.2	9.9	55.3	100.0
发达的农村	0.0	47.9	0.0	52.1	100.0
合 计	9.1	45.3	4.9	40.7	100.0

从城乡对比来看,城市中,在工作要求上,有要求占比最高的是发达的城镇地区占比29.3%,其次是中等发达水平城镇地区占比17.1%,最后是较落后的城镇地区占比10.2%;而这一情况在农村的情况是,较落后的农村地区占比最高为1.4%,其次是中等发达的农村地区占比0.7%,发达的农村地区的占比为0%。可以看出,城镇的占比要大幅度高于农村的占比,即申请低保时,城市对找工作要求更高。城市中,无要求占比最高的是较落后的城镇地区占比53.5%,其次是中等发达水平城镇地区占比42.5%,最后是发达的城镇地区占比34.1%。在农村,占比最高的是发达的农村地区占比47.9%,其次是较落后的农村地区占比46.6%,最后是中等发达的农村地区占比34.2%。可以看出,在落后的城市地区

和中等发达水平城区这一占比要高于同一水平的农村地区,而在发达城镇,这一占比则要低于发达农村地区。城市中,表示不清楚是否要求先找工作占比最高的是中等发达水平城镇地区占比 5.9%,其次是较落后的城镇地区占比 3.2%,最后是发达的城镇地区占比 2.4%;农村中,这一选项占比最高的是中等发达的农村地区占比 9.9%,其次是较落后的农村地区占比 4.1%,最后是发达的农村地区占比 0%。可以看出,农村中这一选项的比例要高于城市占比。城市中,有关不适用这一选项的占比最高的是中等发达水平城镇地区占比 34.5%,其次是发达的城镇地区占比 34.1%,最后是较落后的城镇地区占比 33.1%;农村中,这一占比最高的是中等发达的农村地区占比 55.3%,其次是发达的农村地区占比 52.1%,最后是较落后的农村地区占比 47.8%。可以发现,相比城市来说,农村这一选项的占比更高,即对农村来说,政府要求找工作这一问题在农村适应性相对较低。

从地区分布来看,在较落后地区,关于政府有和没有要求找工作的回答里,较落后的城镇地区要求找工作的占比是 10.2%,未要求找工作的占比 53.5%,而较落后的农村地区的占比分别是 1.4% 和 46.6%,可以发现农村地区的占比在这两项里均要低于城镇地区;在中等发达水平的地区,中等发达水平城镇地区的要求找工作的占比是 17.1%,未要求找工作的占比为 42.5%,而中等发达的农村地区的占比分别是 0.7% 和 34.2%,均低于城镇地区,而在不清楚和不适用这两个选项中,中等发达水平城镇地区的占比分别是 5.9% 和 34.5%,中等发达的农村地区的占比则为 9.9% 和 55.3%,中等发达的农村地区的占比在不清楚和不适用这两项里占比均要高于中等发达水平城镇地区的占比。在发达地区则呈现和以上两种不同的情况;在有和不清楚的选项里发达的城镇地区的占比分别是 29.3% 和 2.4%,而发达的农村地区的占比均是 0%,可以发现发达的城镇地区的占比要高于发达的农村地区。

分析发现,政府介绍工作的受访者占 11.1%,没有介绍过工作的占 45.4%,而不清楚是否介绍过工作的占 43.1%,不适用的占 0.4%。可见在低保实施过程中,在为低保户介绍工作方面工作力度仍旧不够,多数受访者对政府介绍工作的职责也不清晰。从地区分布来看,较落后地区、中等发达地区、发达地区城市介绍过工作的占比均高于农村,发达地区相差 29.6%,中等发达地区相差 22.3%,较落后地区相差 10.8%,发达地区城乡间在介绍工作方面差异最大。对此项工作要求不清楚的地区为中等发达地区,其中城市占 39.5%,农村占 56.6%。这反映了当前国家救助在理念上仍有"施与受"思维,将受助者作为一个单纯的接受者,而忽视其就业的可行性。这种思维指导下,政府在帮助受助者就业方面是消极的。分析发现,仅有较少的受助者接受过政府介绍的工作岗位。就业救助严重滞后。从实地调研情况来看,就业救助的很多手段流于形式,并未真正惠及就业困难群体。多地就业救助制度虽规定完善,但是缺乏具体的实施办法和执行成效评估,就业激励成了一种摆设,对于困难群体的救助还是处于资金发放层面。

除介绍工作外,我国目前针对处于劣势的劳动者还提供了一系列直接或间接的干预措施,来推动其最终实现就业,主要包括了税收减免、小额贷款等间接优惠措施,优先提供工作岗位、提供摊位等直接提供机会的措施,以及以提高就业技能为主的就业培训等。如表6-7所示,该就业激励和扶助政策的实践效果并不理想。一方面,政策的认知程度较低,各项就业支持政策的知晓率均较低,总体知晓率为21.56%,各项就业支持政策的知晓率均不高。其中优先提供工作岗位略高,占16.64%,其次是就业培训(16.37%)和税收减免(16.16%),而提供摊位政策的知晓率最低,不足10%。另一方面,政策的利用率更低。各项政策的利用率均不足5%甚至小额贷款和提供摊位政策在低保群体中未被使用过。就业救助难以达到理想效果。

表6-7 城市受助者就业支持状况分布 单位:%

听说过	就业支持	税收减免	就业培训	优先提供岗位	小额贷款	提供摊位
是	21.56	16.16	16.37	16.64	11.05	7.94
否	78.44	83.84	83.63	83.36	88.95	92.06
使用过	就业支持	税收减免	就业培训	优先提供岗位	小额贷款	提供摊位
是	6.22	2.93	0.41	3.09	0	0
否	93.78	97.07	99.59	96.91	100.0	100.0

注:目前强制就业政策主要在城市施行,因此,对于工作要求仅分析城市。

综上,从就业状况看,贫困群体的就业率低,就业意愿明显不足。要求受助者就业是强调集体义务和个体责任的重要方式,受助者在享受了救助权利的同时,应该履行一定的义务。但目前国家对于受助者的就业很少有强制要求,针对就业困难群体特别是其中的贫困群体的就业支持政策的实践效果并不理想。就业支持政策的认知程度较低,各项就业支持政策的知晓率均较低;而就业支持政策的利用率更低,就业救助难以达到理想效果。

3. 低保贫困阻断详细分析

为了厘清贫困阻断的受助情况,统计了医疗救助和教育救助的具体分布。

医疗救助体系是社会救助制度框架中重要的专项社会救助服务。在社会救助制度框架设计和建设过程中,城乡医疗救助体系是最晚出现、制度建设困难最多、医疗救助服务牵涉面最广、涉及关系最为错综复杂和结构性、体制性问题最多的救助领域,同时又是最需要解决的最基础、最重要和最关键的问题。目前医疗救助对象主要局限在城乡贫困人群和各类劣势人群,如"三无"人员、无劳动能力人群、低保家庭、有医疗保险但无力负担大病的人群、农村五保户以及当地政府规定的其他特殊贫困人群。从调查情况看,大部分受访家庭的成员健康状况良好,占到六成以上,另外有三成左右受访家庭成员不健康但目前能够自理,只有7%左右的城乡受访者完全不能够自理。分析家庭医疗支出费用,发现14.64%的受访者家庭基本无医疗支出,四成以上医疗支出费用在2 000元/年以下,即月均医疗支出基本在170元以下。约19.54%家庭医疗支出在2 000—4 000元之间,约合月均170—340元之间。从总体上看,大部分家庭的医疗支出费用较少。但是,仍有部分家庭(14.76%)年医疗支出超过了12 000元,从实际调查看,这部分家庭一般是有重症患者或有患有慢性病需要长期依靠药物维系者。

在家庭总支出中,医疗支出所占比重大多在20%以内,总体来说,家庭医疗负担控制在较小范围内。但仍有部分家庭,医疗支出超过了家庭总支出的40%,约占27.11%。对于这部分家庭来说,医疗负担成为医疗负债。虽然,医疗保险在低保和低收入家庭中覆盖率达到了90%以上,但对于医疗支出较多的家庭来说,医疗保险的报销并不能缓解家庭的医疗负担。针对重大疾病的二次报销和医疗救助十分必要。但实际救助状况看,大部分家庭并未获得过医疗救助。这可能与医疗救助的救助门槛设定有关。而且从医疗救助水平看,医疗救助整体水平不高,43.13%接受医疗救助者,其医疗救助仅占到总体医疗支出的20%以内。能够实现医疗支出中的60%以上来自医疗救助的仅占约20%。在医疗报销比例不高,且有相当部分医疗费用无法报销的情况下,降低医疗救助门槛和扩大医疗救助范围,对于贫困家庭来说更具实际意义(见表6-8)。

表6-8　城乡受访者医疗支出占家庭支出的比例

	家庭医疗支出占家庭支出比	医疗救助占医疗支出比
0	14.4	0
[20%以内]	38.23	43.15
[20%,40%]	21.26	26.03
[40%,60%]	13.99	7.53
[60%,80%]	8.17	3.42
[80%,100%]	3.95	19.86
Total	100	100

　　但目前医疗救助主要针对大病医疗和重症患者。从调查情况看,医疗支出多者获得医疗救助的比重更大,家庭年医疗支出在10 000元以上者,医疗救助比例达到31.65%。随着家庭医疗支出减少,医疗救助的比重相应减少。可以看出,医疗救助仍具有较强的针对性。但问题在于,年医疗支出10 000元以上,即使医疗救助可以报销31.65%,还有69.35%的医疗支出必须由家庭来承担,这对于贫困家庭来说,仍是一个非常大的数目,几乎可以占到家庭收入的半数左右。目前的医疗救助覆盖范围仍然较窄,难以缓解因病致贫的状况。医疗救助在救助范围上仍需加大力度,将更多医疗贫困家庭纳入救助体系。

　　作为国家财政教育支出的一种补充,教育救助是社会救助中一项重要的项目。教育救助是指国家、社会团体和个人为保障适龄人口获得接受教育的机会,从物质上和资金上对贫困地区和贫困学生在不同阶段提供援助的制度。其特点是通过减免、资助等方式帮助贫困人口完成相关阶段的学习,以提高其文化技能,最终解决他们的可持续生计问题。教育救助是解决贫困代际转移的有效手段,是促进教育公平和建立和谐社会不可或缺的条件。经过多年的探索,我国已经初步建立了以"两免一补"、经常性助学政策和高等学校在校困难学生资助政策为主要内容的教育救助制度。教育救助对于困难家庭有着重要意义,可以保障困难家庭子女获得教育公平的受教育权利,助力困难家庭反贫困。但现阶段我国教育救助体制发展尚不健全,在具体执行过程中也存在一定的问题,教育救助无法满足困难家庭子女实际教育需求:覆盖面窄,救助标准较低;宣传不足,缺乏认知和关注渠道;存在"学而优则助"现象,这不符合教育救助的基本原则和公平性要求；持续性堪忧。另有研究指出当前教育救助过于注重物质援助，心理救助缺失；教育救助措施没有长远规划，临时性资助色彩比较浓厚，对救助弱势群体发挥的作用很有限[①]。因此，虽然已经初步建立了以上教育救助制度，但是仍然存在一些亟待解决的问题，比如救助资金短缺、救助程序缺乏规范、教育救助对象界定不清教育救助方式单一等。针对这些问题，应该采取措施加以改正，如建立教育救助资金来源的长效机制、建立良好的教育救助运行机制、合理确定教育救助对象以及实行多样化的教育救助方式等。为进一步探求低保教育专项救助的贫困阻断情况，分析了低保家庭教育支出与教育救助情况，如表 6-9 所示。

表 6-9　城乡受访者家庭成员在学不同层次教育支出和教育救助情况分布

	家庭在学者目前最高教育层次（%）	教育费用均值（元）	各教育层次救助状况（%）	教育救助均值（元）
义务教育	42.01	2 853.98	28.28	773
高中	26.58	7 276.57	22.22	2 268.18
大学	31.41	10 324.5	49.49	3 914.28
总计	100	6 303.64	100	2 605.23

目前，37.71%的受访家庭其家庭成员有仍在上学者。教育支出是家庭支出的重要构成部分。具体分析受访家庭在学者的教育层次，发现义务教育阶段在学者占到 42.01%，而非义务教育阶段占到 57.99%。从教育费用（含学费，杂费，以及其他用于教育的费用，如课外辅导，住宿等）状况看，义务教育阶段的教育支出水平相对较低，大约 2 853.98 元每年；而非义务教育阶段明显教育费用增加，其中高中阶段者大约 7 276.57 元每年，而有上大学者，其家庭教育支出更高，达到 10 324.5 元每年。具体分析教育支出，可以看出教育支出存在分化，4 000 元以下和 10 000 元以上者占据多数，这可能反映了家庭中在学者教育层次的差异，如表 6-5 所示。数据显示，教育救助中并未全覆盖受访家庭中的在学者，从受访情况看，不足 20%的在学家庭接受了教育救助，教育救助的救助范围有限，有相当大一部分在学者没能获得过教育救助。这可能主要受到分层教育救助政

①　吴桦,我国教育救助制度完善探讨[J].西南农业大学学报(社会科学版),2012(5).

策的影响。

我国现在已全面实现九年制义务教育免费制度,城乡受访者家庭成员在学阶段为义务教育阶段时,其所获教育救助占教育支出的28.28%,考虑到义务阶段教育低保受助者义务阶段教育杂费全免,这部分教育救助可能主要是针对低收入户和临时教育救助。受访者家庭成员在读大学的教育救助占该层次教育费用的比例最高为49.49%。

针对不同教育层次,教育救助的政策存在差异。目前,较为通行的教育救助方式是,对于义务教育阶段实行杂费(如书本费、资料费等)每学期全免;而对于高中和大学,往往在入学第一年予以免除固定数额的教育费用。教育层次不同,在救助标准上存在较大差异。以武汉市为例,针对大专的救助为入学第一学年,给予教育救助2 000元;而针对本科的救助为入学第一学年,给予教育救助3 000元。但与此相对的是,非义务教育阶段,教育支出远远高于义务教育阶段。每年仅学费一项支出就远超于义务教育阶段。而对于进入大学的受访者来说,除学费外,生活支出(饮食,住宿等),成为更重要的教育支出构成部分。但对于这部分群体的教育救助却限定了学年,在进入第二学年之后,接受救助的资格取消。虽然,目前高校有针对生活困难者的贷款、勤工俭学岗位等,政策之间不应该具有互斥性,对于这一群体的教育救助仍不可或缺。这是目前教育救助的一个较大弊端。

表6-10呈现的是受助者未获得专项救助享有原因情况。无论何种专项救助,受助者选择的未获得专项救助享有原因均集中分布在"不知道该类救助项目,所以没有申请"和"不需要"两个选项。其中,医疗救助分别为53.64%和21.94%,教育救助分别为45.94%和41.06%,就业救助分别为47.51%和39.95%。可见,受助者选择的未获得专项救助享有原因中,占比最大的均为"不知道该类救助项目,所以没有申请"。大部分受助者对专项救助的知晓度比较低。

表6-10 受助者未获得专项救助的原因分布　　　　单位:%

专项救助	类　别				
	不知道该类救助项目,所以没有申请	知道该类救助项目,但没有申请	申请了未批准	其他	不需要
医疗救助	53.64	20.57	1.71	2.14	21.94
教育救助	45.94	10.76	0.75	1.49	41.06
就业救助	47.51	12.21	0	0.93	39.95

表 6-11 呈现的是城乡受访者对低保制度提出的改进建议的分布情况。通过多重响应分析得出：在以上所列出的 8 种建议中，最为迫切希望得到改善的是增加最低生活保障救助金（27.1%）和提供大病医疗保障（26.2%），而选择这两种建议的受访者比例也达到了 68.2% 和 66.1%。提供免费职业培训服务的占比为 2.6%，提供工作机会或岗位的占比为 6%，改善居住条件，提供廉（公）租房的占比为 7.1%，减免子女教育费用占比为 8.7%，代缴部分养老保险占比为 11.8%，提高养老金水平占比为 10.5%。从城乡受访者对低保制度的改进建议选择比例可以看出，他们最关心的还是最低生活保障标准的提高，也对医疗救助、教育救助、就业帮扶等具有突出需求。这也为最低生活保障制度的未来发展提供了建议和参考。

表 6-11　城乡受访者对低保制度的改进建议分布

改 进 建 议	多 重 响 应		个案百分比
	N	百分比	
增加最低生活保障救助金	969	27.1	68.2
提供免费职业培训服务	93	2.6	6.5
提供工作机会或岗位	214	6	15.1
提供大病医疗保障	938	26.2	66.1
改善居住条件,提供廉(公)租房	252	7.1	17.7
减免子女教育费用	310	8.7	21.8
代缴部分养老保险	423	11.8	29.8
提高养老金水平	375	10.5	26.4
合计	3 574	100	251.7

上文对几项主要专项救助制度的基本状况进行的分析，主要得出了以下几个主要结论：

首先，通过分析受访者专项救助享有情况，受访者对于这些救助项目的知晓率低，在家庭需要救助时因缺乏相应的信息，无法及时获得救助，抑或对制度了解不够透彻，不能按照制度要求履行相应的程序，导致无法及时享有低保专项救助。

其次，家庭医疗负担可控，医疗救助门槛偏高。从调查结果来看，有重症患者或有慢性病患者等需要长期依靠药物维系者家庭医疗负担重。大部分家庭并未获得过医疗救助,这可能与医疗救助的救助门槛设定有关。医疗救助报销比例偏低,医疗救助整体保障水平不高,有相当部分医疗费用无法报销。医疗救助是社会救助制度框架中重要的专项救助,在一定程度上是保障贫困群体生命健康权利的重要举措,因此,降低医疗救助门槛和扩大医疗救助范围十分必要。建议优化医疗救助,扩大救助范围,提高救助标准,将更多医疗贫困家庭纳入救助体系。

再次,教育支出在贫困家庭总支出中占据了重要比例,其中非义务教育阶段者占主体。对于贫困家庭,教育是提升家庭成员人力资本、阻断代际传递的重要渠道,"扶贫先扶智"已是当前扶贫工作中的中的重点,但是当前的教育救助并未全覆盖受访家庭中的在学者,有相当大一部分在学者并未获得过教育救助。教育救助力度需进一步扩大,将非义务教育的新入学者与其他年级贫困学生均纳入教育救助体系。

从以上数据分析看低保救助效果,目前的低保救助金额还不能满足基本生活需要,低保救助人口覆盖面逐年扩大,政府财政投入逐年增加,但保障水平仍然明显偏低。从研究中的低保标准可以看出,贫困地区的低保救助水平依然抵不过当地物价指数上涨的速度,也与同期当地的居民收入增长速度存在着较大的差异。调查数据显示,以调研的贫困县英山县为例,其低保对象家庭的人均年支出为 7 656.3 元,而低保对象人均年收入却只有 5 680.7 元。支出与收入之间的差距使得低保对象中有 36.4% 的低保家庭入不敷出。有 58% 的低保对象认为家庭收入不够用,大部分低保对象认为低保金不高,满足不了基本生活需求。具体而言,有 61.9% 的低保对象同意"低保金额太低"的说法;有 44.7% 的低保对象不同意"低保能满足家庭的基本生活";34.1% 的低保对象对目前的低保金额表示不满意,近 60.2% 的低保对象希望能够提高低保金额。另外,贫困地区的救助以发放低保金为主,医疗救助、教育救助、就业救助在部分地区没有得到重视。大部分未获得过医疗救助,而教育救助也仅停留在义务教育阶段,高中及以上的学费成了贫困家庭的一项重大开支,救助对象家庭仍存在就医、就学困难以及救助对象健康状况堪忧等情况。根据英山县城乡低保调研数据,低保对象身体健康状况的统计数据中,身体不健康的人数比例高达 80.1%,患有慢性病的比例达到 62.3%。残疾对象占总人数的 32.4%。在对有无工作的统计数据中,低保对象中有 73.3% 的人没有工作,其中没有工作的原因中有 85.2% 是丧失劳动能力或个人健康原因。在对低保家庭的入学人数统计得知,有 35.5% 的低保对象家庭中有 1 名及以上孩子在学。有教育支出的家庭中,需要负担每年 5 000 及以上教育费用的家庭约 35.08%。供养压力大,家庭负担沉重。在对英山县低保对象的调研中,特别发现的是,低保对象年龄段在 35—59 岁的,即中年阶段的人,占总数的 38.4%。在对家庭成员的分析看出这一部分低保对象正是处于"上有老、下有小"的人生阶段,他们在家庭中不仅需要抚育下一代,供子代上学,还要负担起赡养老一辈的责任。毫无疑问,双重的负担需要极大的物质付出。年过中旬,自身健康开始走下坡路,再加上工作能力不足等问题让整个家庭生存出现危机,从而陷入困境。提高救助金额,扎实推进教育、医疗、就业专项救助,在贫困阻断方面的工作和成效提升仍然任重道远。

4. 低保救助后对生活的满意度、生活预期、脱贫观念

表 6 - 12 反映的是救助后低保对象对生活的满意度。城市低保对象中有近60% 的人对生活不满意,有 40% 左右的人对生活满意。农村低保对象有 57.7%的人对生活满意,有 42.2% 的人对生活不满意。数据表明,城市低保对象的生活满意度比例比农村低保对象的满意度比例更低。

表 6 - 12　对目前生活的满意度

城　乡	你是对目前生活的满意度		总计(%)
	满　意	不满意	
城市	40.8	59.2	100.0
农村	57.7	42.2	100.0
总计(%)	58.5	41.4	100.0

表 6 - 13 中数据表明,在对未来 5 年的生活预期中,有 45.9% 的城市低保对象认为自己的生活水平会上升,而农村低保对象只有 30.2% 的人认为自己未来的生活水平会上升。相比于城市低保对象,更多的农村低保对象认为自己的生活水平没变化甚至是下降。由两组数据发现,目前生活满意度,城市低保对象比农村低保对象满意度更低,但对未来 5 年的生活预期上,城市低保对象比农村低保对象的生活预期更高。为何出现这一反差的原因可能与城乡生活水平差异和认知水平等因素有关,有待进一步探索。总体而言,目前低保救助后,居民的生活满意度普遍不高,未来生活预期也不太乐观。如何增进低保救助对个人生活

困难的救助程度,实现脱贫致富的发展目标,还需要持续的救助工作。

表 6-13　未来 5 年您的生活水平将会怎样变化

| 城　乡 | 您感觉未来 5 年您的生活水平将会怎样变化 | | | | 总计(%) |
	上升	没变化	下降	不好说	
城市	45.9	21.7	16.0	16.5	100.0
农村	30.2	27.1	26.8	16.0	100.0
总计(%)	38.9	24.1	20.8	16.2	100.0

表 6-14 呈现的是不同教育程度的城乡受访者对脱贫致富最重要的因素的认知分布。未上过学的受访者中 43.3% 的认为家庭脱贫致富最重要的因素是政府扶持,32.8% 的认为是个人能力,10.8% 的认为是关系,4.3% 的认为是运气,5.9% 的认为是公平的制度和环境,0.5% 的认为是慈善捐赠,2.4% 的认为是就业机会;上过小学的受访者中 43.3% 的认为家庭脱贫致富最重要的因素是个人能力,32.6% 的认为是政府扶持,11.2% 的认为是关系,3.7% 的认为是运气,4% 的认为是公平的制度和环境,0.3% 的认为是慈善捐赠,4.8% 的认为是就业机会;上过中学的受访者中 54% 的认为家庭脱贫致富最重要的因素是个人能力,25.2% 的认为是政府扶持,6.3% 的认为是关系,2.1% 的认为是运气,5.2% 的认为是公平的制度和环境,0.4% 的认为是慈善捐赠,6.7% 的认为是就业机会;教育程度为大学及以上的受访者中 80% 的认为家庭脱贫致富的最重要因素为个人能力,其他因素所占比例较小。可见,无论教育水平如何,受助者认为提升个人能力和获得政府扶持都有助于实现脱贫。

表 6-14　城乡受访者对脱贫致富最重要因素分教育程度的认知分布

| 教 育 水 平 | 致 富 原 因 | | | | | | | |
	个人能力	关系	运气	政府扶持	公平的制度和环境	慈善捐赠	就业机会	合计
未上过学	32.8	10.8	4.3	43.3	5.9	0.5	2.4	100.0
小学	43.3	11.2	3.7	32.6	4.0	0.3	4.8	100.0
中学	54.0	6.3	2.1	25.2	5.2	0.4	6.7	100.0

教育水平	致　富　原　因							
	个人能力	关系	运气	政府扶持	公平的制度和环境	慈善捐赠	就业机会	合计
大学及以上	80.0	6.0	2.0	8.0	0.0	2.0	2.0	100.0
合计	46.8	8.7	3.1	31.1	4.9	0.5	5.0	100.0

第三节　样本城市低保救助综合绩效评估得分

一、分城市进行绩效评估的思路

构建我国社会救助制度的综合评价指标体系需满足以下要求。首先从社会救助制度出发,对该制度本身进行评估。制度设计的评估是起点评估,它需要符合"三性":合目的性、规律性和规范性。主要评估社会救助制度是否与其体现出的平等的价值观、目标、功能、公平权等一致。其次,对社会救助的实施过程和结果进行评估,即应用和绩效评估。本部分基于对制度的全方位评估,致力于构建一个完整的、具有可操作性的社会救助制度的综合评估指标和评估方法。然后,综合考虑指标的全面性、科学性、合理性和可行性,对理论指标体系进行调整。以期为理论指标体系各指标构建合理的量化指标,初步提出中国新型城市化包容性发展评估的指标体系。

社会救助评估指标体系的应用需要立足实际,指导实践。首先,基于社会救助制度评估指标体系,采用中国既有数据与案例,对收集的可能指标进行检验。其次,采用抽样调查数据,对指标进行验证。依据检验结果对指标体系修正,最终提出科学、合理的社会救助评估的指标体系。其次,达到运用社会救助评价指标对我国社会救助状况的测度并进行排序评价的目标。评估的结果是为了现实的需要。综合评估的目的是对我国社会救助运行现状进行细致全面的考察并做出区域性的对比,促进比较中的发展。考虑到我国社会救助制度建设大致分为三大格局,一是较为完善的地区,包括北京、上海、浙江、广东和福建等。二是社会救助体系建设中等的省市,包括河北、黑龙江、吉林、辽宁、湖南和安徽等。三是社会救助体系建设落后的地区,主要是西部省份,如贵州、甘肃等。在中国三大格局范围内选取若干城市和乡村;依据社会救助评价指标体系,通过对选取城市进行测度,结合估计结果,达到对城市进行比较分析。

依据对选取地区的社会救助状况的测量结果,结合指标体系,全面分析不同我国社会救助制度的优点和缺陷,并结合城乡实际情况,制定不同类型的社会救助政策,实现我国社会救助制度的完善和发展。

二、样本城市综合得分

低保救助绩效评估的综合指标体系分为三大类的指标:救助设计指标、救助实施指标和救助成效指标。参考学者曹艳春的做法,根据各指标权重计算样本指标最后评估值,加权计算综合评估指数,最后得到低保救助制度绩效的综合得分。公式为:综合绩效得分=权重1×指标1+权重2×指标2+权重3×指标3+……权重X×指标X[①]。按照区域进行划分,各样本城市低保救助制度绩效评估得分如表6-15所示。

表6-15 样本城市低保救助制度绩效评估综合得分

城市名	总 体 得 分		城 市 样 本		农 村 样 本	
	得分值	排名	得分值	排名	得分值	排名
CY市	6.360 1	4	6.283 8	4	6.585 3	2
HG市	4.085 4	6	5.815 1	5	3.498 9	5
WH市	9.033 9	3	10.079 6	3	5.667 1	3
SZ市	13.384 6	1	13.384 6	1	——	——
JJ市	4.109 3	5	——	——	4.109 3	4
NB市	11.153 9	2	10.373 8	2	11.255 7	1
YC市	2.790 5	7	——	——	2.790 5	6
总计	7.027 9		8.498 2		5.026 5	

以上对各调查城市的城乡低保救助制度绩效评估分析结果可知,总体看来,东部地区的SZ市低保救助制度绩效评估总得分最高,为13.384 6,在我国低保

---

① 曹艳春.转型时期中国社会保障研究[M].上海:上海社会科学院出版社,2010:117.

救助制度的实施上起着表率作用。其次是 NB 市,在低保救助制度的绩效评估得分排名第二,得分为 11.153 9。然后是中部地区的 WH 市,总体得分为 9.033 9,其低保救助制度绩效评估较为良好。分城乡区域来看,城市低保救助制度绩效评估得分最高的仍然是 SZ 市、NB 市、WH 市。但是,农村低保救助制度绩效评估得分最高的 NB 市,其次是 CY 市,然后是 WH 市。说明,SZ、NB 分别在城市、农村低保救助制度绩效较高,有许多成功经验值得借鉴。

三、样本城市在制度设计、制度实施与制度成效上的分项得分

为了剖析具体是哪一类的一级指标对绩效评估水平的贡献最大,进而找到各地的绩效评估中的优势,本书进一步分析分指标的绩效评估水平,具体结果见表 6 - 16 所示。

表 6 - 16 各样本城市分指标的低保救助制度绩效评估综合得分

城市名	制 度 设 计		制 度 实 施		制 度 效 果	
	得分值	排名	得分值	排名	得分值	排名
CY 市	7.523 4	4	3.390 7	6	1.151 9	4
HG 市	4.223 9	5	4.396 9	2	1.021 9	7
WH 市	11.619 2	3	3.844 9	4	1.160 1	3
SZ 市	17.413 5	1	3.452 6	5	1.320 7	1
JJ 市	4.166 0	6	4.463 5	1	1.104 0	6
NB 市	14.339 1	2	3.928 5	3	1.185 5	2
YC 市	2.320 4	7	3.312 4	7	1.135 6	5
总计	9.156 4		3.730 5		1.155 0	

根据数据结果可以看出,各市在一级指标之间的评估结果相比,在制度设计上,SZ 市低保救助制度的评估得分最高,由此可以看出,SZ 市政府在对城乡低保救助政策的制定方面,相比其他地区有了较多的完善,对制度整体绩效提升的积极影响较为显著。可知,SZ 市低保救助制度的制度设计具有较好的借鉴意义。具体而言,在制度制定中,低保标准及其调整程度对绩效水平提升起到的推动作用最为明显。这在一定程度上肯定了 SZ 市政府在根据实际需要调整救助标准方面做出的努力。但是,宏观上,低保标准及其增长幅度与各地区经济发展

水平相关,物价上涨和消费支出上升都会是救助水平的影响因素。在微观上,可以考察低保标准涉及是否让贫困群体基本需求得到满足,借以考察是否享受到经济发展水平带来的红利。考察政府在政策制定的过程中,是否切实的考虑到物价上涨和消费支出上升对贫困群体生活带来的影响,并积极调整救助标准以适应这一挑战,这还需进一步深入分析。

在制度实施方面,处于中部地区的 JJ 市和 HG 市的实施绩效水平最大;另外结果显示,制度实施方面对制度整体绩效的提升做出的贡献比制度设计小。从政策文本梳理可以看出,由于低保救助制度从中央到地方,形成较为完备的制度体系,已经形成较为全面的执行流程和审核机制,这为低保救助制度的执行提供比较完善的制度保障。随着制度的不断发展完善,低保政策在维持社会有序发展方面的作用日益突出,但是基层低保工作人员在基层面临的操作难问题也日益凸显,如入户审核人手不够、家庭经济核查难、异地低保管理成本高等问题。其中,经济情况核查是基层低保工作人员反馈最大的工作难题。描述性结果显示,作为救助体系的重要部分,还应该在制度执行方面不断进行完善,如审核机制更加完善、目标瞄准机制更加准确、动态管理效率提升等。怎样提升制度实施绩效,还需进一步贴近现实深入调查分析,如何促进低保救助制度绩效的整体提升,将成为后续应用研究的重点。

在制度效果方面,从各市来看,处于东部地区的 SZ 市、NB 市的制度效果绩效水平最高。制度效果包括家庭减贫效果和低保制度带来的社会效应。制度评估最重要的要看制度结果是否满足制度目标。整体来看,低保救助制度效果对制度整体绩效的提升做出的贡献最小。目前,低保救助主要以家庭收入为主实施差额救助。在对支出型贫困的拓展救助方面,前文进一步评估发现,低保救助对家庭刚性支出如教育、医疗支出的救助效应还存在不足,救助政策中的就业激励效应较为明显。如何将救助措施进行有机整合,促进低保救助在反贫困领域的成效,还须深入研究。

综上,本部分以构建我国低保救助综合评价指标体系并准确测度中国现阶段低保救助发展状况为目的,通过对低保救助制度的评估为起点以及实施的过程和结果的评估指标体系的构建,根据已有研究,提出我国低保救助综合评估的三级指标体系。具体构建方法为:第一步,为减少量纲影响,对原始数据进行标准化处理;第二步,利用熵值法计算指标权重,变量的不确定性程度越高(即熵值越大)则对应权重越大;第三步,利用熵值法的权重值对标准化变量进行加权平均处理,得到综合得分。通过对 7 个城市的问卷调查数据,进行低保评估指标体系的实证检验。实证结果显示,总体上,SZ 市、NB 市、WH 市的低保制度绩效评估得分较高,在低保政策实践中有较好的借鉴意义。从各评估指标得分看,制度设计和制度效果方面,SZ 市都具有引领作用,但是低保标准的科学制定和评估有待深入探讨;在制度实施方面,中部的 JJ 市、WH 市等地区表现较好,完善的制度保障和落实的工作实践,促进制度实施在综合绩效中的贡献,但如何进一步评估低保制度的审核和动态管理直接导致的低保"目标瞄准"绩效,后文将深入分析;最后,如何切实加强低保制度对支出型贫困的济贫效应,加快低保制度的社会激励成效,还需进一步深入探究。

四、本章小结

本部分以构建低保救助综合评价指标体系,对低保救助制度绩效进行综合测度。首先,根据已有研究,通过对低保救助制度的评估为起点以及实施的过程和结果的评估指标体系的构建,提出低保救助综合评估的三级指标体系。其次,通过熵值法对指标赋权,计算出的各样本指标数据经过标准化处理后,得到指标标准值,将指标标准值与各自的权重相乘得到样本在该指标上的得分。然后将样本的所有指标得分加总,最后的总和即为该样本的综合得分。最后,结合分析数据,综合评价样本城市的低保制度的制度设计、制度实施和制度效果。以期对低保制度绩效有一个整体性的了解,对后续的政策建议研究提供明确的方向。

通过对东部的 SZ、NB 和中部的 CY、WH 等 7 个城市的问卷调查数据,进行低保评估指标体系的整体性评估分析。实证结果显示,总体上,东部城市 SZ、NB 的低保制度绩效评估得分较高,在低保政策实践中有较好的借鉴意义。从各评估指标得分看,制度设计和制度效果方面,东部城市都具有引领作用,低保标准的科学制定和救助成效提升的有益措施值得借鉴,有待进行深入政策解析和经验摸索;在制度实施方面,中部地区的城市表现较好,完善的制度保障和落实的工作实践,促进制度实施在综合绩效中的贡献。但如何进一步促进低保制度的审核和动态管理水平,加强低保制度对支出型贫困的济贫效应,加快低保制度实施成效,还有待后续进一步研究。

评估中的问题改进与政策反思:

首先,进一步完善收入核对机制,关注支出型致贫家庭,促进低保制度标准与贫困一致性,提高低保救助的公平性。

创新低保救助审核制度,将家庭收入、刚性支出同时纳入审核范畴。以往的低保救助申请审核办法主要是经济情况核查也就是通常所说的家计调查,也是低保瞄准程序的审核阶段,是指对申请低保的家庭对共同生活的家庭成员拥有的全部可支配收入及家庭财产的定量核查,这是我国目前甄别低保对象的主要手段。通常,经济情况核查的家庭财产是指申请人及其家庭成员拥有的全部可支配收入和家庭财产。其中收入部分主要包括工资性收入、家庭经营净(纯)收入、财产性收入、转移性收入;家庭财产包括银行存款和有价证券;机动车辆(残疾人功能性补偿代步机动车辆除外)、船舶;房屋;债权和其他财产。在实际调查中可采用信息核对、入户调查、邻里访问、信函索证等方式进行调查。但是,在实际的家计调查过程中家庭经济状况的核查面临许多难题,目前低保的信息比对系统是以银行账户、社保金缴纳为基础的,那么家庭收入尤其是隐性收入和灵活性收入难以核查,另外,很多地区还面临着人户分离、户口空挂等现象,造成家计调查管理工作存在许多纰漏。再者,政策规定由"街道主导,社区协助"的管理模式,实际上主要是由社区中的低保专干主要完成核查工作,那么低保专干的工作效率、工作能力和责任意识极大地影响了核查工作的公平性和准确性。这可能产生的后果有二,一是由于经济审查的疏漏导致的"不应保而保",造成有限的救助资源的浪费;二是由于"关系保"、"人情保"的挤占导致"应保而未保"而造成有需要的困难家庭不能及时获得救助。综上,收入核查面临诸多挑战,构建多部门信息共享的大数据信息比对系统,是解决上述问题最有效的方法,前文已有阐述,这里不再赘述。

同时,以收入贫困为基础的低保审核制度设计,随着贫困状况的不断变化以及社会政策理念的转型,救助审核逐渐显露出其不足。导致在多维度的贫困视野中,家庭收入面向的贫困测量与贫困准入制度,显示出其粗放性的弊端。忽略了贫困的多维度性、复杂性以及差异性,导致救助识别的"不精准"和救助分配的"不恰当"。此外,在分类施保的科学量化甄别方面,目前只有收入贫困线的参照标准,对如何设定一个基准线或者比例来甄别因病、因学等不同的支出型贫困群体是一个重要但是操作较为困难的问题。需要创新低保救助审核制度,建立健全低保救助标准的核算机制,对贫困家庭的困难评估必须结合收入与支出。如评估低保申请者贫困程度,应以家庭收入、财产为主要指标,纳入家庭教育、医疗等刚性支出,综合评估家庭贫困状况,并在核算收入计算救助金额时,将刚性支出在收入核算时予以扣减,增加其获得的救助金额。值得借鉴的例子是,2017

年武汉出台低收入家庭认定办法,首次对重病、长期患慢性疾病、残疾人、老年人、婴幼儿、未成年人教育等刚性支出在认定家庭可支配收入时,根据支出系数,予以扣减,计算公式为:家庭实际月可支配收入＝家庭初始月可支配收入—城乡最低生活保障标准×支出系数。内蒙古赤峰市同样依据年龄、残疾、重病、慢病等综合因素确定家庭成员劳动力系数,将贫困家庭可能导致的支出性贫困情况与收入结合起来,按照相应公式计算家庭可支配收入。这种收入核算中适当扣除收入的做法,可将更多贫困家庭纳入救助范围,同时核算救助金额时予以扣除,可使贫困家庭获取更多救助金额,促进救助资源分配完善。

其次,促进低保制度实施效率,促进低保制度动态管理,提高社会救助的专业化管理水平。

从以上数据分析看,目前城乡低保救助工作有序展开,但是对目前在册的低保对象的动态管理工作还需要进一步完善,实行分类管理是有效的途径。具体而言就是符合条件的低保申请对象,则针对其致困原因、经济收入和困难程度不尽相同的实际情况,将低保对象分为一、二、三类进行管理。一类对象为无劳动能力、无经济来源和无赡(抚、扶)养人或赡(抚、扶)养人无赡(抚、扶)养能力的"三无"人员,属于特困家庭。这类低保对象靠政府永久供养,基本没有可变因素,每半年或一年入户复查一次,主要了解低保对象生活状况以及有无新增困难情况等;二类对象为家庭主要劳动力痴呆傻残、无劳动能力且子女未成年、患重大疾病、年老体衰的人员,属于生活特别困难的家庭。这部分人纳入低保后,变动因素较小,可以每季度复查一次。三类对象为因灾、因病(暂时性或可治愈性疾病、意外事故致伤等)等原因导致家庭主要劳动力死亡或暂时丧失劳动力以及因为失业、下岗而导致生活困难的低保对象,包括其他类型的低保人员。这些人变动因素较大,每月或每两个月复查一次,主要审核家庭是否走出困境以及面临的新问题等。这样分类施保和分类管理的工作方法,可以大大提高低保工作效率,提升低保救助工作绩效。

最后,创新低保救助资源分配方案,将家庭多样化需求与救助资源进行匹配,提高各类救助的综合救助成效。

从低保救助效果来看,目前的低保救助金额还不能满足基本生活需要。低保救助效果还没有达到其政策目标。数据表明,因病致贫、因学致贫是现在城乡困难群体中最常见的"致困"原因。即贫困原因主要是由于健康、劳动能力缺乏以及子女教育费用等问题导致的。对低保对象要从生活救助、生产帮扶、就业帮助、教育资助、医疗救助、法律援助等多方面入手,对特困人口实行全方位、多层次覆盖的社会救助网络,有效的保障低保困难群体的生产生活需要。关注的不仅是低保对象本人,更要关注其家庭系统,拓展社会救助辐射范围,建立多层次的救助服务对象网络。相比于将收入、刚性支出同时纳入低保收入核查,可以在救助标准限定范围内,提高对贫困家庭的救助力度,使其基本生活尽可能得到保障的做法,加强低保救助和其他低保专项救助资源之间的衔接和配合,关注家庭中贫困个体的需求差异性,构建综合高效的救助资源分配方案,能从资源分配效率上直接提升救助带来的成效。低保救助旨在保障基本生活,对教育、医疗、赡养、住房等支出导致贫困的家庭,主要采用临时救助制度来解决,如专项医疗救助、专项教育救助等。应将低保专项救助与低保救助有机衔接,实行精准化分类救助,低保救助金保障基本生存需求,其他专项救助保障刚性支出需求,避免"吃药、读书挤占吃饭"的无法生存或"为了吃饭放弃教育、医疗需求"的贫困恶性循环,提升救助资源分配的效率。如上海综合统筹各类救助资源,结合不同家庭的贫困状况和需求,实行"保基本、可叠加、多组合"的救助套餐,充分发挥对收入贫困、因病致贫、因学致贫、因老致贫、因房致贫等不同贫困家庭的扶贫效应,使救助资源得到合理高效配置。正如前文学者倡导的,根据不同福利政策的目的和特点,采取不同的分配原则和标准,将不同的救助资源对应分配到不同困境和需求的家庭中去,实现救助资源分配上的"合力",极大提升救助资源的分配有效性。

低保家庭的脱贫致富非常困难,如果孩子因家庭贫困得不到良好的教育,那么很有可能出现贫困的"代际传递"。如此看出,子代的教育对于低保家庭来说,是脱贫的一个重要出路。教育救助政策完善可以从以下方面入手:一是稳定教育救助资金来源,扩大救助面;形成长效教育救助机制,鼓励多元化组织参与教育救助,均衡配置地区、城乡之间教育资源,缩小地区性差异;加大教育救助宣传力度,政府及相关部门拓宽宣传渠道和范围,使困难家庭及时了解相关政策,并积极申请教育救助;二是完善教育救助管理,规范救助评定标准;建立持续性和发展性的教育救助制度,对于高等教育困难学生的教育救助,不能仅止步于"毕业",而应持续至"就业"。在这方面,大连市做出了有益的探索。具体做法是:对特困群体子女就读小学、初中、高中(包括职业高中)实行补助:义务教育阶段,全额补助学杂费和课本费(小学:140 元/学期,初中:210 元/学期);高中阶段,全额补助学杂费、课本费和住宿费,定额补助就餐费(省重点高中 960 元/学期,市重点高中 890 元/学期,一般高中 750 元/学期,重点职业高中 876 元/学期,一般职业高中 776 元/学期)。补助资金由市、区财政各承担一半。目前,市区两级财政共拨付补助费 73.5 万元,全市已有 2 623 名特困子女得到就学救助。为解决特困子女就近入学问题,大连市在特困人员比较集中的小区,投资 1 400 万元兴建爱心学校,学校建筑面积 5 000 平方米,设有 20 个班级,可容纳 1 000 名学生,保障教育救助贯穿整个就读时间段,达到持续性救助的目的。三是除了教育的物质帮扶外,教育的心理帮扶也同样重要。我国现行教育救助的政策规定往往只涉及对需要救助对象的经济援助、物质援助,保证救助对象获得教育机会,维持基本生活水平,而对于救助对象的心理状况和情绪状态则相对忽略。贫困家庭的学生长期面对经济支持不足的困境和可能发生的失学风险,容易产生焦虑、困惑、迷茫、安全感缺失等心理困境,甚至产生情绪问题与行为问题。在学校中,贫困学生也可能感到融入困难,在人际交往中面对更多的不适应,产生自卑、自怜等负面情绪。实际工作中,对救助对象心理与精神需求的忽视一方面容易造成救助方式的相对粗放,使得救助工作在实际上产生了标签化的负面效应;另一方面,也造成了心理咨询与社工服务在教育救助中的长期缺位,这使得救助对象的心理与情绪困境难以得到应有的重视与及时、适当的疏导。因此,需要加强贫困家庭就学孩子的心理引导和教育规划,让贫困家庭子女在物质和精神方面获得全面教育发展,为实现教育脱贫,打下坚实基础。

第七章
结论与政策建议

第一节 研究结论与讨论

本书立足现有研究基础,构建低保救助综合评价指标体系,从底线公平视角,运用实证调查数据对低保救助制度绩效进行评估检验。首先,通过对低保救助制度设计、救助实施和制度结果为指标构建框架,提出低保救助综合评估的三级指标体系,立足指标体系,通过熵值法对指标赋权,对调查样本城市进行初步描述性分析和总体性评估。其次,从底线公平理论视角出发,对救助制度设计、制度实施与制度效果分别开展深层次评估:从救助标准与底线需求满足评估低保救助制度设计;从底线人群瞄准即低保救助对象目标瞄准评估救助实施成效;从底线公平检验评估低保救助制度实施成效。研究结论主要包括以下几方面:

(1)在低保救助标准评估检验方面,从贫困家庭底线需求与低保救助标准的契合度出发进行分析,主要得出以下三个基本结论:第一,在生存需求方面,家庭吃穿住等支出对低保救助标准有显著影响,"吃得饱、穿得暖、住有所居"的底线生存需求成为低保救助标准重要的依据。家庭生存需求指数对低保救助标准的影响较为明显,但是二者之间并没有同向的变化趋势,说明当前低保救助标准的给付差异性不大,与贫困家庭不同水平的生存需求不相契合。第二,在发展需求方面,家庭在读人口数和教育支出对低保专项教育救助的标准均有显著影响。发展需求指数与教育救助标准具有显著的正向关联,需求指数与教育救助的变化呈现曲折上升的趋势,说明教育救助标准的制定是立足于家庭发展需求评估基础之上的。但是,还须关注那些家庭教育压力很大的贫困家庭,依据其教养需求,适当提升教育救助水平。第三,在健康需求方面,医疗支出虽然对低保专项医疗救助标准具有显著影响,但是,家庭健康需求指数与医疗救助标准之间的不相关性提示我们,在关注贫困群体的医疗需求及其救助问题上,救助的标准制定前提是政策制定者利用有效的方式科学评估贫困家庭的救助需求,落实到家庭需求层面,发现隐藏在家庭不同结构下的各式各样的健康问题和需求程度,高质量地提供与需求相契合的医疗救助。医疗救助是以关注大病重病住院治疗为核心的政策设计,对大部分慢性病患者人群或需要门诊救治的贫困人群关注不够。

(2) 在低保救助实施过程评估检验方面,从底线人群瞄准与低保救助目标瞄准的研究发现,贫困者的个体失能和家庭经济收入弱势对获取低保救助资格具有显著影响。但是,低保还未能实现"应保尽保",目标瞄准出现错保和漏保现象。低保救助的实施过程偏差是导致低保目标瞄准偏误的重要原因。在低保救助政策实施时,需要转变救助理念,建立预警机制。除了积极接纳和受理申请救助帮扶的贫困弱势群体外,还要重点关注处于收入底层的,因各种原因没有或者没有办法申请救助帮扶的贫困群体。此外,还需关注贫困边缘人群,特别是健康状况较差、有子女需要上学、有老人需要赡养的收入平平的家庭,做好贫困发生的可能性预测。改变事后救助的实施模式,将救助补差改为风险预防,变被动求助为积极救助[①]。可供借鉴的做法是:除了对现有救助对象的动态管理和跟进外,也要对没有纳入救助范畴的困难群体进行识别和建档,根据困难人群的实际生活情况和困难的改变及时作出登记和记录,动态把握和及时跟进贫困家庭的生活状况,及时给予积极救助。此外,建立社会工作介入低保救助的长效机制,立足社工专业理念,发挥社工对基层弱势人群的专业关系的优势,对低保救助的可能受益人群进行鉴别,优先考虑给予救助,保障救助工作的广泛性和及时性。

(3) 在低保救助的成效检验方面,立足底线公平的测量与分析,分别从低保救助对家庭收支的分配效应、低保就业援助对就业的激励效应、低保教育和医疗专项救助对家庭教育、医疗问题的关切三方面开展研究,主要得出以下三个基本结论:第一,在低保救助的分配效应方面,多元线性回归模型结果显示,贫困家庭的收支结构中,家庭工资性收入对低保救助分配金额具有显著地负向影响;除了收入结构的影响外,家庭支出结构同样对低保救助金额有影响。其中,生活、

---

① 段培新.支出型贫困救助——一种新型社会救助模式的探索[J].社会保障研究,2013,17(01):168-177.

教育医疗等刚性支出越高,所获得的低保救助金额也越多。门槛效应回归模型结果表明,低保救助资源更多地向收入更低的家庭倾斜,但倾斜覆盖的低保家庭比例较低,政策倾斜力度不够,低保救助制度的资源分配远不能满足低收入家庭的基本需求。值得关注的是,低保政策的实施并未对支出较高的家庭给予资源分配上的倾斜。当前低保救助资源分配更多是以收入为主要标准的差额救助,在救助资源分配上对家庭刚性支出的考量仍然不足。第二,在低保就业激励效应方面,二元 logistics 回归模型结果表明,是否介绍工作、是否参加就业培训与是否参加公益劳动三项就业激励政策对低保对象就业产生积极的正向作用。说明低保救助的就业激励措施起到了较好的成效,如公益性岗位的设置和通过政府进行资源链接的工作机会,都极大的促进贫困者就业的概率。持续加强对就业困难低保受助者的直接就业援助,由解决"收入贫困"的生存问题转向"能力贫困"的可持续发展问题,构建以教育和技能培训、就业岗位的积极对接和社区基层公益岗位的设置为重点的就业支持体系,对低保受助者的就业能力进行提升,实现现金救助保障生存、就业援助实现脱贫的低保救助"反贫困模式"。第三,在贫困阻断效应方面,多元线性回归结果显示,教育支出对获得的教育专项救助具有显著正向影响,医疗支出对医疗专项救助金额具有显著影响。说明低保教育、医疗专项救助在关切贫困家庭的教养压力、医疗负担方面成效显著。从调研数据得知,低保对象及其家庭比较重视孩子的教育问题。低保家庭的脱贫致富非常困难,如果孩子因家庭贫困得不到良好的教育,那么很有可能出现贫困的"代际传递"。教育救助在一定程度上弥补教育资源不足的短板,对阻断贫困代际传递具有积极成效。

(4)低保救助综合绩效评估方面,对 SZ、NB、WH、CY、JJ、HG 等 7 个城市的问卷调查数据分析结果显示,位于东部城市的 SZ 市、NB 市和位于中部的WH 市的救助制度绩效评估得分较高,在救助政策实践中有较好的借鉴意义。从各评估指标得分看,制度设计和制度效果方面,东部的 SZ 市都具有引领作用,但是救助标准的科学制定和评估有待深入分析;在制度实施方面,中部的 JJ市、WH 市等地区得分较高。如何进一步促进低保救助制度的审核和动态管理水平,加强低保救助制度对支出型贫困的济贫效应,加快低保救助制度实施成效,将是值得深入探讨的重要议题。

第二节　底线公平理念下的低保
救助绩效提升路径

一、救助标准设计的"以需定支"策略

从前文研究结论看，当前的低保救助政策绩效面临政策效率与贫困群体回应之间的矛盾[①]，一方面，政府必须持续关注低收入群体的需求，无论这些需求是通过公民直接表达的还是通过行政工作人员挖掘到的；又或是随着社会发展不断衍生出的新需求；另一方面，政府部门希望尽可能的高效运作，避免由于"行政低效"和"福利依赖"而导致的低保救助不足或救助资源的浪费。新形势下，多维贫困的理念提出，表明当前的贫困不仅限于收入贫困，贫困家庭的需求也在发生的变化。因此，改革现有救助模式，开创多元化、具象化、整合化的救助途径，是当前低保救助政策改革的方向。那么，在政策制定之初，立足贫困群体的救助需求，实现救助制度的"以需定支"策略，避免资源浪费的同时，可以有效回应贫困群体的现实困境，将是解决供需矛盾的重要途径。"以需定支"包含两个方面，一是要求准确测量贫困对象的群体性需求，评估贫困群体共性化的基本生活所需，建立基本生活保障线，即低保金给付标准；二是开展贫困对象及其家庭的个性化需求评估，在不同经济发展形势下，不同贫困程度和拥有不同致贫因素的家庭，其救助需求必定不同[②]。目的在于评估个体差异化需求，提供满足不同需求的救助策略。

以日本为例，其社会救助制度的标准是由日本厚生劳动省在充分考虑救助对象的年龄、居住地区等多种因素的基础上统一制定，并且根据救助对象需求的个体差异性将社会救助标准进行更为精准化的划分。日本社会救助制度标准的制定在实现救助对象获取社会救助的统一性同时，兼顾救助对象自身的特殊性，促使日本的社会救助制度更加科学、公正，进一步保障日本社会救助制度的实际

[①] 罗伯特.登哈特，珍妮特.登哈特.公共行政：一门行动的学问[M].谭功荣，译.北京：北京大学出版社，2013：15.

[②] Ebert U. Social welfare, inequality, and poverty when needs differ[J]. Social Choice & Welfare, 2004, 23(3): 415-448.

效用。与之对比,我国社会救助制度标准的制定则稍显逊色,集中表现为最低生活保障标准的制定还需进一步完善。一方面,制定最低生活保障标准的方法不够科学。由于城乡二元经济结构的限制,城市与农村的社会救助发展不平衡。国务院先后于 1999 年、2007 年颁布《城市居民最低生活保障条例》《关于在全国建立农村最低生活保障制度的通知》,直接造成城市与农村的最低生活保障发展进度不一致,且最低生活保障标准的制定方法也存有较大差异。城市方面,由各地政府按照本地经济发展水平,根据基本生活费用支出法、消费支出比例法或恩格尔系数法来自行确定最低生活保障标准,由此导致制定标准的方法无法统一,标准自然而然各不相同。而农村方面,基本采取以国家发布的绝对贫困线作为最低生活保障标准的方法。但此方法无法细致考虑救助对象的个体性需求,难以保证最低生活保障的效果。另一方面,制定的最低生活保障标准较低。2012 年至 2016 年全国农村平均低保标准及人均受补助水平来看,2012 年至 2016 年全国城市平均低保标准及人均受补助水平,自 2012 年以来,我国城市的低保标准逐年上升,从 2012 年 330 元到 2016 年上升至 494.6 元,四年间上涨 49.9%。我国低保实施差额救助,低保金的发放考虑家庭收入,因此人均受助水平与低保标准有一定的差距,但总体来看,人均受助水平也在逐年增长,从 2012 年每月 239.1 元上升至 2016 年每月 464.8 元,涨幅达 94.3%。反观农村,自 2012 年以来,我国农村的低保标准也是逐年上升,从 2012 年 2 067.8 元到 2016 年上升至 3 774 元,四年间上涨 82.5%。我国低保实施差额救助,低保金的发放考虑家庭收入,因此人均受助水平与低保标准有一定的差距,但总体来看,人均受助水平也在逐年增长,从 2012 年每年 1 248 元上升至 2016 年每年 2 654.4 元,涨幅达 112.7%,显然在农村无论是低保的平均标准还是人均受助水平,农村都远远低于城市,但是农村的低保标准在逐年上涨,涨幅高于城市地区。根据民政局发布的《2017 年社会服务发展统计公报》来看,2017 年全国城市低保平均标准为每人每月 540.6 元,2017 年全国农村低保平均标准为每人每月 358.39 元[①]。整体最低生活保障标准仍然偏低,仅能保障救助对象基本生存,无法帮助救助对象享有较高质量的生活。因此,必须持续完善我国低保救助制度的标准制定。要立足于国家经济发展水平,结合各地区的经济发展现状,采取统一且科学的低保救助制度标准制定方法。并且充分考虑救助对象的自身差异以及地区差异,

---

① 参见《2017 年社会服务发展统计公报》(2018).

将低保救助制度的标准不断细化。同时,不断加大救助对象中老年人、儿童、单亲妈妈等弱势群体的救助力度。此外,明确低保救助制度标准的动态调整机制,确保地波救助制度的标准随着政府财政收入的持续增加而不断提高,确保救助对象的生活质量得以相应提升。

对低保标准的具体测算方法,学界已经有较为全面的研究。如学者认为最低生活保障线就是生存线[①](唐钧,2003)。最低生活保障标准是绝对贫困的度量[②](Gilbert、Specht,1976),贫困线(poverty line)即最低生活保障线,是以资产调查制度为基础,维持社会成员基本生存需要所需的费用。另一种标准是指人们基本生活所必需消费的商品和劳务的最低费用[③]。基于对低保标准的定义,对低保标准的核算,使用较多的测算技术主要有基本需求法(或称为市场菜篮法)、恩格尔系数法、生活形态法(剥夺指标法)、消费支出比例法以及扩展线性支出法等。就城市最低生活保障标准而言,我国主要有三种救助标准的制定方式,一是在地区经济发展水平和财政承担能力的基础上,通过合理的计算和精细的调查分析来确定社会救助标准;二是以按照第一类方式制定最低生活保障标准的城市为借鉴,同时结合自身的财政收入和支出水平来确定救助标准;三是完全按照自身的财政能力,主观确定本地的最低生活保障标准,比较随意。而且分析的方法也分为三类:基本生活费用支出法、消费支出比例法和恩格尔系数法[④]。

近年来,地方各级民政部门都对"低保标准"的制定依据物价水平变化、经济发展水平开展动态调整,将低保标准与保障贫困群体基本生存的共性需求相契合,形成了一整套完善的协同机制。但是,对贫困群体个人及其家庭的"个性化需求"评估关注较少。本书将从如何开展救助对象的个体化需求评估展开讨论。

Marlow(1998)把需求评估看成是应用研究的其中一种类型。对贫困家庭的需求评估属于微观层次的评估,具有很好的实用价值:一是在从源头上立足贫困家庭的需求,为人道而有效的低保救助制度的运作提供便利,可以有效建构起贫困家庭与救助资源、救助服务、救助机会之间的纽带关系,为贫困群体提供直接有效

---

① 唐均,沙琳,任振兴.中国城市贫困与反贫困报告[M].华夏出版社,2003:46.

② Gilbert, N. & Specht, H. The Emergence of Social Welfare and Social Work. F. E. Peacock, 1976.

③ 马新文,冯睿利.用扩展性线性支出模型测量西安市贫困线研究[J].软科学,2005(6):11-13.

④ 丛春霞,闫伟.精准扶贫视角下中日社会救助制度比较[J].东北财经大学学报,2016(4):44-51.

的救助帮扶,改善贫困群体生活状况;二是可以洞悉贫困家庭致贫的主要原因,有针对性地开展"反贫困"的帮扶政策设计,使低保救助领域的"反贫困"路径直达底层人群,也可以使其他反贫困政策的设计更加契合实际,立足现实境况,促进政策的完善与实施路径,提升济贫效果;三是整合贫困家庭的需求信息,帮助实现其他用途,如帮助公众、组织、政府更好地了解贫困人群的需求及范围,制定预算和进行其他帮扶的规划活动,创新和推广其他救助类政策和社会服务,特别是有针对性的构建贫困需求与社会力量和社会资源的链接渠道,提升不同救助资源的获得性。

低保救助以托底线、救急难、可持续为原则,以保障困难群众的基本生活为基本目标。由此,需要准确把握民生底线、基本生活的本质内涵。根据底线公平理论的福利观,"底线福利需求"具有一致性,是所有社会成员福利需求中的"最大公约数";在满足社会成员的福利需求时,应该和必须优先保障"底线福利需求"。所谓底线,是指一种界限,指不能含糊、不能推卸、必须做到的事情。所有公民在这条"底线"面前所具有的权利一致性就是"底线公平"。"底线公平"并非就保障水平高低的意义而言,而是就政府和社会必须保障的、必须承担的责任的意义而言的,它是责任的"底线"。在开展低保救助工作时以需求为导向,确立需求导向的救助理念,从困难群众的需求出发,政府和社会承担起责任的底线,保障困难群众"底线福利需求"的满足。在回答"需求"与"供给"的关系问题上,无论底线以下部分,如基本生存保障,还是底线以上部分,如教育、医疗、就业,都可以实行"需求决定供给"。由此,应明确以需求决定供给的制度实施机制,根据困难群众基本需求来完善低保救助制度,配置低保救助资源。

需求决定供给的实施前提是需求评估。需求评估的过程有很多困难,如需要对需求与欲求(wants 和 disires)进行区分,低保救助的核心目的在于保障基本生活,从这一政策目标出发,需求评估在于贫困家庭的基本的底线需求。厘清需求的范畴是做需求评估的重要前提。此外,正确的需求评估需要一定的资质和素质,那么,需求评估的实施人员应该选取社区的核心线人(key informants),他们消息灵通,对社区居民尤其是弱势群体的情况有较为清晰的了解,与贫困人群没有直接利益关联和亲属关系,同时具备对需求作出判断所需的知识。那么,同时具备上述要求的人选是谁呢? 社区社会工作者是绝佳的人选。民政部[①]明

---

① 中华人民共和国民政部.关于加快推进社会救助领域社会工作发展的意见(民发〔2015〕88号)[EB/OL].(2015 - 06 - 10)[2018 - 10 - 07].http://www.mca.gov.cn/article/yw/shgzyzyfw/fgwj/201507/20150700850330.shtml.

确提出加快社工在社会救助领域的参与,通过社工驻点基层社区,开展社工入户探访进行家庭情况摸查,在提供服务过程中运用档案管理方法开展动态管理和跟进,使用社会工作需求量表开展专业评估。运用社会工作的三大专业方法进行服务跟进,如链接资源、心理慰藉、情绪疏导、社区营造、政治诉求表达等。可见,社会工作者具备的专业素养和专业价值理念,可以广泛参与低保救助各个评估、服务环节,是微观层面的需求发现报告机制的重要力量。

救助需求评估的目的和实施主体确定后,关键在于制定科学合理的需求评估指标。需求评估指标需要满足的要求有:第一,细致而具有操作性,只有全面而具有可操作性的指标,才可以仔细考察真实的需求,而不是众口所说的表面断言;第二,需要设定客观性可观测的指标,而不是评价、态度等主观性很强的指标。因为态度和评价是一种难以讲清楚的因素,需求评估指标应该避免出现主观评价,包括需求评估实施人员和贫困家庭成员,保障收集的信息尽可能客观公正。在对贫困家庭需求评估过程中,指标设计以家庭为单位较之以个人为单位更为合理。因为贫困的发生通常是以家庭为单位的,所以家庭特征比个人特征更为明显。对家庭的困难需求评估指标设计,也应参考这一标准,以家庭为单位进行指标设计。在需求评估指标选取方面,祝建华在其《城市居民最低生活保障制度的评估与重构》一书中参考了欧盟、英国社会保障部的指标基础上,结合当前一些地方城市的制度创新实践提出了需求评估的指标,包括:日常生活、教育、医疗、住房、社会参与五个维度[①]。值得借鉴的是,许方明等通过走访社区,访家问户,召开座谈会,发放调查问卷,通过回归和相关分析等多种方法,形成了初步的困难家庭贫困程度的评估指标,包括收支、住房、健康维度、意外事件几方面,还列出各指标的维度赋值表,以供量化记录和汇总[②]。当然,需求评估的资料来源不仅包含对贫困居民的入户调查,还包括农村"精准扶贫"建档立卡资料、社区贫困家庭建档资料、人口调查资料、信息比对系统的大数据资料。综上,本书探索总结了贫困家庭需求评估实施路径,具体如图7-1所示。

在具体执行层面,困难弱势群体受自身教育、健康、经济、家庭等多重因素的影响,往往在救助制度认知、救助信息获得、救助程序确认、救助资源取得等各方

---

① 祝建华.城市居民最低生活保障制度的评估与重构[M].北京:中国社会科学出版社,2011:180-181.

② 许方明,蒋一超,罗斌.低收入家庭困难救助需求的核定与评估.第二届中国社会救助研讨会论文集:472-474.

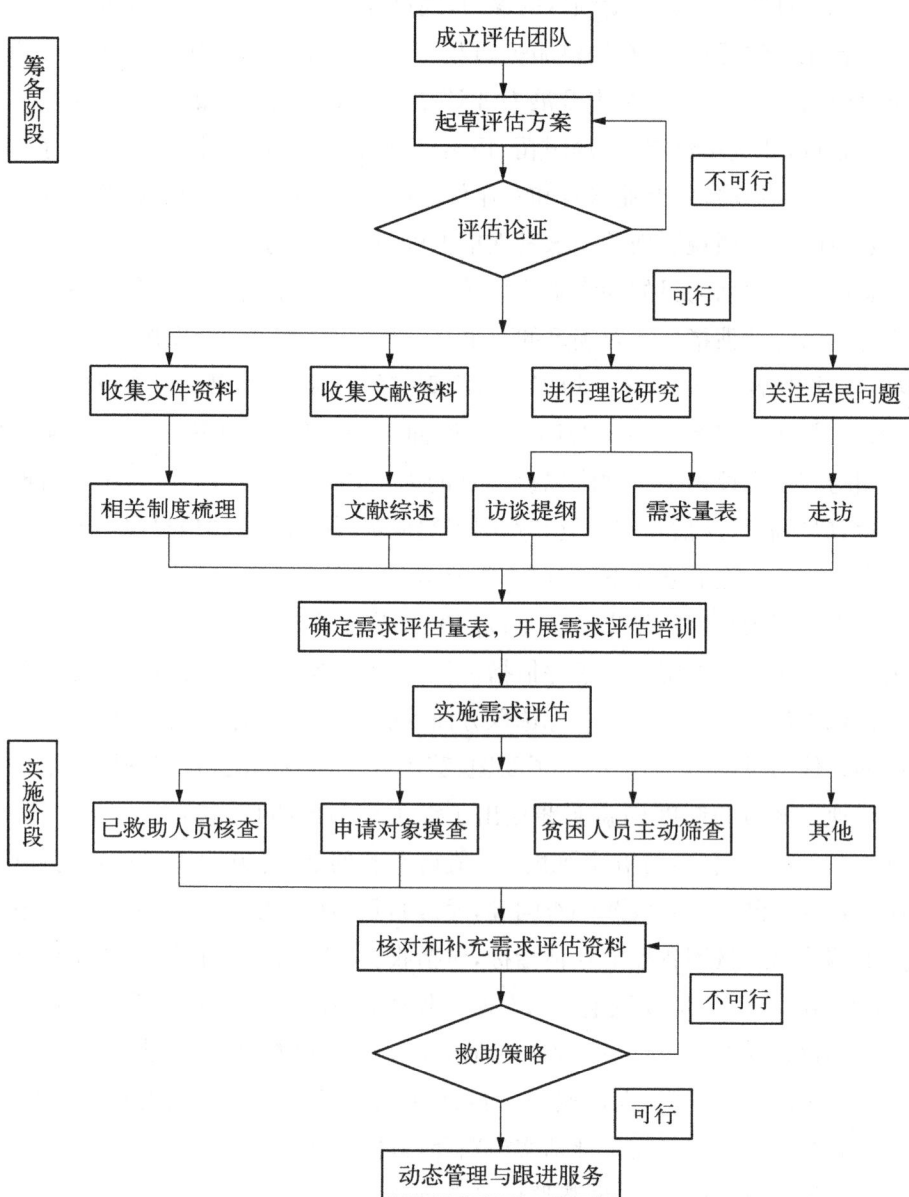

图 7 - 1　贫困家庭需求评估实施路径

面处于弱势,不能清晰表达个体和家庭需要,定位需求类型,从而影响救助获得,制约了脱困的进程。低保救助工作需要变被动为主动,强化主动发现机制。通过多渠道整合信息,特别是对来自基层的困难群体信息的把握,主动发现有救助需求的困难群众,增强主动救助意识,做到对于救助需求的快速响应。同时,进一步完善"一门受理,协同办理"的社会救助工作机制。面向基层设立低保救助窗口,统一受理救助需求;并通过专业需求评估配置救助资源,对应救助资源供给部门,完成需求与供给的匹配,从而缩短救助需求者与救助资源供给部门之间的距离和信息壁垒,提高救助精准性和工作效率。可借鉴深圳模式,建立一体化救助申请表,将针对各类型需求的救助项目整合在一个表格内,简化初步申请审批的流程。另外,救助资源分散在不同部门,既包括社会救助体系内的各项救助制度与资源,也包括妇联、残联、民政系统的各帮扶制度及其他部门掌握的救助资源。实行"一门受理,协同办理"机制,打破部门界限,将其他部门相应职责纳入统一管理,实现社会救助资源的高度整合。

多部门统筹协调的工作机制,需要一个多信息共享的平台作为有力支撑。在大数据背景下,实现充分信息整合,是亟待解决的问题。精准救助的前提是对救助需求的准确判断,救助需求与救助资源的精准对接,离不开对申请救助者信息和救助资源供给信息的评估与匹配。掌握充分的信息是以上工作的前提。在大数据时代,民政部门应努力把握"互联网＋"契机,建立科学化、标准化的社会救助信息平台,一方面将分散于各部门、各领域的社会救助资源信息纳入统一平台管理,做到及时的信息收集、发布、更新;另一方面将救助申请者多方面信息纳入统一平台管理,包括户籍、人口、就业、收入、社保、银行资产、车辆、住房、医疗等各方面信息录入平台,并做到及时更新,从而为准确需求评估奠定基础。依靠信息平台管理,细分需求类型,将人口、家庭、就业、医疗、收入、财产等均作为需求判断指标,依此建立起更为细致专业的需求指标体系。改变以往收入导向的救助模式,也通过需求类型细化,将其他群体,如低收入群体等纳入统一管理。通过"需求——供给"匹配,最终实现"一人一策","一户一策"的精准差异化救助,实现给予失业者就业救助,给予重病者医疗救助,给予在学者教育救助等,并将不符合救助条件者及时退出,达到将救助关口前移,给予处于贫困边缘的风险者适当救助,以阻断贫困发生的目的,提升救助工作成效。

二、救助实施过程的"人本主义"路径

党的十九大报告提出,"要坚持以人民为中心的发展思想,不断促进人的全面发展、全体人民的共同富裕"。在保障和改善民生的过程中,要抓住人民最关心最直接最现实的利益问题,不断满足人民日益增长的美好生活需要,既尽力而

为，又量力而行，一件事情接着一件事情办，一年接着一年干。我国政府和党的工作追求的重要目标就是要实现"以人为本"，尤其是在保障民生的工作当中。"以人为本"最关注的就是人权问题和弱势群体问题，而低保救助就能有效的解决人权问题和弱势群体问题，低保救助的宗旨就是维护生存权、保障人权。我国的低保救助因为诸多原因，忽视了城市边缘群体如低保边缘户、失地农民、挣扎在治病就医、勤工俭学的贫困家庭后代的救助，使得低保救助出现"错漏"，无法贯彻"以人为本"的理念。我国的低保救助也是一种物质性的救助，无法使救助对象实现摆脱精神上贫困的状态，过上有尊严的人的生活，这也与"以人为本"理念背道而驰。因此，我国亟须构建"以人为本"的"友好型"低保救助制度。

救助实施过程评估的焦点是改善项目执行的方法以更好地实现项目目标。关注的核心问题是如何实施政策来改进政策效果。一般而言，对政策实施过程的分析既包括组织管理和服务实施机制的完善。评估的切入点是以结果视角，即救助目标瞄准状况，考察合法规定的程序是否被贯彻始终，并确保个人权利没有被忽视和侵犯，判断是否将救助资源合理有效的分配给那些最需要的人群。

救助实施最直接有效的观察指标是救助对象的目标瞄准，可以从错保和漏保两个方面加以评价。低保救助实施过程的诸多因素会导致微观层面的"瞄准偏差"，导致救助资源分配不合理。非贫困者被纳入救助范围，挤占了救助资源，使救助金额未能得到有效分配。而真正贫困的家庭和个人未能得到足额救助。无论是"错保""漏保"还是"保障不足"，对当前低保救助制度特别是救助政策的实施机制的完善提出新的挑战。前文研究发现，救助目标瞄准的过程出现"错保"、"漏报"现象，其原因复杂多样。综合学者的分析，错保、漏保原因和形成机制的与救助政策实施环节中的偏差和不足息息相关，整理如表7-1所示。

表7-1　救助政策实施过程中出现的底线人群瞄准偏差

政策实施过程	瞄准机制	实 施 难 题	瞄准偏差
	个体瞄准	福利污名化效应	主动漏保
申请受理	个体瞄准	权力寻租	错保
	个体瞄准	申请程序复杂、权利意识薄弱	漏保
	行为瞄准	违法行为人员	漏保

续　表

政策实施过程	瞄准机制	实施难题	瞄准偏差
家计调查	家庭瞄准	基于经济调查的贫困测量误差，收入核查难	错保
	类型瞄准	支出型贫困较少被关注	漏保
民主评议	个体瞄准	小范围的区域排斥效应	以漏保为主
		基层民主执行力困境	漏保和错保
审核审批	中观组织分析	组织层级博弈	错保和漏保
		信息不对称	错保和漏保
发放救助金	微观政治学	因财力捉襟见肘	漏保
		作为治理手段的救助金发放	错保和漏保
	利益捆绑	福利捆绑效应	错保
动态管理	福利观念差异	福利依赖观念	错保
		仅关注纳保对象	漏保

表格参考自：李棉管.技术难题、政治过程与文化结果——"瞄准偏差"的三种研究视角及其对中国"精准扶贫"的启示[J].社会学研究,2017(01)：217-241+246。

　　近年来，各层级民政部门对错、漏现象展开整改，有很多值得借鉴的做法：首先，各级民政部门建立低保申请家庭的经济状况核对机制，对低保资格认定进行排查，要求将有价证券、存款、房、车等财产作为认定低保的重要依据，对不符合条件的低保对象"应退尽退"，旨在降低错保率。此外，在比对系统政策指引下，建立个人诚信体系，对瞒报骗取救助的人，除了取消其救助资格外，还将计入其诚信体系，增加骗保的成本。结果显示，与近似家计调查相比，可信收入凭证的获取使城市低保的瞄准效率大大提高。其次，通过政府购买服务，构建第三方评审机制，引入第三方评估机构核查居民经济和收入状况，通过审核及时发现违规享受低保现象，令那些不符合条件的家庭及时退出低保，提升救助目标瞄准。然后，在完善救助实施过程的政策创新方面，建立长期监督机制、加强检查督查，在市、区一级建立低保救助投诉举报热线；推行低保备案、举报投诉工作制度、长期公示制度与参与式督查、随机抽查相结合的基层监督工作机制，各地实行低保听证制度、审批旁听制度。从上级到基层，展开双向监管；此外，还建立《开展城乡低保动态管理自查工作的实施方案》,实施低保动态管理。

从数据分析看,目前城乡低保救助工作有序展开,但是对目前在册的低保对象的动态管理工作还需要进一步完善。为了提高低保救助的专业化管理水平,促进低保制度实施效率,各地纷纷实行分类管理。实践证明,分类管理是提升低保动态管理的有效途径。具体而言就是符合条件的低保申请对象,则针对其致困原因、经济收入和困难程度等实际情况,将低保对象分为一、二、三类进行管理:一类对象为无劳动能力、无经济来源和无赡(抚、抚)养人或赡(抚、抚)养人无赡(抚、抚)养能力的"三无"人员,属于特困家庭。这类低保对象靠政府永久供养,基本没有可变因素,每半年或一年入户复查一次,主要了解低保对象生活状况以及有无新增困难情况等;二类对象为家庭主要劳动力痴呆傻残、无劳动能力且子女未成年、患重大疾病、年老体衰的人员,属于生活特别困难的家庭。这部分人纳入低保后,变动因素较小,可以每季度复查一次。三类对象为因灾、因病(暂时性或可治愈性疾病、意外事故致伤等)等原因导致家庭主要劳动力死亡或暂时丧失劳动力以及因为失业、下岗而导致生活困难的低保对象,包括其他类型的低保人员。这些人变动因素较大,每月或每两个月复查一次,主要审核家庭是否走出困境以及面临的新问题等。这样分类施保和分类管理的工作方法,可以大大提高低保工作效率,提升低保救助工作绩效。此外,对低保对象的动态管理不仅需要横向的分类管理,还需要进行纵向的时间管理,如死亡、达到法定退休年龄、孩子大学毕业找到工作、病愈、伤愈等时间节点,应该重新审核救助对象情况,办理退保;对那些家庭子女从小初上升到中大学,家庭成员患病人数增加等压力新增的家庭,应该重新核算家庭支出和困境程度,按照救助需求变化增大救助力度,办理续保。将横向的分类管理与纵向的时间管理相结合,才能有效地实施低保动态管理,增加工作实施绩效。

依据上述分析,本书尝试从"人本主义"的视角出发,对低保救助的申请、审核、资源的分配与救助动态监管等方面对政策执行路径进行梳理和改进,尤其倡导建立主动发现机制,重视对社会力量参与救助的路径探索。具体如 7-2 所示。目前低保救助以物质救助和直接的经济援助为主,服务救助不足,社会力量对于救助的介入非常不充分。在政府职能转变,简政放权的背景下,社会需要承担更多的救助职能;但是从目前的状况看,社会力量不论是在资金筹集、服务供给、政策倡导等等各领域都表现乏力。同时,困难群体的很多问题无法通过直接的物质和经济帮扶来实现,而更多地需要服务的支持。如就业能力的欠缺,家庭照料、医疗服务的需要,心理障碍的存在,都需要专业服务介入。如何引导社会力量参与到社会救助中来,提供智力、技术、服务支持,需要纳入制度设计层面考虑。

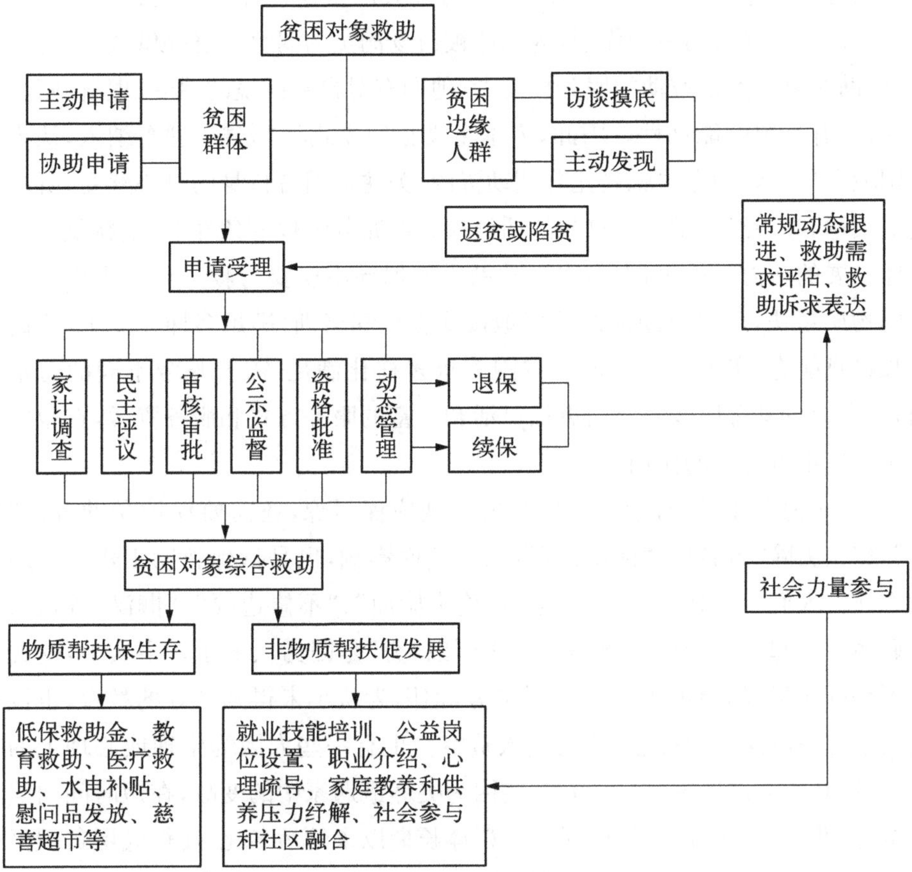

图 7-2　贫困群体救助实施路径

各级民政部门和学术界相关学者们在实践和研究中不断探索,探寻救助政策实施的优化路径。不断完善的政策举措,实际就是地方政府与救助政策实施过程中不断涌现的问题达成软性和解的途径。随着时间的推进,救助中的问题依旧存在,变化的只是问题凸显的方式。西方发达国家一样,在经济社会发展进程中,同样面临许多问题。如何更好地对弱势贫困人群实行帮扶,彰显政策的福祉,低保救助的人本模式给出了新的方向,即将人本主义引入救助工作中①。低

---

① 王金山,杜一飞.发达国家社会救助人本模式实践与启示[J].社会福利,2011(06):47-48.

保救助的人本模式的创新之处在于：首先，低保救助对象陷入困境的成因包括经济发展等宏观因素，居民的贫困生存现状就是对不利环境因素的一种反应，应该帮助他们更好地应对不利环境，积极与社会产生连接，融入社会发展。因此，政府应该发挥强大的主导作用，为那些被市场淘汰的弱势人群提供救助帮扶；其次，救助对象并不是被动的服务接受者，他们有对自身困境的感受、理解、阐释和应对，具有一定的能动性。因此，人本主义救助模式将"充权"理念纳入，认为救助困境人员最好的方法就是充分调动资源，关注贫困者自身的身心感受，听取他们的表达和声音，给予表达自我的话语权。在充分赋权的条件下，重新赋予贫困群体发展的动力。再次，人本主义救助模式倡导不仅要为救助对象提供生存所需的物质帮扶，还要协助他们更好地接受教育和培训，满足多样化需求，协助其增长自身能力、实现自我发展。贫困需求多样化满足，需要整合不同的力量参与，社会力量具有比政府部门更加灵活和丰富的服务方式和服务资源，在救助过程中发挥不可替代的作用。

"以人为本"的救助过程不仅需要实现应保尽保，还需要保护受助者的"尊严"，那么去除"污名化""标签化"带来的负面影响，也是低保救助工作需要注意的方面。人们一提到"穷人"，就会与"蓬头垢面"、"不修边幅"、"懒汉"等贬义词语联系在一起。人们总是觉得穷人之所以"穷"是因为太懒了。事实上，受助者并不等同于懒汉，有的人努力摆脱贫穷，但因为从小未得到良好的教育，也没有机会学习得以谋生的技能，从而陷入贫穷。也有一些人因为生理或心理上的不健全，没有能力走出困境。还有一些因为突然遭遇家中的变故，在短时间内陷入了贫穷，并且难以摆脱。社会对贫困群体长期以来的污名化，使得底层贫困群体与社会大众渐渐拉开了距离。强加在穷人身上的负面污名化标签，不利于社会民众更深入地去了解处于社会底层的弱势群体，也阻碍了这一群体获得更多个性化的帮助。贫困群体在申请救助的过程中，对于受助者的公示使得他们被区分开来，导致身边的人对他们"区别对待"。当社会媒体和慈善组织广泛关注穷人这一群体时，虽然为他们链接到更多的资源，但是他们的身份、生存状况通过照片文字等形式曝光，他们的污名化在空间上也得到了扩大。社会公众对于穷人的污名化还会导致受助者对自身作出较低的评价，对自身形成耻辱感。反"污名化"成为构建"以人为本"的低保救助制度的必然要求。如何落实反"污名化"行动，需要分别从施污名者层面和受污名者层面进行。如：政府要简化救助申请程序，做到只需要关键的人员审查救助申请者信息的真实性，在保证严格审查的基础上减少申请的环节。同时，也可以尽量减少"特困户"这种称呼，保护受助者的身份。大众媒体要增强专业敏感性，有效保护受助者的隐私。慈善组织在为受助者提供义务帮扶的时候，也要发挥自身的专业性，不随意暴露受助者的个人信息，对于受助者隐私的保护本就是专业社会工作者的职业守则。在宣传社会工作成效的过程中，专业社会工作者必须牢牢谨记自身的专业性，缩小"污名化"的传播空间。受助者自身也需要采取积极性的行动，努力应对"污名化"。首先，受助者要自立自强，对于政府和社会给予的帮助和支持，积极对待，抓住机遇，而不是消极接受，通过自身的努力学习和努力工作，以积极向上的姿态应对各种困境，消除"污名化"对个人成长和发展的负面影响。其次，受助者要提高权利意识。一方面，受助者要积极行使自身的姓名权、肖像权和隐私权等人身权利，勇于同那些加剧自己"污名化"的行为做斗争。另一方面，受助者要意识到获得社会救助是自己应有的一项正当权利，任何人不能剥夺，因此不必因为获得社会救助而产生"羞耻感"。

三、救助实施成效的"福利网络化"

从低保救助效果来看，目前的低保救助向那些低收入家庭倾斜，但是仍不能满足基本生活需要。救助政策的实施关注的不仅是低保对象本人，更要关注其家庭系统，拓展低保救助辐射范围，实现多层次的救助成效网络。具体从救助金的发放和就业激励、教育医疗救助等救助实施过程和社会力量参与的角度进行"福利网络"的探索：

在低保救助政策的审核和实施过程中，构建综合高效的救助资源分配方案，提升资源分配效率。首先，政府将收入、刚性支出同时纳入低保收入核查，可以在救助标准限定范围内，提高对贫困家庭的救助力度，使其基本生活尽可能得到保障；其次，加强低保救助、就业激励举措和其他低保专项救助资源之间的衔接和配合，关注家庭中贫困个体的需求差异性。明确各救助措施的核心目标，低保金救助旨在保障基本生活，对教育、医疗等支出导致贫困的家庭，主要采用专项医疗救助、专项教育救助等救助措施解决[①]。力求做到避免"吃药、读书挤占吃饭"的无法生存或"为了吃饭放弃教育、医疗需求"的贫困恶性循环，提升救助资

---

① 郑功成.中国社会保障发展报告 2016[M].北京：人民出版社，2016：51.

源分配的效率。积极开展"保基本、可叠加、多组合"的救助套餐①(徐大慰和梁德阔,2012),充分发挥对收入贫困、因病致贫、因学致贫、因老致贫、因房致贫等不同贫困家庭的扶贫效应,使救助资源得到合理高效配置。正如前文学者倡导的,根据不同救助政策的目的和特点,采取不同的分配原则和标准,将不同的救助资源对应分配到不同困境和需求的家庭中去,实现救助资源分配上的"合力",极大提升各类资源的救助成效。

然后,对具有劳动能力的个体积极开展就业技能培训、开展职业介绍和公益岗位设置,促进低保救助家庭就业率,提升收入水平的同时,促进贫困家庭自力更生。为了促进贫困对象的就业激励,避免因为就业带来的低保福利锐减,可以实行就业收入豁免政策与渐退救助政策。具体而言,就是改变"差额救助"的低保金制定规则,对那些实现再就业后的贫困者,不可以将其劳动所得把救济待遇进行简单替代,收入多少就减去多少救助。否则,只能让他们再就业意愿被弱化,就业积极性降低。因此,采取一定的收入豁免甚至激励政策,将就业的成本考虑进去,确定一定的抵扣率,使得就业后的收入显著高于未就业时候的收入。

此外,在调查中得知,低保受助者为了获取更多由于低保资格带来的额外福利,如医疗救助、教育救助等附加福利,会想方设法保留低保资格。调查中发现,有的受助者即使不工作,也要继续享受这些福利,从而导致就业积极性降低,陷入制度造就的"贫困陷阱"。可见,只有使受助家庭真正就业,才是其摆脱贫困的根本途径。学者认为,救助激励机制是低保救助的"造血"机制,对劳动力的积极性会产生重要影响。救助激励机制可以从两方面发挥作用:一是低保救助补贴给付对受助者参加工作的激励机制;二是低保救助中的激励就业计划的实施效果。学者认为救助领取者会对其面临的预算约束做出理性反映,因此津贴给付水平和劳动力供给之间是负相关的,找到二者之间的平衡是困难的,但是确是急迫的。为了让受助者有较为充足的时间从被救助转变为自力更生,从经济能力到身心都能够逐步适应变化,可以实施渐退救助的办法。具体的做法是:对已经实现或有意愿就业的受助者,承诺不会立即退出低保、停发低保金,甚至给予一定奖励。按照其工作的时间长度和收入水平,实行逐步脱离。但是需要强调的是,逐步脱离的过程需要对获取的救助进行重新计算,必须保证就业情况下,

---

① 徐大慰,梁德阔.上海市对"支出型"贫困群体的综合帮扶研究[J].西北人口,2012,33(03):94-98.

家庭获得的救助金额与家庭收入所得总额始终高于非就业时期的收入总额。除了对家庭收入的考量外，对那些支出型贫困家庭，如果需要医疗帮扶、教育援助和住房救助，也实行逐渐退出。做法是：重新对家庭教育、医疗、住房需求进行科学动态的跟进式评估，考虑贫困者家庭的实际情况，按需提供各项救助。依据需求满足程度，实现逐渐剥离，而不是武断地"一刀切"。

随着社会发展，居民的贫困多样性与需求多样化表明，低保救助的制度设计与政策实施目标均要随之调整。单纯提供物质的救助方式已经无法有效满足群体需求。由于政府资源的单一和政府部门人力资源的局限，贫困群体的许多救助需求无法得到有效回应。因此，为了增强低保救助成效，迫切需要创新救助模式及其服务提供的方式，构建多方参与、协同共救的综合帮扶网络。其中，社会力量参与救助是重要的突破口。在国外的收入保障制度体系中，社会工作发挥着独特的作用，社会工作者为减轻贫困作出了重要贡献。因此，要加强低保救助制度对于非营利组织、企事业单位、社会团体和个人慈善捐助的鼓励，形成全社会互帮互助的友好氛围。加大宣传力度，使社会公众广泛认识社会救助，让具备专业知识与能力的志愿者引导社会力量参与社会救助。还要在国家层次上健全社会力量参与社会救助的法律法规，通过奖励制度发挥社会力量的主动性和积极性，如加大税收优惠力度。政府与社会组员建立平等而独立的协作关系，社会组织在加强自身公信力建设的基础上提供更为专业化的服务。政府部门应引导具有专业能力的社会组织、机构参与社会救助，规范救助程序，以形成救助方式多样化，救助服务人性化，救助队伍专业化的社会救助服务体系。尤其要进入社会工作的专业方法，从服务对象的物质需求和精神需求出发，制定专业化的服务方案，营造良好的社会救助发展态势。

政府是社会救助中最重要的责任主体，但这并不代表着政府是进行社会救助的唯一主体。政府由于承担着国家行政、维护国家安全等责任，在资源和能力方面也有限，他在为社会救助提供人力、物力、财力等诸多支持时都会受到限制，从而导致社会救助的项目、水平方面到一定的限制。低保救助制度责任主体的单一化不仅无法解除受助者的生活困境，也不利于制度的可持续性发展[①]。在我国《社会救助暂行办法》第五十六条谈到：为社会力量参与社会救助创造条件、提供便利。虽然以法规的形式规定了对社会力量参与社会组织的培养和扶

---

① 王思斌.转型中的中国社会救助制度之发展[J].文史哲，2007(1)：121-126.

持,但是非常笼统,缺乏可操作性。因此,需要建立一个以政府为主导、多方社会力量参与实施综合救助的互动机制,还应加强社会工作在社会救助中的发挥和作用,以期更好地解决在社会救助中政府"一家独大"以及社会组织、社会力量参与社会救助困难的问题,更好地提高救助对象在生活水平和生活能力,从而实现更好的救助成效目标。

加强社会力量参与低保救助,一方面,要从法律层面完善社会组织参与救助的行为范围、规范细则以及责任规范等,同时简化社会力量参与救助的准入程序,如登记程序等,也应该为社会组织参与救助提供一定的政策、资金、人才和技术的支持,让他们参与到救助的精准治理中。另一方面,要加强对社会力量参与救助的规范引导,完善社会组织本身内部管理制度,保证其服务质量和服务效应。同时要加强对社会组织参与救助的监督,防止变成行政力量的扩张,导致"道德悖逆"和"精英捕获"等问题更加严重①。第三方社会力量的参与救助的具体方式和内容如下所示:

第一,在救助对象的申请核查上,在低保救助对象瞄准中引入第三方评价机制,对申请救助对象进行资格审核、劳动能力鉴定、需求评估以及救助方案预演。需求判断依赖丰富繁杂的救助申请者信息支撑,需要社会救助工作人员通过信息平台比对、入户调查、动态审核来完成,是一整套复杂的工作流程。依靠目前的低保救助的人力难以满足精准定位的需要。而通过政府职能下放,将这部分职能交由第三方机构,是行之有效的方式。如依靠网格化社工模式,实现对网格范围内申请救助者信息的实时追踪,实时更新。与医疗机构或劳动能力鉴定部门合作,通过服务外包等方式,将申请者劳动能力鉴定委托给专业部门,增强需求评估的科学准确性。西方国家的做法可供参考,例如瑞典:利用社工对申请人进行家庭结构、收入来源、资产以及住房支出等项目的核查通过后,对于符合申请标准的救助对象进行救助;日本的社会救助主要采用"自立调查"的方式,社工对申请人的家庭关系、资产和工作能力的利用进行调查,符合标准后方可申请救助;中国香港地区的申请核查也是主要由社会工作者进行,申请者在提交综援申请表后由社工采用入户调查的方式进行核查。这些国家和地区为我国内陆地区的低保救助动态管理提供了很好的借鉴思路,政府对社会工作者的重视和使用,社会工作者的专业性在政府救助中的体现,均体现了社会力量参与政务服务

---

① 左停,杨雨鑫,钟玲.精准扶贫:技术靶向、理论解析和现实挑战[J].贵州社会科学,2015(8):156-162.

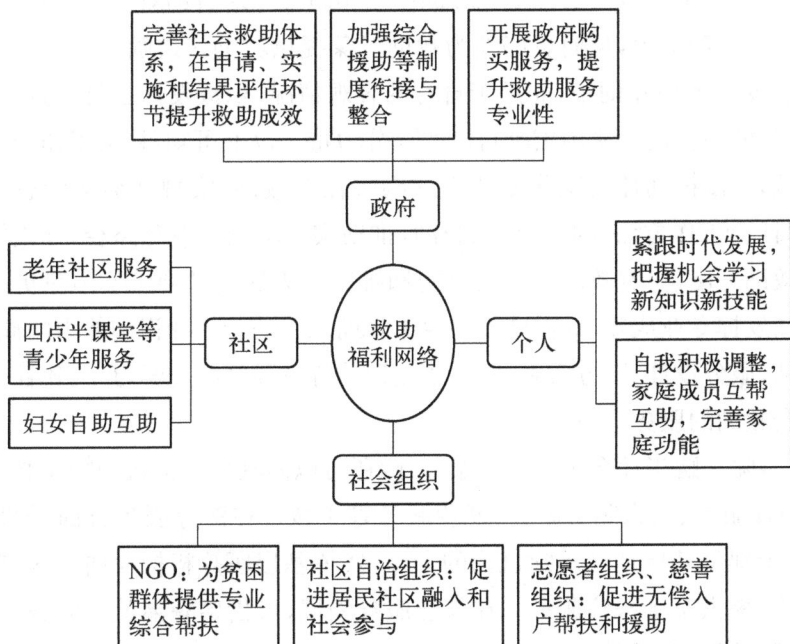

图 7-3 低保救助的"福利网络化"

的重要性。因此,政府将社会工作定位为其社会政策议程中的一个关键点①。

第二,从救助帮扶内容来看,在政府救助处于劣势或处于空白的救助领域,都可以让社会力量参与进来,立足于维护救助对象基本权益、以满足精神需求与社会需求为重点、注重赋权以及重在解决社会问题的社会工作介入低保救助的基本原则(杨荣,2014)②。社工机构可以利用政府购买服务的方式,以项目实施为载体,为贫困群体提供个性化服务如生存压力纾解、心理干预、社会支持网络构建、人文关怀、行为矫治、关系与矛盾调试等。一方面,可以针对救助对象展开需求调研,在精确把控救助对象需求情况的基础上,充分运用个案、小组、社区等专业工作方法为救助对象提供所需服务;同时,积极配合基层低保专干,协助开展低保救助工作,及时以专业视角反思救助制度实施过程中存在的不足,不断改进提升救助效果。另一方面,针对低保救助制度实施人员提供社会工作价值理

---

① Mcdonald C. Poverty in Australia and the Social Work Response[J]. Asian Pacific Journal of Social Work,2013,23(1):3-11.

② 杨荣.社会工作介入社会救助:策略与方法[J].苏州大学学报(哲学社会科学版),2014,4:31-32.

念指引,通过培训等方法加深低保救助制度实施人员对救助对象的理解,尊重并重视每一位救助对象,从而更好地为救助对象提供救助。鼓励社区个人主动参与救助制度的关怀互助中,立足于自身的客观情况,积极发挥自身的技能、时间等优势,为低保救助的实施贡献自己的一分力量。以上可知,社会工作介入救助服务领域,可以推动社会工作专业理念融入社会救助,实现社会救助思路的转变;采用社会工作方法与技巧介入救助,推动实现救助专业化路径;加大社工机构参与救助力度,拓宽救助介入的空间和维度。为促进社会工作力量更改地在救助领域发挥专业成效,好需要加快促进救助社工的专业知识和能力的储备,在需求评估、服务设计、服务实施、服务成效评估等方面系统化学习,构建社会工作参与社会救助的服务体系建设。

第三,除了购买社会工作专业服务外,还可以向其他社会机构购买必要的服务:如医疗服务、居家照料服务、就业服务等领域。在医疗服务方面,加强与医疗机构,特别是基层社区医疗机构的合作,发挥基层医疗机构面向社区、反应快速的优势,提供基础医疗服务。在就业服务领域,可借鉴香港就业服务的"自力更生支援"计划、劳动就业计划、雇员再培训计划等,充分发挥民间机构优势,提升服务的专业化。在老年、残疾等居家照料服务方面,强化义工、志愿者、康养机构的介入,提供必要的家庭照料服务、康乐活动等。社区在基层开展自治网络的建设,如设立老年居家养老服务中心和社区养老活动空间,为社区内的孤寡老人、独居空巢老人、贫困老人提供为老服务与支持;在儿童、妇女服务方面,四点半课堂,帮助缓解困难家庭的教养压力;举办妇女自助互助活动,加强同辈群体之间的支持与帮扶;还可以成立自助的社区基层组织,可以将基层人力资本聚拢,发挥自我支持的功能;志愿者、慈善组织可以通过社会个人、企业捐赠,寻求救助帮扶资金的社会筹款模式,可以极大增加除政府财政资金救助外的物质帮扶。企业和企业家作为社会多元化主体的重要组成部分,应该增强其社会责任感,让其参与到救助的过程当中来。而且,也可以通过专业性的捐赠活动来回馈社会,帮助需要帮助的人。这些专业性的捐赠可以提供实物捐赠,也可以通过提供就业岗位、提供职业技能培训或者提供免费社会服务等。加强个人或专业技术人才,大学生等加入救助中。对于一些专业型救助,鼓励专业型人才参与其中,将专业技术人才跟救助对象进行一对一或者一对多的帮扶,进行就业培训,帮助其就业。大学生通过对一些救助对象子女进行一对一或者一对多的辅导,帮助其学习和生活,最终形成一个全民参与,救助主体多样的社会支持局面。

第四，引入外部评估机制，采用第三方评估方式，对低保救助的过程和结果进行绩效评估与考核。坚持需求导向，评估低保救助制度、资源配置是否满足困难群体需要。建立完备的低保救助评估指标体系，对救助效果、救助工作保障机制等进行评估。其中可以从救助范围、救助对象、救助水平、救助效果等方面评估救助工作效果，从机构设置、人员配备、经费保障、法规规章建设等方面评估救助能力建设。

结合以上分析，政府主导救助政策的实施和完善，通过购买服务的方式弥补救助上的不足；以救助的各方参与为重点，构建低保救助成效的"福利网络"，旨在促进各地方政府与社会力量积极配合，提升救助成效。因此，社会力量的参与具有比政府救助更具人文关怀特色的深层次服务方式，可以补足政府救助的部分缺失，有利于构建更加全面综合的救助模式。

第三节　研究局限与研究展望

一、研究局限

本书的研究框架着眼于底线公平理论，指标选取积极与国内外学界的主流发展趋势相吻合，立足微观调查数据，选取适宜的研究方法，在低保救助政策绩效评估领域做出有益的尝试。但是，无论是政府部门还是学术界，还没有形成规范化、体系化的政策评估体系。加上相关的实证研究较少，使得本书可供借鉴的范例有限，关于低保救助制度的绩效评估研究仍处于探索阶段，存在诸多不足：

首先，指标选取方面，低保制度的综合绩效评估研究尚处于不断发展和完善阶段，低保制度绩效评估指标体系无法涵盖现实中所有的地区性差异。目前学术界还没有形成广泛统一的指标体系，因此，在进行研究综述中发现，国内在评估指标的选取和应用上均有不同侧重。本书即使尽力将现有的指标进行梳理和整合，但囿于调查数据的信息的有限性，仍然无法确保构建的评估指标体系可以涵盖低保救助政策绩效的所有方面。因此，对于指标筛选，还有进一步探究和完善的空间。

其次，在研究方法方面，本书选取了熵值法、主成分分析法进行指标权重的计算，在一定程度上规避了指标权重的主观性问题，尽量消减误差，确保研究的专业性和科学性。但是,该方法具有一定的局限性,一方面,对研究样本量具有要求。不同的样本量可能会导致不一样的结果,导致预测结果受样本量影响较大,也对数据质量和样本代表性提出更高要求。另一方面,在加权计算绩效评估指数过程中,受到变量赋值的大小影响,其对总体评估指数有较大影响。

二、研究展望

本书在"底线公平"理论基础上构建了低保救助制度绩效评估框架。基于学者对绩效评估指标的已有研究,构建绩效评估指标体系。利用实证调查数据,基于计量模型开展绩效评估检验。但还可从以下几个方面进行深入拓展研究:

(1) 进一步拓展研究范畴,完善低保救助绩效评估指标体系。本书立足底线公平理论,构建低保救助制度绩效的评估框架。需要明确的是,本书的研究制度范畴仅限于低保救助中的低保金救助、低保就业援助、低保专项教育救助与医疗救助制度。但是本书从救助制度设计、制度实施、制度成效三个维度构建的指标体系,是可以运用任何救助类政策的绩效评估中的。因此,进一步的完善方向就是如何找到一个更加全面的切入点,将除了本书涉及的救助制度外的其他救助政策纳入综合评估范畴,找到既能涵盖各项救助制度绩效的各个方面的指标,又具有实际可操作性。

(2) 开展绩效追踪研究,促进低保救助的绩效动态评估和管理。贫困是一个动态变化过程,从绝对贫困到相对贫困,救助政策的实施也在不断调整。因此,政策本身处于不断的发展变化中,那么,对救助政策的绩效评估需要将其看作是一个动态变化过程,考察制度绩效变化(绩效提高或降低),而不是停留在某一年的绩效运行情况。进行绩效评估的目的在于评价政策的运行状况和运行结果,找出不同时期不同国情下,政策绩效存在的薄弱环节和发现制度存在的问题,进一步寻求解决方法,从而保障绩效评估的时效性。本书局限于问卷调查的截面数据,无法评估到救助政策绩效的动态变化与发展过程。因此,在一定时空范畴内的对比分析,比较出评估数据的变化趋势,对现实性政策改进研究更加具有指导意义。同时,如何应做好绩效信息数据收集、绩效评估设计、定期绩效评估等系列绩效管理机制的建立,推动绩效评估整体活动过程的常规化和制度化,也是低保救助政策绩效评估下阶段需要关注的重点。

(3) 推动城乡一体化建设,促进低保救助区域公平。经济体制改革,城市化进程加快,城市发展速度超过农村,逐步形成城乡二元社会经济结构。在此背景下,我国低保救助制度也呈现出明显的城乡二元特点,条块化、碎片化特征显著,城乡差异显著,城市低保救助制度健全程度要明显高于农村。城乡低保救助在制度内容、制度的运行过程、救助资源分布、救助水平等方面具有显著差异。党的二十大报告对共同富裕的问题从"本质要求"上作出重要论断。2021年,共同富裕示范区落地浙江。因此,解决低保救助制度城乡二元化所带来的问题,显得极为重要。脱贫攻坚迎来胜利的同时,我国在民生领域还有不少短板,如城乡区域发展和收入分配差距依然较大,群众在就业、教育、医疗、居住、养老等方面面临不少难题,并提出要按照兜底线、织密网、建机制的要求,全面建成覆盖全民、城乡统筹、权责清晰、保障适度、可持续的多层次社会救助体系,完善最低生活保障制度。

城乡一体化建设的思路体现在本书强调的"公平"理念中。即在统筹城乡理念下的低保救助制度体系,主要体现为城乡居民在救助中的机会公平、过程公平以及效果公平。但也需要说明的是,城乡一体化的低保救助体系,并不要求"绝对平等",它是一种"相对平等"。救助城乡一体化就要加强城乡救助的公平性,首先,是救助标准上的公平性:着重是要在城乡之间注重救助标准的公平,减少因经济发展水平的差异所导致的城乡标准差别过大,虽然允许城市社会救助补差水平可以高于农村,但也要把这种差距控制在一个合理的范围以内;其次,是救助内容方面的公平:城乡一体化的救助体系是以最低生活保障制度为基础,以医疗救助、教育救助、就业救助等专项救助制度为辅助,基础性救助和专项救助相结合,政府和社会力量协同参与相结合的救助制度体系。然后,救助范围上的公平:救助制度的城乡一体化要求覆盖全体城乡居民,保障他们在陷入生活困境时能有机会享受救助帮扶,这种全面覆盖包括两个层面:一是救助内容的全覆盖;二是救助对象的全覆盖。最后,救助成效上的公平:当前我国特色社会主义进入新时代,社会主要矛盾已经转化成人民日益增长的美好生活需要和不平衡不充分的发展之间的矛盾。因此,仅仅解决救助对象的温饱问题,并不能从根本上满足救助对象的救助需求。随着我国经济水平的显著提升,贫困形势已经由绝对贫困为主向相对贫困为主转变,救助如果仅仅定位于解决绝对贫困问题,并不能很好地实现社会救助"助人自助"的理念,也无法真正解决救助对象贫困问题。因此,低保救助的城乡一体化要注重解决救助对象的相对贫困和绝对贫困,保障他们的基本生活需要后,更要注重可持续性发展需求的满足,彻底脱贫致富。救助的城乡一体化要改变基本救助理念和救助目标,把单纯的物质救助向多元救助转变,在保障贫困人口者基本生活的同时,注重人的需要和发展,变"输血"为"造血"①。

需要注意的是,低保救助的城乡统筹发展要以立法和政策的完善为前提。加快构建一个科学、合理、完整、协调、公平的社会救助体系,是我国社会救助立法需要解决的基础性问题和关键性问题②。一是提高社会救助立法层次,建议在《社会救助暂行办法》的基础上通过全国人大制定《社会救助法》,促进城乡、地区立法一体化,形成以《社会救助法》为总领,其他专项救助法律法规为辅助的完整统一法律体系。二是进一步完善和统一城乡低保救助程序。城乡之间由于在经济发展水平、信息流通程度等方面存在巨大差异,救助程序也存在差异,因此从法律层面规范城乡低保救助程序,一方面是家计调查程序要实现公平公开,另一方面是救助信息管理程序要实现公平公开,完善全国统一的救助信息管理系统,规范信息公示,保护受助对象隐私。

打破城乡二元结构体制,再具体落实层面,需要加强各部分衔接,包括标准衔接、对象衔接、部门衔接、信息衔接等方面。衔接工作的完成意味着救助的城乡一体化建设初步完成,但并非一劳永逸,还需要构建城乡一体化的监督管理机制。理顺监管责任,完善司法监督力度,同时发挥社会力量、人民群众的外部监督。完善低保救助部门的信访制度、听证制度,促进城乡低保救助工作更加公开、透明,为完善低保救助制度体系和做好各项社会救助工作奠定基础。

(4)推动人工智能技术、大数据算法模型在低保救助工作领域的创新应用研究,科技赋能低保救助工作绩效。可以从精准识别、效果评估、个性化帮扶、资金管理等多个方面提升低保救助制度的公平性、效率和精准度。以下是几个关键结合点:

第一,精准识别与智能评估。贫困识别与资格审核:利用机器学习算法分析家庭收入、消费行为、医疗支出等数据,提高低保资格审核的精准度,减少"漏保"和"错保"现象。多维贫困测量:结合大数据(如就业情况、健康状况、教育程度、家庭经济收入、支出等),构建多维贫困评估模型,使低保救助不再局限于单一收入标准,而是更全面地衡量受助对象的真实需求。异常数据检测:通过 AI 分析申请数据,识别潜在欺诈行为(如虚假申报、收入隐瞒等),提高救助资金的

①　周沛,陈静.新型社会救助体系研究[J].南京大学学报(哲学·人文科学·社会科学),2010,47(4):141-149.

②　杨思斌.中国社会救助立法研究[M].北京:中国工人出版社,2009:124-128.

使用效率。

第二，低保政策效果评估。因果推断与政策优化：利用 AI 驱动的因果推断方法（如对比实验、合成控制法）评估低保政策对受助者生活质量、就业状况等的影响，为政策优化提供科学依据。自然语言处理（NLP）分析公众反馈：AI 可以分析社交媒体、政府热线等数据，提取民众对低保政策的意见，帮助政府更好地调整救助方案。

第三，精准救助与个性化帮扶。智能推荐系统：基于 AI 分析贫困家庭的需求，提供个性化的帮扶措施，例如推荐就业培训、医疗救助、教育资助等，提升社会救助的有效性。社会救助资源优化：通过 AI 预测低保需求趋势，优化资源分配，确保资金流向最需要的群体。

第四，政府监管与资金管理智能风控系统。通过 AI 分析低保资金流向，发现异常支出，防范资金挪用和腐败问题，提升资金管理的透明度。智能合规审查：AI 可以辅助政府审查低保政策执行情况，发现地方政府执行偏差，提高政策执行的一致性。

综上，人工智能的应用可以极大提高低保救助的精准性和公平性，降低政策执行中的误差和资源浪费，同时通过大数据分析和智能算法，帮助政府优化社会救助体系，为构建更加高效、公正的社会保障体系提供科技支持。这将是智能化时代背景下低保救助工作绩效提升的主要研究方向。

参 考 文 献

［1］埃莉诺·奥斯特罗姆,拉里·施罗德,苏珊·温.制度激励与可持续发展：基础设施政策透视［M］.陈幽泓等,译.上海：上海三联书店,2000：51－68.

［2］曹信邦.政府社会保障绩效评估指标体系研究［J］.中国行政管理,2006(7)：30－34.

［3］曹艳春.我国城乡社会救助系统建设研究［M］.上海：上海人民出版社,2009：309.

［4］曹艳春.我国城市"低保"制度的靶向精准度实证研究［J］.中央财经大学学报,2016(07)：3－12.

［5］曹艳春.转型时期中国社会保障研究［M］.上海：上海社会科学院出版社,2010：117.

［6］蔡立辉.科学实施政府绩效评估的难点问题分析及其解决［J］.社会科学战线,2011(04)：166－176.

［7］陈昌盛,蔡跃洲.中国政府公共服务：体制变迁与地区综合评估［M］.北京：中国社会科学出版社,2007：115.

［8］丛春霞,闫伟.精准扶贫视角下中日社会救助制度比较［J］.东北财经大学学报,2016(4)：44－51.

［9］段培新.支出型贫困救助——一种新型社会救助模式的探索［J］.社会保障研究,2013,17(01)：168－177.

［10］罗伯特.登哈特,珍妮特.登哈特.公共行政：一门行动的学问［M］.谭功荣,译.北京：北京大学出版社,2013：15.

［11］邓大松.当代中国社会救助制度：比较与借鉴［M］.北京：人民出版社,2014：191－200.

［12］范酉庆,顾昕,高梦滔.中国城乡社会救助项目绩效评价研究——基于筹资

水平的横向公平性分析[J].财经研究,2007,33(10):16 - 27.

[13] 范柏乃.政府绩效评估理论与实务[M].北京:人民出版社,2005:156 - 158.

[14] 方迎风,张芬.多维贫困视角下的区域性扶贫政策选择[M].武汉:武汉大学出版社,2015:6.

[15] 方巍,魏雁滨.社会发展:社会资源分配的新思路[J].浙江社会科学,2005(4):76 - 82.

[16] 冯必扬.社会公正新探——基于资源分配的视角[J].江苏行政学院学报,2015(04):59 - 66.

[17] 耿羽.错位分配:当前农村低保的实践状况[J].人口与发展,2012,(1):68 - 73.

[18] 巩侃宁,邓国胜.国外私立教育评估及其借鉴[J].学会,2007(01):10 - 13.

[19] 国家统计局.中国统计摘要[M].北京:中国统计出版社,2014:56.

[20] 韩华为,高琴.中国农村低保制度的保护效果研究——来自中国家庭追踪调查(CFPS)的经验证据[J].公共管理学报,2017,14(02):81 - 96+156 - 157.

[21] 韩华为,徐月宾.农村最低生活保障制度的瞄准效果研究——来自河南、陕西省的调查[J].中国人口科学,2013(4):117 - 125.

[22] 何晖,邓大松.中国农村最低生活保障制度运行绩效评价——基于中国 31 个省区的 AHP 法研究[J].江西社会科学,2010(11):212 - 218.

[23] 洪大用.社会救助的目标与我国现阶段社会救助的评估[J].甘肃社会科学,2007(04):158 - 162.

[24] 洪大用.转型时期中国社会救助[M].沈阳:辽宁教育出版社,2004:22 - 23.

[25] 江易华.县级政府基本公共服务绩效评估指标体系的理论构建与实证检测研究[D].武汉:华中师范大学,2009.

[26] 江易华.当代中国县级政府基本公共服务绩效评估指标体系的理论构建与实证研究:基于社会公正的视角[M].北京:中国社会科学出版社,2010:11.

[27] 蒋云龙.应保尽保 怎防错保漏保[N].人民日报,2016 - 11 - 02(016).

[28] 景天魁,毕天云.论底线公平福利模式[J].社会科学战线,2011(05):161 - 167.

[29] 景天魁.底线公平:和谐社会的基础[M].北京:北京师范大学出版社,2009:133 - 144.

[30] 景天魁.底线公平：公平与发展相均衡的福利基点[J].北京工业大学学报（社会科学版）,2015,15(01)：1 - 7.

[31] 景天魁.底线公平福利模式[M].北京：中国社会科学出版社,2013：15 - 19.

[32] 景天魁.底线公平与社会保障的柔性调节[J].社会学研究,2004(06)：32 - 40.

[33] 景天魁.底线公平概念和指标体系——关于社会保障基础理论的探讨[J].哈尔滨工业大学学报（社会科学版）,2013,15(01)：21 - 34＋4.

[34] 景天魁.普遍整合的福利体系[M].北京：中国社会科学出版社,2014：109 - 110,140 - 141.

[35] 景天魁,毕天云.中国特色的福利社会——建设具有中国特色的福利社会[J].人民论坛,2009(20)：46 - 48.

[36] 蓝志勇,胡税根.中国政府绩效评估：理论与实践[J].政治学研究.2008(3)：106 - 108.

[37] 兰剑,慈勤英.促进就业抑或强化"福利依赖"？——基于城市低保"反福利依赖政策"的实证分析[J].西南大学学报（社会科学版）,2016,42(03)：36 - 44＋190.

[38] 李棉管.技术难题、政治过程与文化结果——"瞄准偏差"的三种研究视角及其对中国"精准扶贫"的启示[J].社会学研究,2017(01)：217 - 241＋246.

[39] 李静芳.我国地方公共政策评估现状与对策[J].行政论坛,2001(06)：13 - 15.

[40] 李江涛.政府重大事项决策绩效评价[M].北京：中国经济出版社,2015：31 - 34.

[41] 李雨涵.上海市城镇居民最低生活保障制度绩效评估指标体系研究[D].上海：上海交通大学,2013.

[42] 理查德·D.宾厄姆,克莱尔·L.菲尔宾格,朱春奎,杨国庆.项目与政策评估——方法与应用[M].上海：复旦大学出版社,2008：6 - 10.

[43] 林义.当代中国社会救助制度：兜底与脱贫[M].北京：人民出版社,2018：129 - 144.

[44] 林毓铭.社会保障政府绩效与评估指标体系[J].中南民族大学学报（人文社会科学版）,2007,27(1)：115 - 119.

[45] 林闽钢,刘喜堂.当代中国社会救助制度：完善与创新[M].北京：人民出版社,2012：378.

[46] 米勇生.社会救助与贫困治理[M].北京：中国社会出版社,2012：21 - 22.

[47] 刘明慧.公共救助分配中的公平与效率[J].财贸经济,2005(3)：42 - 46＋97.

[48] 刘斌,章晓懿.城市低保家庭分类方法与分类施保研究——以上海市为例[J].人口与社会,2012(2):53-57.

[49] 刘华峰.经济调查在完善最低生活保障制度中的作用[J].社会,2003(11):34-37.

[50] 刘念.低保姓低[N].人民日报,2016-11-04(015).

[51] 刘奕琼.国外典型国家社会救助制度及对我国的启示[J].法制与社会,2015(29):31-32.

[52] 罗伯特·登哈特,珍妮特·登哈特.公共行政:一门行动的学问[M].谭功荣,译.北京:北京大学出版社,2013:15.

[53] 马宝成.试论政府绩效评估的价值取向[J].中国行政管理,2001(05):18-20.

[54] 马广博.澳、德、法、卢四国社会救助制度特色对比及对我国的启示[J].现代经济探讨,2009(4):89-92.

[55] 马新文,冯睿利.用扩展性线性支出模型测量西安市贫困线研究[J].软科学,2005(6):11-13.

[56] 牟永福,胡浩.一项社会救助绩效评估的方法:基于弱势群体中核心家庭与单身家庭的分类比较[J].文史博览(理论),2009(12):10-12.

[57] 尼尔·吉尔伯特.社会福利的目标定位:全球发展趋势与展望[M].郑秉文等,译.北京:中国劳动社会保障出版社.2004:117-120.

[58] 宁雯雯.国家、家庭、市场:城市低保受助者就业研究[D].武汉:武汉大学,2015.

[59] 潘跃.人情保关系保怎么破[N].人民日报,2016-11-03(010).

[60] 潘敏,王磊.我国城市居民最低生活保障水平的经济适应性研究[J].社会科学辑刊,2015(3):45-49.

[61] 漆娜,陈红霞.论城市最低生活保障工作绩效评估指标体系的建构[J].学理论,2013(3):46-48.

[62] 舒晓慧,刘建平.社会保障综合指标体系及评价方法[J].理论新探,2006(6):26-27.

[63] 孙一平.平等的空间:当代分配正义下平等理论之争[J].学术交流,2008(11):58-60.

[64] 孙君涛.财政支出绩效评价的理论与实践[M].开封:河南大学出版社,2008:7.

[65] 孙洁.家庭财产调查在英国社会救助制度中的功能及其启示[J].学习与实践.2008(1):137-145.

[66] 唐钧.城镇低保:应保尽保和错保、漏保[J].社会科学文摘,2008(1):52-52.

[67] 唐均,沙琳,任振兴.中国城市贫困与反贫困报告[M].华夏出版社,2003:46.

[68] 童星.对重大政策项目开展社会稳定风险评估[J].探索与争鸣,2011(02):20-22.

[69] 涂良川,胡海波.论马克思的分配正义思想[J].现代哲学,2009(02):64-68+63.

[70] 汪玉凯,黎映桃.公共部门绩效评估——从标准、指标和制度视角的分析[J].中国行政管理,2006(12):16-18.

[71] 王思斌.转型中的中国社会救助制度之发展[J].文史哲,2007(1):121-126.

[72] 王金山,杜一飞.发达国家社会救助人本模式实践与启示[J].社会福利,2011(06):47-48

[73] 王增文.农村最低生活保障制度的济贫效果实证分析——基于中国31个省市自治区的农村低保状况比较的研究[J].贵州社会科学,2009(12):107-111.

[74] 王银春.慈善伦理引论[M].上海:上海交通大学出版社,2015:93.

[75] 王慰.论我国政府绩效评估的实践途径[J].重庆工商大学学报(社会科学版),2003(04):45-46.

[76] 王增文.农村社会救助制度的可持续性研究:基于对中国10省份33县市农村居民的调查[M].北京:经济科学出版社,2012:20.

[77] 王晓东,高则一.内蒙古城乡最低生活保障制度的现状评估与对策探讨[J].前沿,2010(15):196-200.

[78] 魏珊珊.社会救助绩效评估指标初探[J].内蒙古农业大学学报(社会科学版),2010(01):243-244+250.

[79] 谢东梅.农村最低生活保障制度分配效果与瞄准效率研究,北京:中国农业出版社[M].2010:226.

[80] 许方明、蒋一超、罗斌.低收入家庭困难救助需求的核定与评估.第二届中国社会救助研讨会论文集[C].2011:472-474.

[81] 徐大慰,梁德阔.上海市对"支出型"贫困群体的综合帮扶研究[J].西北人口,2012,33(03):94-98.

[82] 姚建平.城市居民最低生活保障标准的统一问题探讨——以消费支出比例法为例[J].社会科学,2011(09)：76－84.

[83] 杨敬宇.公共财政视角下的城乡最低生活保障制度[J].经济与管理,2008(03)：69－74.

[84] 杨方方.残疾人社会保障中政府与民间组织的合作模式：一个初步的探讨[J].山东社会科学,2011(01)：163－167.

[85] 杨刚.中日社会救助制度的比较分析及其启示[J].中国民政,2015(7)：36.

[86] 杨立雄.当代中国社会救助制度：回顾与展望[M].北京：人民出版社,2012：92－100.

[87] 杨山鸽.试论北京市低保资格审核的规范化[J].北京社会科学.2011(03)：57－62.

[88] 杨思斌.中国社会救助立法研究[M].北京：中国工人出版社,2009：124－128.

[89] 易红梅,张林秀.农村最低生活保障政策在实施过程中的瞄准分析[J].中国人口.资源与环境,2011,21(06)：67－73.

[90] 印子.治理消解行政：对国家政策执行偏差的一种解释—基于豫南 G 镇低保政策的实践分析[J].南京农业大学学报(社会科学版),2014,14(03)：80－91.

[91] 于秀琴.县级服务型政府绩效评估及能力提升研究[D].天津：天津大学,2011.

[92] 岳经纶.当代中国社会救助制度：机遇与挑战[M].北京：人民出版社,2016：221－231.

[93] 詹奕嘉.低保"含金量"高了,"关系保""人情保"也多了[N].新华每日电讯,2012－12－31(005).

[94] 张维.全国清退人情保错保逾 25 万人[N].法制日报,2014－12－09(006).

[95] 张林江.社会治理十二讲[M].社会科学文献出版社,2015：179.

[96] 张浩.分类施保也需精准——"兜底一批"政策中的一个问题[J].中国发展观察,2016(17)：42－44.

[97] 张明.政府绩效评估的多元主体分析及指标体系构建[J].重庆工商大学学报(社会科学版),2011,28(1)：54－59.

[98] 赵辉,阿力坦宝力高,黄晓.多层次、多指标绩效评估体系指标权重的研究[J].内蒙古大学学报：哲学社会科学版,2006,38(2)：94－97.

[99] 章晓懿,沈崴奕.政府补贴对非营利养老机构发展影响研究——基于上海H区社会办和政府办养老机构运营状况比较[J].中国第三部门研究,2013,5(01):27-49.

[100] 郑功成.中国社会保障发展报告2016[M].北京:人民出版社,2016:51.

[101] 郑志龙.制度绩效评估标准及我国政府扶贫开发制度绩效分析[J].郑州大学学报(哲学社会科学版),2009,42(02):25-29.

[102] 中华人民共和国民政部.关于加快推进社会救助领域社会工作发展的意见(民发〔2015〕88号)[EB/OL].(2015-06-10)[2018-10-07].http://www.mca.gov.cn/article/yw/shgzyzyfw/fgwj/201507/20150700850330.shtml.

[103] 周谨平.基于机会公平的社会福利分配[J].湖南社会科学,2009(05):198-201.

[104] 周海文,周海川.中国城乡社会救助绩效评价[J].山西财经大学学报,2017(12):15-28.

[105] 左停,杨雨鑫,钟玲.精准扶贫:技术靶向、理论解析和现实挑战[J].贵州社会科学,2015(8):156-162.

[106] 周冬霞.城市低保目标瞄准政策的评估与完善[D].武汉:武汉大学,2015.

[107] 周沛,陈静.新型社会救助体系研究[J].南京大学学报(哲学·人文科学·社会科学),2010,47(4):141-149.

[108] 祝建华.城市低保制度目标定位过程中的家计调查及方法改进[J].浙江工业大学学报(社会科学版),2011(1):13-18.

[109] 祝建华.我国城市居民最低生活保障制度的政策效果评估[J].经济论坛,2009(24):16-21.

[110] 祝建华.城市居民最低生活保障制度的评估与重构[M].北京:中国社会科学出版社,2011:180-181.

[111] 朱志刚.公共支出绩效评价研究[M].北京:中国财政经济出版社,2003:21-25.

[112] 朱晨海,曾群.结果导向的社会工作评估指标体系建构研究:以都江堰市城北馨居灾后重建服务为例[J].西北师大学报(社会科学版),2009(5):65.

[113] 朱梦冰,李实.精准扶贫重在精准识别贫困人口——农村低保政策的瞄准

效果分析[J].中国社会科学,2017(09)：90－112＋207.

[114] Amber Gazso. Balancing expectations for employability and family responsibilities while on social assistance：Low income mothers' experiences in three Canadian Provinces[J]. Family Relations，2007 (56)：454－466.

[115] António Afonso, Ludger Schuknecht, Vito Tanzi. Public Sector Efficiency：An International Comparison[J]. Public Choice，2005(123)：321－347.

[116] A. Serghini. Pricing American bond options using a cubic spline collocation method[J]. Bulletin of Brazilian Mathematical Society，2014 (32)：189－205.

[117] Behn R D. Why Measure Performance? Different Purposes Require Different Measures[J]. Public Administration Review，2003，63(5)：586－606.

[118] Bulmer, Martin. Social science and social policy[J]. Allen & Unwin，1986，17 (6)：108－110.

[119] Cindy Hanson and Lori Hanson. Unpaid work and social policy：Engaging research with mothers on social assistance[J]. Action Research，2011 (9)：179－198.

[120] DA. Kendrick. Stochastic Control for Economic Models[M]. New York：McGraw-Hill Press，1981：112－120.

[121] Dellaportas G. The Effectiveness of Public Assistance Payments in Reducing Poverty[J]. American Journal of Economics & Sociology，1980，39(2)：113－121.

[122] Dellaportas G. The Effectiveness of Public Assistance Payments in Reducing Poverty[J]. American Journal of Economics & Sociology，2010，39(2)：113－121.

[123] Ebert U. Social welfare, inequality, and poverty when needs differ[J]. Social Choice & Welfare，2004，23(3)：415－448.

[124] Eraut M. Evaluation a systematic approach：Peter H. Rossi, Howard E. Freeman, Sonia R[J]. Wright Sage Publications, International Journal of Educational Development，1982，2(3)：291－291.

[125] Erdem Yoruk. Welfare Provision as Political Containment: The politics of social assistance and the Kurdish conflict in Turkey[J]. Politics and Society, 2012, 40(4): 517 - 547.

[126] Franklin A L. Performance Budgeting for State and Local Government [J]. Public Budgeting & Finance, 2010, 26(1): 157 - 158.

[127] Gilbert, N. &Specht, H. The Emergence of Social Welfare and Social Work. F. E. Peacock, 1976.

[128] Howard G. NachmiasDavid, Public Policy Evaluation: Approaches and Methods[J]. Journal of Social Policy, 1981, 10(1): 129 - 131.

[129] Ilaria Madama Beyond continuity? Italian social assistance policies between institutional opportunities and agency[J]. International Journal of Social Welfare, 2013(22): 58 - 68.

[130] K Zhang. Performance evaluation of China's social security system construction: empirical research based on more than 1600 questionnaires in four provinces[J]. Business Management Journal, 2015(08): 171 - 180.

[131] Lars Brann strom and Sten-Ake Stenberg. Does Social Assistance Recipiency Influence Unemployment? [J]. Acata Sociologica, 2007, 50 (4): 347 - 362.

[132] LJ. Christiano. Solving the Stochastic Growth Model by Linear-Quadratic Approximation and by Value Function Iteration[J]. Journal of Business and Economic Statistic, 1990(8): 23 - 26.

[133] James R. Elliot. Limits to social capital: comparing network assistance in two New Orleans Neighborhoods devastated by hurricane Katrina[J]. The Sociology Quarterly, 2010(51): 624 - 648.

[134] Joshua Chan, Angelia Grant. Fast Computation of the Deviance Information Criterion for Latent Variable Models[J]. Computational Statistics and Data Analysis, 2016(100): 847 - 859.

[135] Kneebone R D, Gres M. Trends, Peaks, and Troughs: National and Regional Employment Cycles in Canada [R]. Spp Research Papers, Calgary: The School of Public Policy, University of Calgary, 2013.

[136] Kolosnitsyn I, Kitova E, Surinov A, et al. Living Standards and Income

Inequality in Selected Regions: Development of Targeted Social Assistance Programs[M]. 2011: 119 – 123.

[137] Mcdonald C. Poverty in Australia and the Social Work Response[J]. Asian Pacific Journal of Social Work, 2013, 23(1): 3 – 11.

[138] MJ. Miranda, PL. Fackler. Applied Computational Economics and Finance[M]. Cambridge, MA: MIT Press, 2004: 59 – 61.

[139] MK. Kadalbajoo, LP. Tripathi, A. Kumar. A Cubic B-Spline collocation method for a numerical solution of the generalized Black-Scholes equation[J]. Mathematical&Computer Modelling, 2012(55): 1483 – 1505.

[140] M. Wang. Emerging Urban Poverty and Effects of the Dibao Program on Alleviating Poverty in China[J]. China & World Economy, 2007, 15(2): 74 – 88.

[141] Naper S. O. All-cause and cause-specific mortality of social assistance recipients in Norway: a register-based follow-up study[J]. Scand J Public Health, 2009(37): 820 – 825.

[142] Ocker R, Zhang Y, Hiltz S R, et al. Determinants of Partially Distributed Team Performance: a Path Analysis of Socio-Emotional and Behavioral Factors[C]. AMCIS 2009 Proceedings. 2009.

[143] Olof Backman and Ake Bergmark. Escaping welfare? Social assistance dynamics in Sweden[J]. Journal of European Social Policy, 2011(21): 486 – 500.

[144] Poister T H, Streibprofile G. Performance Measurement in Municipal Government: Assessing the State of Practice[J]. Public Administration Review, 1999, 59(4): 325.

[145] Renate Minas. Social expenditures and public administration: are local social assistance costs in Sweden a matter of organization? [J]. International Journal of Social Welfare, 2010(19): 215 – 224.

[146] Roelen K, Gassmann F. How effective can efficient be? Social assistance in Kosovo and what it means for children[J]. Journal of European Social Policy, 2011, 21(3): 238 – 252.

[147] Rosenbloom D. Public administration: understanding management,

politics, and law in the public sector / 6th ed[M]. Random House, 2006: 52 – 68.

[148] Saaty T L. Decision-making with the AHP: Why is the principal eigenvector necessary[J]. European Journal of Operational Research, 2003, 145(1): 85 – 91.

[149] S. Chib, E. Greenberg, I. Jeliazkov. Estimation of semiparametric models in the presence of endogeneity and sample selection[J]. Journal of Computational and Graphical Statistics, 2009(18): 321 – 348.

[150] Sheng-Feng L U. The Efficiency of the Rural Social Assistance Expenditure in China——Based on the analysis of Four-stage DEA and Malmquist Index Model[J]. Journal of Hubei University of Economics, 2010(03).

[151] Szulc A. Social policy and poverty: Checking the efficiency of the social assistance system in Poland[J]. Eastern European Economics, 2009, 50 (5): 66 – 92.

[152] Tasseva I V. Evaluating the performance of means-tested benefits in Bulgaria[J]. Journal of Comparative Economics, 2016, 44(4).

[153] TLC Kim. Social Insurance System Performance Evaluation in China Based on Factor Analysis—A Case Study with Data of 2013[R]. Asian Development Bank, 2010.

[154] Veitwilson J. Christina Behrendt, At the Margins of the Welfare State: Social assistance and the alleviation of poverty in Germany, Sweden and the United Kingdom[J]. European Journal of Social Security, 2003: 269 – 271.

[155] Wang-Lai X U, Liu X H, Jing-Tao F U, et al. Index System of Social Assistance Performance Evaluation Based on Balanced Scorecard[J]. Journal of Hainan Tropical Ocean University, 2017(3): 59 – 65.

[156] Wang Z, Hetzler A. The Evaluation to Resources Efficiency of Rural Social Assistance and Supporting System at Soft Achievement [J]. Contemporary Economic Management, 2014(12): 65 – 71.

索　引